TU
VERDADERA
HISTORIA

Este libro está dedicado a Jesús,
el héroe de nuestra historia.

Respuesta a *Tu verdadera historia*

"Mi padre escribió que Dios siempre está obrando a tu alrededor. Tu tarea consiste en ver dónde lo está haciendo y unirte a Él. Susan Freese ha experimentado esto de primera mano; cuando le contó a mi padre las cosas maravillosas que Dios estaba haciendo en su vida, él la animó a que lo publicara para que muchos otros pudieran ser bendecidos con su recorrido. Lo que tienes en tu mano es el resultado. Sé que te animará, porque Dios también está obrando en tu vida. Si te unes a Él, ¡te llevará en el viaje de tu vida!".

Dr. Richard Blackaby, presidente de Blackaby Ministries International, coautor de "*Mi experiencia con Dios*".

"Serio, reflexivo, lógico y apropiado: estas palabras describen el enfoque de Susan Freese para preparar a los nuevos seguidores de Cristo para una vida que honre a Dios. También se deben agregar otras palabras de elogio: práctico, informativo y bien estudiado. Como resultado, *Tu verdadera historia* guiará gentilmente a todos los creyentes a participar en la vida cristiana y los equipará para lograrlo. Creo que este manual ayudará a aquellos que creen en Cristo, tanto nuevos como experimentados, a cumplir el mandato quíntuple de Deuteronomio 10:12: temer, caminar, amar, servir y continuar (obedeciendo)... al Señor tu Dios. ¡Absolutamente, entonces, todo discípulo de Jesús debería obtener este libro!".

Dr. Archie England, presidente de Estudios Bíblicos en el Seminario Teológico Bautista de Nueva Orleans.

"Como ministra de mujeres, siempre estoy buscando una herramienta de discipulado integral, fácil de entender y teológicamente sólida para creyentes nuevos o jóvenes; esta es esa herramienta. He tenido el privilegio de servir junto a Susan Freese durante varios años. A través de su fuerte comprensión de las Escrituras, la obediencia a la guía del Espíritu Santo y su pasión por discipular mujeres, vidas se han transformado. Ella cree firmemente que podemos cambiar el mundo al equipar a las personas para que sean discípulos que forman más discípulos. Esto es lo que su libro logra claramente".

Kelley Hastings, ministra de mujeres en la Iglesia Chets Creek.

"*Tu verdadera historia* es un libro atemporal para todos los tiempos y para todas las edades. La capacidad única de la Dra. Susan Freese para demostrar la sinergia entre lo práctico y lo inspirador es única. *Tu verdadera historia* ayudará a generaciones de cristianos sin importar dónde se encuentren en su viaje espiritual. Aquellos de nosotros que 'aprendemos haciendo' especialmente apreciaremos este 'mapa' cuidadosamente elaborado para ayudarnos a escribir nuestra propia historia verdadera. Es una 'lectura obligada' para los nuevos cristianos y, sin embargo, desafiante para los cristianos más maduros".

Mac D. Heavener Jr., presidente del Colegio Bautista Trinity.

"Una de las mejores herramientas de discipulado que he leído. Es fácil de leer, pero estimulante y va directo al grano. Esta guía práctica diaria será una ventaja para el crecimiento espiritual de cualquier persona, ya sea alguien que se esté cuestionando cómo es la fe en Jesús o para un seguidor de Cristo experimentado. Es adaptable para gente de cualquier cultura o región geográfica del planeta. Será una herramienta de discipulado esencial en mi caja de herramientas de ministerio en el futuro. ¡Este es el tipo de libro que impactará al mundo durante generaciones!".

Chris Price, pastor de la Iglesia Chets Creek en Nocatee, expastor de misiones.

"*Tu verdadera historia* es un excelente recurso para aquellos que quieren descubrir su diseño divino. Es un estudio profundo que responderá a muchas de sus cuestionamientos sobre su viaje espiritual. Como líder del ministerio de mujeres, me preguntan con frecuencia: '¿Por dónde puedo empezar si quiero tener una relación personal con Jesús?' '¿Cómo puedo entender el mensaje que la Biblia tiene para mí?'. *Tu verdadera historia* responderá a estas preguntas y te guiará hacia una profunda comprensión de tu nueva vida con Jesús".

Betzaida Vargas, fundadora y directora ejecutiva de la asociación Samaritana del pozo.

"La belleza y la fuerza de *Tu verdadera historia* residen en el compromiso de Susan de entrelazar una teología significativa del discipulado evangélico y un manual de campo transferible para hacer discípulos. En un nivel, este libro es convincente y fácil de leer; en otro nivel, su claridad despierta una visión para un movimiento global de hacer discípulos".

Bob Bumgarner, estratega misional principal de la Asociación Bautista de Jacksonville.

"He tenido la oportunidad de ver a Susan enseñar y modelar los principios en el campo misionero. Ella tiene el corazón para ver a Dios glorificado, a los nuevos creyentes crecer y a la Iglesia expandirse. Estas pasiones salen a la luz en *Tu verdadera historia*, que contiene lo esencial de la fe en un viaje que cambia la vida. Conocerás el amor de Dios de una manera más profunda y ayudarás a otros a descubrirlo también".

Scott Ray, director de evaluación y despliegue de la Junta de Misiones Internacionales.

"Susan Freese ha tenido durante mucho tiempo un deseo implacable de que todas las personas conozcan y amen a Dios profundamente. *Tu verdadera historia* es el esfuerzo del corazón de Susan para producir un recurso que pueda mover a todas las personas a una fe más profunda en Dios. Su escritura es lo suficientemente simple y directa como para ser universalmente bien recibida, pero lo suficientemente compleja como para desafiar a cada lector con la autoevaluación y la reflexión honesta.

Centrándose directamente en las verdades de las Escrituras, este recurso examina y explica cómo Dios inició una relación con nosotros y nuestra respuesta correcta hacia Él. *Tu verdadera historia* sirve como un recurso eficaz y extremadamente agradable y fundacional para la gente nueva en la fe cristiana o para los seguidores de Dios desde hace mucho tiempo, y para todos los que están en medio".

    Christy Price, esposa del pastor y líder del ministerio de mujeres en la Iglesia Chets Creek en Nocatee.

"Este libro te guiará para que sepas quién eres como verdadero adorador y seguidor de Cristo. Cuando encuentres tu verdadera identidad, una cosa es segura: ¡Todo cambiará! Descubrirás que tu propia verdadera historia cobra vida a través de esta escritura íntima e inspirada. Animaría a todo seguidor de Cristo nuevo y maduro a dedicar 50 días para leer y meditar en las palabras de este libro. Una cosa que puedo prometer es que el poder de Dios será revelado y experimentado de maneras que te impactarán no solo a ti, sino también a toda la esfera de influencia que Dios ha puesto a tu alrededor".

    Dr. Jeffery L. Crick DO, líder catalizador de los movimientos de creación de discípulos de No Place Left.

"Susan Freese es una fiel sierva de Cristo. Estoy segura de que la verdad contenida en este estudio será utilizada por el Espíritu Santo para llevar a muchas personas a CONOCER a Jesús como Salvador, a AMAR a Jesús como Señor y a SERVIR a Jesús en obediencia a la Biblia. Todo para la gloria de Dios".

    Ginger Soud, miembro del comité estatal de Florida.

"Susan y su equipo han desarrollado una guía maravillosa para los nuevos seguidores de Jesucristo que los prepara para vivir su vida según Efesios 2:10. *Tu verdadera historia* equipará a todos los creyentes con la información, los recursos y las herramientas para llevar vidas que cumplan con la Gran Comisión al hacer discípulos que formen discípulos".

    Bob Shallow, presidente ejecutivo de C12.

"Como cristianos, a menudo nos sentimos cómodos en nuestro camino de fe y asumimos que los demás saben automáticamente cómo hacer crecer su fe y maniobrar la vida cristiana una vez que se les presenta a Jesús. Susan Freese no hace esa suposición y sabiamente ofrece *Tu verdadera historia* como un viaje de construcción de fe y seguimiento de Cristo. Un libro imprescindible para todo creyente y que puede ser utilizado en cualquier punto de su propia historia".

    Lauren Crews, MDiv, autora del premiado libro "Strength of a Woman: Why You Are Proverbs 31" (Fortaleza de una mujer: Por qué eres Proverbios 31).

"Es un honor para mí ser el pastor de Susan y Brett Freese, y recomendarles de todo corazón su libro, *Tu verdadera historia*. He tenido el privilegio de ver a Susan crecer en su relación con Cristo y estar ahí cuando Dios la llamó al ministerio de tiempo completo. Desde dar ese paso de fe, dejando una prestigiosa posición corporativa, hasta ir al seminario y equipar a mujeres de todo el mundo, ella ha elegido hacer todo con excelencia. Dios la ha usado de una manera poderosa, y este libro es el siguiente paso en su viaje de hacer una diferencia en la vida de la gente. Deseo utilizar este gran recurso en nuestra iglesia y espero que tú también lo hagas".

Spike Hogan, pastor principal de la Iglesia Chets Creek.

"*Tu verdadera historia* es un mapa esclarecedor para cualquier persona, tanto si está comenzando su viaje espiritual como si está empezando de nuevo. Si los lectores realmente abrazan este viaje de 50 días lleno de las Escrituras, serán 'transformados mediante la renovación de su mente. Así podrán comprobar cuál es la voluntad de Dios' (Romanos 12:2, NVI)".

Tammie McClafferty, EdD, MAR, MAT, director ejecutivo de Lifework First Coast.

"Al ser pastor por 35 años y encargarme de la capacitación de pastores en Rusia y la India durante 22 años, descubrí que hay una necesidad universal: la necesidad de formar discípulos auténticos, que estén profundamente arraigados en su relación con Cristo y su Palabra, y que anhelen completar su comisión en sus círculos geográficos, familiares y sociales de responsabilidad. Mi amiga y visionaria práctica, Susan Freese, sintió profundamente esta necesidad, e hizo algo al respecto. Su manual, *Tu verdadera historia*, conduce al participante en un viaje hacia una relación diaria consistente con Cristo a través de su Palabra y la oración en el poder del Espíritu Santo. Su objetivo subyacente es hacer que cada creyente comprenda quién es Dios y quién es él en Cristo, y que crezca en el propósito de Dios para su vida. Una herramienta de esta importancia será transformadora en las iglesias de todo el mundo. Que Dios le dé una amplia audiencia en muchas naciones".

Wes Slough, pastor y entrenador de la iglesia Saturation Church Planting.

"*Tu verdadera historia* es un recurso invaluable. Se cubren muchos temas, pero en mi opinión, no se desperdicia una sola palabra. Apreciarás la forma clara y lógica en que se organiza el contenido, incluidas explicaciones generales, analogías impactantes y pasos prácticos a seguir. Cada día está lleno de Escritura, y las cuatro secciones de aplicación diaria te ayudarán no solo a crecer, sino a transformarte. Creo que el viaje de fe de 50 días será algo para experimentar una y otra vez como una referencia para ti y una herramienta para discipular a otros. Nunca encontré una guía más completa para guiar a todos los creyentes, y le doy mi más alta recomendación. Consigue el libro, invita a algunos amigos y comprométete los 50 días. ¡Valdrá la pena!".

Riann Boyd, formador de discípulos y líder ministerial.

TU

VERDADERA

HISTORIA

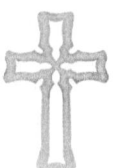

**LA GUÍA BÁSICA DE 50 DÍAS
PARA TU NUEVA VIDA CON JESÚS**

SUSAN FREESE

El 100% de los ingresos netos de este libro se destinarán a ministerios que ayudan a mujeres y niños marginados de todo el mundo.

© 2021 por Susan Freese

Todos los derechos reservados en todo el mundo. Ninguna parte de este libro puede ser reproducida, almacenada en un sistema de recuperación o transmitida en cualquier forma o por cualquier medio (electrónico, mecánico, fotocopiado, grabación, escaneo u otro), excepto por breves citas en reseñas o artículos críticos, sin el previo permiso por escrito del editor.

Publicado en Jacksonville, Florida, por All In Ministries Books.

Los títulos de All In Ministries Books pueden comprarse al mayoreo para uso educativo, empresarial, de recaudación de fondos o de promoción de ventas. Para obtener información, envíe un correo electrónico a contact@allinmin.org.

Cualquier dirección de internet, ministerio, compañía o información de producto impresa en este libro se ofrece como un recurso y no pretende, de ninguna manera, ser ni implicar un respaldo de All In Ministries International, así como tampoco da fe de la existencia, contenido o servicios de esos sitios, empresas o productos más allá de la vida útil de este libro.

A menos que se indique lo contrario, todas las citas de las Escrituras están tomadas de la Santa Biblia, Nueva Traducción Viviente, copyright © 1996, 2004, 2015 por Tyndale House Foundation. Usado con permiso de Tyndale House Publishers, Inc., Carol Stream, Illinois 60188. Todos los derechos reservados.

Las citas bíblicas marcadas con NVI son de la Santa Biblia, Nueva Versión Internacional®NVI® Copyright © 1973, 1978, 1984, 2011 por Biblica, Inc.™ Utilizado con permiso de Zondervan. Todos los derechos reservados en todo el mundo. www.zondervan.com. La "NVI" y la "Nueva Versión Internacional" son marcas registradas en la Oficina de Patentes y Marcas de los Estados Unidos por Biblica, Inc.™

Las citas bíblicas marcadas con RVR1960 son de la Biblia Reina-Valera 1960 ® © Sociedades Bíblicas en América Latina, 1960. Renovado © Sociedades Bíblicas Unidas, 1988. Utilizado con permiso. Reina-Valera 1960® es una marca registrada de Sociedades Bíblicas Unidas, y se puede usar solamente bajo licencia.

Las citas bíblicas marcadas como NBLA son de la Nueva Biblia de las Américas® (NBLA), Copyright © 2005 por The Lockman Foundation. Utilizadas con permiso. www.Lockman.org.

Las citas bíblicas marcadas como RVA son de la Versión Reina Valera Actualizada, Copyright © 2015 por Editorial Mundo Hispano.

Las citas bíblicas marcadas como NBV son de la Nueva Biblia Viva © 2006, 2008 por Biblica, Inc.® Usado con permiso de Biblica, Inc.® Reservados todos los derechos en todo el mundo.

Las citas bíblicas marcadas como RVC son de la Reina Valera Contemporánea ® © Sociedades Bíblicas Unidas, 2009, 2011.

Las citas bíblicas marcadas como PDT son de La Palabra de Dios para Todos (PDT) Copyright: © 2005, 2008, 2012, 2015 Centro Mundial de Traducción de La Biblia © 2005, 2008, 2012, 2015 Bible League International.

Las citas bíblicas marcadas como DHH son de la Biblia Dios Habla Hoy ®, Tercera edición © Sociedades Bíblicas Unidas, 1966, 1970, 1979, 1983, 1996.

Diseño de portada por Danita Brooks.

Número de control de la Biblioteca del Congreso: 2021900138.
ISBNs: 978-1-7358780-9-6 (tapa blanda comercial), 978-1-958535-00-4 (libro electrónico).

Traducido por multitudelanguages.com con la colaboración de Nydia Hernández, David Acosta, Claudia Valdez, Antonio Taboada, Deisy Vásquez, Juan Carlos García, Denisse Esparza, Sinaí Ramírez, Cristina Font, Laura Mareli y Jennifer Govea.

Contenido

Bienvenido xi

Audiencia global xiii

Navegando por la Biblia xiv

Compromiso xv

PARTE I: Descubre tu historia con Dios 1

Semana uno: La historia de Dios
- Día 1: Estás invitado 6
- Día 2: La creación perfecta de Dios muestra su gloria 11
- Día 3: El pecado lo arruina todo 16
- Día 4: Jesús nos rescata, nos perdona y nos guía 22
- Día 5: Dios hace todo nuevo: la nueva creación 28
- Día 6: La vida después de la muerte 34
- Día 7: La historia de Dios: enfoque en Jesús 41
- **Recibe a Jesús hoy** 43
- *Preguntas de conversación para la semana 1* 45

Semana 2: Tu historia, tu identidad
- Día 8: Fuiste elegido 47
- Día 9: Eres un adorador 51
- Día 10: Fuiste perdonado y hecho de nuevo 57
- Día 11: Fuiste adoptado 63
- Día 12: Nunca estás solo 68
- Día 13: Tú eres santo 73
- Día 14: Le perteneces a Dios 79
- *Preguntas de conversación para la semana 2* 83

Semana 3: Tu historia, tu propósito
- Día 15: Abraza tu nuevo propósito 85
- Día 16: Representa a Jesucristo como su embajador 92
- Día 17: Mira hacia abajo para discipular generaciones 98
- Día 18: Mira hacia fuera para alcanzar a los vecinos y a las naciones 104
- Día 19: Mira hacia arriba para glorificar a Dios 111
- Día 20: Glorifica a Dios en adoración 117
- Día 21: Adora a Dios cuando pases por dolor 123
- *Preguntas de conversación para la semana 3* 129

PARTE II: Vive tu historia con Dios 131

Semana 4: Permanece, conéctate con Dios
- Día 22: Conoce a Dios como tu amigo 136
- Día 23: Descansa, confía, entrega todo a Dios 142
- Día 24: Recibe de Dios: profundiza tus raíces 148
- Día 25: Da fruto mientras permaneces 154
- Día 26: Resiste a la tentación 160
- Día 27: Pelea con la armadura de Dios 166
- Día 28: Entra en el descanso de Dios a través de su Palabra 173
- *Preguntas de conversación para la semana 4* 178

Semana 5: La Palabra de Dios, escucha al autor de la vida
- Día 29: Valora la Palabra de Dios 180
- Día 30: Recibe la Palabra de Dios: la parábola del sembrador 186
- Día 31: Confía en la Palabra de Dios: razones para creer 192
- Día 32: Recorrido por la Biblia, libro por libro 200
- Día 33: Estudia la Biblia, paso a paso 207
- Día 34: Memoriza la Palabra de Dios 216
- Día 35: Repasa y practica la Palabra de Dios 224
- *Preguntas de conversación para la semana 5* 231

Semana 6: Oración, habla con el autor de la vida
- Día 36: Habla con Dios, cambia tu corazón 233
- Día 37: Ora y escucha 238
- Día 38: Evita los impedimentos a la oración 243
- Día 39: Ayuna en oración 250
- Día 40: Ora la Palabra de Dios, descubre la voluntad de Dios 257
- Día 41: Ora por otros: el gran alcance de la intercesión 263
- Día 42: Ora primero, ora siempre, ora ahora 268
- *Preguntas de conversación para la semana 6* 274

Semana 7: El Espíritu Santo, vive tu historia con la fuerza de Dios
- Día 43: Conoce el poder de Dios en ti 276
- Día 44: Llénate del Espíritu: Ríndete 283
- Día 45: Sé purificado para la vida de resurrección: santificación ... 290
- Día 46: Crece en el Espíritu: sirve 298
- Día 47: Crece en el Espíritu: comparte 305
- Día 48: Crece en el Espíritu: sufre 312
- Día 49: Despiértate, observa, trabaja: Jesucristo viene 319
- Día 50: Celebra tu verdadera historia 326
- *Preguntas de conversación para la semana 7* 333

Agradecimientos 334

Esquema de las reuniones semanales 335

Apéndice: Herramientas para compartir tu fe 336

Bibliografía 339

Bienvenido

Este libro es para aquellos que desean una relación más cercana con Jesús. Es para quienes desean aplicar verdades sagradas a sus vidas, sin tomarse una vida entera para aprenderlas todas. Es para aquellos que *no* desean una fe religiosa ordinaria de un día a la semana.

Las páginas de este libro contienen tesoros vivificantes envueltos en palabras que esperan ser abiertas. Me ha llevado casi 50 años recolectar estos tesoros, vivir estas lecciones y ahora compartirlas contigo. Ya sea que estés comenzando tu relación con Jesús o retomándola, te invito a emprender este viaje de fe de 50 días para guiarte en tus próximos pasos con Él. No escucharás historias personales (excepto historias verdaderas de la Palabra de Dios), porque no se trata del viaje de fe de alguien más. Es *tu* viaje de fe.

Cada semana aprenderás más de la narrativa tejida a través de la Biblia. La primera parte comienza con un amplio enfoque de la historia general de Dios. Luego, limitaremos nuestro enfoque a tu lugar y propósito en la historiade Dios. Este fundamento que cambia vidas permitirá obtener los elementos esenciales de la fe que se cubren en la otra parte del viaje. En este punto, la segunda parte también se convierte en una guía de recursos a la que puedes regresar cuando las circunstancias inesperadas de la vida se presenten. Descubrirás secretos de la vida cristiana, cómo permanecer en Cristo, superar las dudas, resistir a la tentación y adorar a Dios durante el sufrimiento; también aprenderás formas prácticas de estudiar la Biblia, compartir tu fe con otros y orar. Si no has comenzado una relación con Jesús, tendrás la oportunidad de dar ese paso. Mi oración al compartir estas lecciones de vida es que encuentres el amor de Dios, aceptes tu parte en la historia de Dios y *aprendas de mis errores*.

Al crecer, confié en que Jesús perdona mis pecados, pero no sabía seguirlo como el líder de mi vida. Esa ignorancia me costó buscar cosas de este mundo, tener pensamientos no saludables y una vida egoísta. Aunque amaba a Jesús, mi comprensión incompleta de su papel en mi vida me dejó inquieta y sin gozo. Mi carrera profesional me mantuvo distraída y mi fe superficial me dejó espiritualmente hambrienta.

Pero durante esa temporada de desierto, Dios me sostuvo y me reveló lo que me había estado perdiendo toda mi vida: una relación diaria con Él... pero más que eso, una íntima amistad con Él.

Ojalá pudiera decirte que entonces le entregué todo y le empecé a confiar a Jesús, no solo mi salvación, sino también cada parte de mi vida, pero dudé. Temía lo que les pasaría a mis hijos si le daba a Dios el liderazgo de mi vida. ¿Mis hijos sufrirían por entregarme a Él?, ¿serían alejados de mí si le ofreciera todo a Dios? Entonces, una mujer en la iglesia me compartió gentilmente cómo Dios amaba a mis hijos más de lo que yo podría. Me di cuenta de que mi mayor responsabilidad como madre (o en cualquier otro rol de mi vida) era amar a Dios con todo mi corazón, toda mi alma, toda mi mente y todas mis fuerzas (Marcos 12:30); darle mi todo porque *Él me ha dado su todo.*

Todo cambió cuando invité a Dios a hacerse cargo de mi vida. Ya no veía la vida a través de un lente oscuro de preocupación o ambición egoísta, sino a través de los ojos de la fe. Esos pasos de obediencia y confianza me acercaron más a Dios. Quería más de Él y quería que Él tuviera más de *mí*. A través de este viaje, descubrí quién es Dios, por qué fui creada y cómo vivir bien. Encontré *mi* historia en la verdadera historia de Dios.

A medida que mi historia se desarrollaba, Dios me llevó al ministerio y al seminario de tiempo completo. Me dio la oportunidad de compartir lo que aprendía en varios lugares y países. No importaba dónde sirviera, la necesidad era la misma: una relación auténtica con Jesús. Por la gracia de Dios, los resultados también fueron los mismos: vidas bellamente transformadas. Con el apoyo de mi esposo y mis pastores, nació All In Ministries International, y empezó a crecer. Las iglesias locales y los misioneros pidieron el material en forma escrita. Pero volví a dudar. Dios usó una conversación con el Dr. Henry Blackaby[1] para animarme a dar el paso de escribir y plasmar en un libro todo lo que desearía haber sabido cuando comencé mi relación con Jesús. Mis oraciones pidiendo ayuda fueron respondidas en cada paso para crear *Tu verdadera historia*. Este libro no pretende ser extenso, pero contiene verdades vivificantes que cambiaron mi vida y la de muchos otros.

---

[1] El Dr. Blackaby es pastor internacional, autor y fundador de Blackaby Ministries International. Es más conocido por su estudio bíblico "*Mi experiencia con Dios*".

Ahora es tu turno. Te invito a que me acompañes en este viaje a través de *Tu verdadera historia* en 50 lecturas diarias, un capítulo cuidadosamente elegido de la Historia de Dios, el cual pido que pronto esté en la tuya. No siempre será fácil ni libre de dolor, pero el trabajo de desarrollar tu verdadera historia vale la pena. El cambio es incómodo y puedes elegir cómo responderás. Confía en Dios en estos próximos pasos o permanece igual.

A medida que elijas confiar en Dios a través de estos breves capítulos, experimentarás un amor apasionado, una alegría increíble y una paz sobrenatural. Esta transformación te ayudará a vivir cada día en unidad con Dios y te preparará para la eternidad. Por fin, conocerás *tu* verdadera historia como parte de la verdadera historia de Dios.

Entonces, oro para que seas como esa mujer en la iglesia que gentilmente compartió la verdad conmigo. Oro para que invites con gentileza a otra persona, y luego a otra, y luego a otra en un viaje para descubrir el gran amor y el plan de Dios para su creación. Así es como Dios diseñó nuestras vidas: para *ser* cambiado y para *traer* un cambio a otros.

La gloria de Dios es nuestra recompensa
Susan Freese
Juan 3:30

Audiencia global

Este recurso de discipulado es para todas las personas dentro de todas las comunidades de fe cristiana en el mundo. Aunque nuestros estilos de adoración son diversos, estamos unidos en nuestra creencia: Jesucristo es el Señor, toda la Biblia es completamente cierta, y cada creyente tiene un papel importante en la historia de Dios. Este estudio complementa los talleres de formación de discípulos ofrecidos por All In Ministries International. Para obtener más información y herramientas gratuitas, visita www.allinmin.org.

Navegando por la Biblia

Este estudio incluirá un recorrido por la Biblia y sobre cómo estudiarla en la Semana 5. Utilizamos varias traducciones confiables de la Biblia para ayudarte ver claramente la verdad de Dios. Te será útil tener una Biblia lista para el estudio de cada día.

Cuando se hace referencia a pasajes bíblicos, se indica primero el libro de la Biblia, seguido por el número de capítulo y, después, el versículo o los versículos dentro del capítulo. Por ejemplo, Juan 3:16 se refiere al evangelio de Juan en el Nuevo Testamento (no confundir con 1 Juan), capítulo 3, versículo 16.

Juan (Libro) 3 (Capítulo): 16 (Versículo)

Libros del Antiguo Testamento:

- Génesis
- Éxodo
- Levítico
- Números
- Deuteronomio
- Josué
- Jueces
- Ruth
- 1 Samuel
- 2 Samuel
- 1 Reyes
- 2 Reyes
- 1 Crónicas
- 2 Crónicas
- Esdras
- Nehemías
- Ester
- Job
- Salmos
- Proverbios
- Eclesiastés
- Cantar de los Cantares
- Isaías
- Jeremías
- Lamentaciones
- Ezequiel
- Daniel
- Oseas
- Joel
- Amós
- Abdías
- Jonás
- Miqueas
- Nahúm
- Habacuc
- Sofonías
- Hageo
- Zacarías
- Malaquías

Libros del Nuevo Testamento:

- Mateo
- Marcos
- Lucas
- Juan
- Hechos
- Romanos
- 1 Corintios
- 2 Corintios
- Gálatas
- Efesios
- Filipenses
- Colosenses
- 1 Tesalonicenses
- 2 Tesalonicenses
- 1 Timoteo
- 2 Timoteo
- Tito
- Filemón
- Hebreos
- Santiago
- 1 Pedro
- 2 Pedro
- 1 Juan
- 2 Juan
- 3 Juan
- Judas
- Apocalipsis

Compromiso

Tu vida puede cambiar en 50 días, especialmente cuando estás comprometido con el viaje. Antes de comenzar, me gustaría desafiarte a que no te pierdas ni un solo día de lectura. Te preparas muy bien cuando programas una cita en tu calendario. Al firmar tu nombre y designar tu tiempo, demuestras la seriedad de tu compromiso y tus resultados mejoran drásticamente.

Con la ayuda de Dios, me comprometo a dedicar los próximos 50 días de mi vida a descubrir mi historia en la verdadera historia de Dios.

_____

Tu nombre

Establece un tiempo (se recomiendan 30 minutos) y un lugar para leer y responder a un capítulo diario:

_____

Invita a tus amigos

Los viajes son mejores cuando estamos con amigos. Obtendrás el mayor beneficio de este viaje de fe y fortalecerás amistades si otros se unen contigo. El hecho es que seguimos mejor a Dios en compañía de otros. Dios nos da una familia de fe, la iglesia, para caminar con nosotros mientras caminamos con él. Él nunca quiso que estuviéramos solos (Génesis 2:18). Un hombre sabio dijo una vez: "Es mejor ser dos que uno, porque ambos pueden ayudarse mutuamente a lograr el éxito. Si uno cae, el otro puede darle la mano y ayudarle; pero el que cae y está solo, ese sí que está en problemas" (Eclesiastés 4:9-10). No caigamos solos.

Ora y pídele a Dios que te guíe hacia aquellos que puedan unirse a ti a través de este estudio y más allá. Sugiero que se reúnan una vez por semana para comentar lo que aprenden. Puedes utilizar las preguntas de conversación que se encuentran al final de cada semana como guía para tu reunión. A continuación, enumera los nombres de las personas a las que Dios te ha guiado para invitarlas a tu viaje:

_____   _____

Establece un día, una hora y un lugar para reunirse semanalmente en persona o en línea:

_____

PARTE I:
DESCUBRE TU HISTORIA CON DIOS

> Me viste antes de que naciera.
> Cada día de mi vida estaba registrado en tu libro.
> Cada momento fue diseñado antes de que un solo día pasara.
> Qué preciosos son tus pensamientos acerca de mí, oh Dios.
> Salmos 139:16-17

¿Y si te dijera: "Tú eres la razón por la que se escribió este libro"? ¿Y si te dijera que tienes una cita con Dios ahora mismo? Puede que te preguntes si eso es cierto o que te preguntes por qué Dios te tiene en su calendario. Pero mira a tu alrededor: ¿hay alguien más leyendo este libro? Tal vez no; entonces, ¿por qué tú? Porque Dios quiere que sepas que te escribió en su historia. Tal vez tengas un viaje extraordinario para experimentarlo a Él; o tal vez hay otra persona que busca respuestas en ti. De cualquier manera, Dios planeó este momento, en este instante y en este lugar, para que tú descubrieras tu verdadera historia como parte de la verdadera historia de Dios.

No importa quién seas o dónde vivas, **el único Dios verdadero te está amando ahora mismo. Él tiene un propósito importante para tu vida.** Te preguntarás: ¿Cómo es que Él me ama? ¿Por qué es importante mi vida? ¿Cómo debo responder? Todas estas son buenas preguntas. Te invitamos a realizar este viaje de fe de 50 días para empezar a responderlas. ¿Por qué 50 días? Dios separó 50 días en la Biblia con un propósito especial. Una vez que el pueblo hebreo comenzó a celebrar la Pascua (la estudiaremos en la semana 7), Dios les dio otra fiesta llamada la Fiesta de las semanas, que luego se llamó Pentecostés.[1] La celebración de un día tuvo lugar por siete

---

[1] Pentecostés proviene de una palabra griega que significa "quincuagésimo". La festividad se llama *Shavuot* en hebreo, que significa "semanas", y también se conoce como la Fiesta de la cosecha.

semanas y un día (50 días) después de la Pascua. Pentecostés fue un día de celebración y revelación. Conmemora la entrega de la Torá (los primeros cinco libros de la Biblia) a Moisés en el monte Sinaí. Después del tiempo de Jesús en la Tierra, dio el don del Espíritu Santo a los discípulos en Jerusalén durante Pentecostés. Hay algo significativo en el hecho de que Dios eligió el mismo día quincuagésimo, tanto en el Antiguo como en el Nuevo Testamento, para dar los dones de Palabra y Espíritu, ya que estos dos se combinan para brindarnos una mayor revelación.

Dios también puede usar estos 50 días en tu vida de una manera especial. ¿Para qué esforzarse? Porque **tu vida importa y la historia de tu vida marca la diferencia**. Nuestro Creador te hizo a propósito, con un propósito. Él ha escrito una historia para ti, una historia llena de significado que impacta en la eternidad. Pero para comprender tu propósito, tu verdadera historia, necesitas conocer al Autor. Necesitas encontrar al único Dios verdadero.

¿Cómo es Dios? ¿Por qué Dios me creó? ¿Cómo puedo conocer a Dios?

Muchos de nosotros nos hemos hecho estas preguntas. No las ignores por temor a no encontrar las respuestas o por miedo a que no te gusten las respuestas que encuentres. Dios plantó estas preguntas en tu corazón para llevarte en un viaje de fe más cerca de su corazón. Entonces, haz las preguntas.

Encontrarás respuestas en la Biblia, también conocida como la Palabra de Dios o las Escrituras (2 Timoteo 3:16).[1] Pero más que respuestas, encontrarás a Dios mismo. Una de mis oraciones es que durante los próximos 50 días experimentes cómo **Dios es real y la Biblia es verdadera**. Juntos, responderemos a algunas de tus preguntas con la verdad de la Palabra de Dios. Ya sea que la leas por primera vez o que la hayas estudiado durante años, la Palabra de Dios es siempre perfecta y fresca.

Este estudio cita en gran medida las Escrituras y te remite a los versículos de la Biblia (incluyendo más de 1,400 referencias) para que la Palabra de Dios pueda hablar por sí misma. Te sugiero que

---

[1] Puedes encontrar la Biblia en línea en muchos sitios web diferentes como Bible Gateway (biblegateway.com/?language=es), Bible Study Tools (biblestudytools.com), Bible Hub (biblehub.com), Blue Letter Bible (blueletterbible.org) y YouVersion (bible.com/es).

reserves treinta minutos cada día con una Biblia abierta para reunirte con Dios a medida que avanzas en estos breves capítulos. Ora antes para invitar a Dios a que se revele. Interactúa con lo que descubres. Marca las páginas como desees y escribe tus pensamientos en los márgenes. **Lee un capítulo al día para que puedas pensar y actuar de acuerdo con la lectura.**

A medida que aprendamos a amar a Dios con todo nuestro corazón, mente, alma y fuerzas (Marcos 12:30), abordaremos este viaje de fe con el mandato de Jesús en mente. Encontrarás cuatro pasos para completar al final de cada día:

1. Lee las Escrituras relacionadas con el tema del día en "Permite que la Biblia hable".
2. Responde a las preguntas para procesar lo que has leído en "Permite que tu mente piense".
3. Comienza tu conversación con Dios en "Permite que tu alma ore".
4. Anota los pasos que Dios te está guiando a dar en "Permite que tu corazón obedezca".[1]

Por favor, trabaja en estos cuatro pasos para comprender y aplicar la lección de cada día. Esto es importante; **conocer nueva información no transformará nuestras vidas, pero la aplicación de la verdad bíblica con la ayuda de Dios sí lo hará.**

Veamos el viaje de fe de la parte I:

Primero, en la semana 1, aprenderás acerca de Dios y su verdadera historia general. La historia de Dios afecta a todas las demás historias. No podemos cubrir todo lo que te gustaría saber acerca de Dios en una semana. Aun así, este resumen te ayudará a comprender el contexto de tu existencia, tu eternidad y tu historia dentro de la historia de Dios. Incluso, si has sido un creyente durante algún tiempo, es posible que descubras aspectos que no se enseñan ampliamente. Terminarás con una mejor comprensión de toda la historia de Dios.

Luego, en las semanas 2 y 3 aprenderás sobre tu parte en la historia de Dios. En la segunda semana, descubrirás tu identidad en

---

[1] La Biblia a veces se refiere a la obediencia o a una decisión como una expresión del corazón (Josué 24:23; Joel 2:13; Romanos 10:9-10).

Cristo (quién eres), y en la tercera semana encontrarás tu propósito en Cristo (lo que haces).

¿Estás listo para comenzar? Primero, haz una pausa para examinar tu corazón. ¿Buscas sinceramente a Dios? En Jeremías 29:13, Dios dice: "Si me buscan de todo corazón, podrán encontrarme". Tómate unos momentos de oración y

- decide buscar a Dios con todo tu corazón y alma (Deuteronomio 4:29);
- decide aceptar lo que descubres sobre Él, su historia y cómo encajas en ella, incluso si algunas cosas te sorprenden o de alguna manera te molestan;
- ora y pídele a Dios que prepare tu corazón para el viaje de fe que tienes por delante y que te provea de amigos que caminen contigo.[1]

Juntos, busquen la verdad —busquen a Dios— con un corazón abierto. Y mientras lo persigues, descubrirás que Él siempre, siempre te ha perseguido.

---

1 Véase el Compromiso en la página xv.

SEMANA UNO

LA HISTORIA DE DIOS

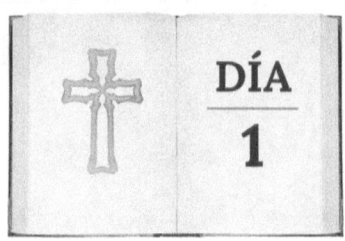

DÍA 1

Estás invitado

*Porque tanto amó Dios al mundo que dio a su
Hijo unigénito, para que todo el que cree en él
no se pierda, sino que tenga vida eterna.*
Juan 3:16

¿Cómo te sientes cuando recibes una invitación especial? Algo profundo sucede dentro de ti. Saber que alguien te tenía en mente cambia la forma en que te ves a ti mismo. Alguien pensó en ti y necesita tu presencia. La realidad es que Dios está pensando en ti y la Biblia es su invitación escrita. A través de las páginas de las Escrituras, Dios te invita a confiar en Él en cada parte de tu vida. Su invitación atraviesa todos los continentes, todas las culturas, todas las épocas. Y nuestra capacidad para escuchar y responder es la única limitación.[1]

Aunque fue escrita hace mucho tiempo, la historia de la Biblia es relevante *ahora*, define y explora nuestro mundo, explica por qué sufrimos el dolor y la injusticia y promete que un día Dios volverá a arreglar todo. La Biblia describe al pueblo de Israel a lo largo del Antiguo Testamento y su relación con Dios. Pero esta historia no es solo para ellos, esta historia de redención y relación es para todo el mundo, incluido tú. **Querrás escuchar con atención lo que Dios está diciendo, porque te lo está diciendo *a ti*.**

Cuando leas con atención, descubrirás tu verdadera historia. Sí, **tu historia está escrita en la Biblia.** Dios te creó para que lo conozcas y seas cambiado por Él como parte de su gran plan (Jeremías 9:23-24).

---

[1] Cheryl Hauer, "God's Invitations. Bridges for Peace" (Las invitaciones de Dios. Puentes para la paz), 21 de noviembre de 2017. https: // www .bridgesforpeace.com / letter / Gods-invitations/.

Él tiene un propósito divino para tu vida. Pero solo podrás descubrir el llamado único de Dios para ti estudiando su Palabra y viviéndola en tu vida con su ayuda. En la historia de Dios, encontrarás el significado de tu historia y de todas las historias del mundo, pasadas, presentes y futuras.

Aunque la Biblia está completa, la historia de Dios sigue desarrollándose a nuestro alrededor. El último libro de la Biblia, Apocalipsis, nos muestra lo que ocurrirá al final de los tiempos. Pero también revela que la historia de Dios no tiene fin. Dios nos invita a la vida eterna a través de Jesús, ahora y siempre (Juan 3:16). La vida eterna es la amistad sin fin con Dios y la confianza en que Él escribe nuestra historia como parte de su historia verdadera (Juan 17:3; Hebreos 12:2).

Utiliza el siguiente tiempo para escribir cuál ha sido tu historia hasta ahora. ¿Cómo conoces a Dios?

Así como un libro se compone de muchos capítulos que cuentan una historia, la Biblia es una colección de libros que revelan la historia de Dios para nosotros. Cada libro, con sus capítulos y versículos, funcionan junto con todos los demás para revelar a Dios y su relación con nosotros. La historia de Dios nos lleva a Aquel que nos creó, el que vino a nosotros en la persona de Jesucristo. Toda la historia depende de Él. Toda la Biblia apunta a Él.

Al comenzar nuestro viaje juntos, tú y yo necesitamos tener una mayor visión de la historia de Dios como un todo. Se puede dividir en cuatro partes básicas: (1) la creación, (2) el pecado, (3) Jesús, y (4) la nueva creación; la creación de Dios restaurada. El Antiguo Testamento (los primeros treinta y nueve libros de la Biblia) nos habla de la creación y del pecado (y del Salvador que vendrá). El Nuevo Testamento (los últimos veintisiete libros de la Biblia) nos habla de Jesús (el Salvador) y de la nueva creación. Estas cuatro partes proporcionan un marco para entender todas las historias de la Biblia, y el significado de nuestras vidas.

PRIMERA PARTE: LA CREACIÓN
**Dios nos creó y quiere tener
una relación cercana con nosotros.**

El Antiguo Testamento comienza con la historia de la creación. Dios hizo todo de la nada y lo llamó "bueno", con una excepción (Génesis 1). Cuando Dios hizo a las personas, nos hizo a su imagen y semejanza y lo llamó todo "muy bueno". Tuvo un cuidado especial al crearnos porque quería tener una relación estrecha con nosotros. La realidad es que Dios no necesitaba crearnos. Ya vivía en una comunión perfecta. La Biblia revela que **hay un solo Dios que existe en tres personas: Padre, Hijo (Jesús) y Espíritu Santo.** Dios se complació en crearnos. Lo mejor de todo es que tenemos el placer de conocerlo (Colosenses 1:10). Nuestros primeros antepasados, Adán y Eva, vivieron, trabajaron y caminaron con Dios en el perfecto jardín del Edén. La alegría y la paz llenaban sus vidas como hijos de Dios.

SEGUNDA PARTE: EL PECADO
**Debido a que el pecado nos separa de Dios,
necesitamos un Salvador.**

Todo cambió cuando la serpiente (Satanás, el enemigo) entra en la historia. Torció las palabras de Dios para engañar a Adán y Eva. El engaño condujo al descontento, que los llevó a la desobediencia. En lugar de confiar en Dios, creyeron la mentira de Satanás y se volvieron contra Dios. Comieron del fruto que Dios les había prohibido. Eso es el **pecado**: apartarnos de la voluntad de Dios con nuestras actitudes o acciones. El pecado echó a perder la buena creación de Dios y todo se rompió. La rebelión de Adán y Eva los separó de Dios. Introdujo las consecuencias del pecado: muerte, codicia, enfermedad, violencia y dolor en el mundo. La oscuridad ahora llenó sus vidas convirtiéndose en enemigos de Dios (Romanos 5:10). El resto del Antiguo Testamento cuenta la historia de gente que batalla con el pecado, la desobediencia a los mandamientos de Dios y cuando ignoran su presencia, a pesar del llamado de los profetas a arrepentirse y regresar a Él. Más importante aún, predice la historia del plan de rescate de Dios. El mundo necesitaba un Salvador, alguien que lo rescatara.

> *Pecado:* Alejarnos de la voluntad de Dios con nuestras actitudes o acciones.

PARTE TRES: JESÚS
**Jesús nos rescata de nuestro pecado
y restaura nuestra relación con Dios.**

El Nuevo Testamento nos revela a nuestro salvador Jesucristo, el Hijo de Dios. Vino para liberarnos de las garras del enemigo y para restaurar nuestra relación con nuestro Padre celestial. Su misión es buscar y salvar a los perdidos (Lucas 19:10). El comienzo del Nuevo Testamento nos enseña sobre la vida de Jesús y nos dice cómo nos rescató. Dios es justo y nuestro pecado merece su juicio y la pena de muerte. Por el gran amor de Dios, Jesús tomó nuestro castigo ocupando nuestro lugar, muriendo en una cruz por nosotros. Ese no fue el final, sino el comienzo de una nueva vida. Jesús venció a la muerte y resucitó de la tumba para asegurarse de que el pecado nunca más pudiera separarnos de Él. ¡Él conquistó al pecado y a la muerte de una vez por todas!

CUARTA PARTE: NUEVA CREACIÓN; LA CREACIÓN DE DIOS RESTAURADA
**Dios hará nuevas todas las cosas,
empezando por nosotros.**

Un nuevo capítulo de la historia de Dios comenzó con la tumba vacía de Jesús. Nos encontramos hoy en este capítulo: Jesús está preparando un lugar en el Cielo para aquellos que confían en Él. Él les ha dado a los creyentes un nuevo propósito en la Tierra y prometió regresar por nosotros. El resto del Nuevo Testamento enseña sobre el plan de rescate que se extiende a todas las naciones y cambia el corazón y la vida de la gente por toda la eternidad. Incluso ahora, la creación se prepara para el regreso de Jesús. Cuando lo haga, hará nuevas todas las cosas. No habrá más quebrantamiento. Jesús creará un Cielo nuevo y una Tierra nueva, perfectos y sin ser afectados por el pecado. Entonces los creyentes adorarán a Dios y lo disfrutarán para siempre en su nueva creación.

Dios nos invita a confiar en Él en cada parte de su historia. Durante el resto de esta semana, veremos cada parte con más detalle. Descubriremos cómo Dios demuestra su amor por cada nación y cada persona (Juan 3:16). **Tú y yo, y todos los demás, fuimos creados por su amor, para su amor y para compartir su amor.** La invitación de Dios nos espera.

DÍA 1

Permite que la Biblia te hable:
Leer Génesis 1 (Opcional: Romanos 5:12-21)

Permite que tu mente piense:
1. ¿Qué te dice Génesis 1 sobre Dios?

2. ¿Cómo te sientes al saber que tu historia forma parte de la historia de Dios?

3. ¿Cómo cambia tu forma de ver a Dios, a ti mismo y a los demás el hecho de saber que Dios ama a todo el mundo?

Permite que tu alma ore:
Señor, gracias por revelar tu historia a través de la Biblia e invitarme a confiar en ti. Ayúdame a buscarte. Ablanda mi corazón y abre mis ojos a tu verdad mientras comienzo este viaje de fe. Quiero conocerte a ti y mi lugar en tu historia. Te lo pido en el nombre de Jesús, amén.

Permite que tu corazón obedezca:
(¿Qué es lo que Dios te está llevando a conocer, valorar o hacer?)

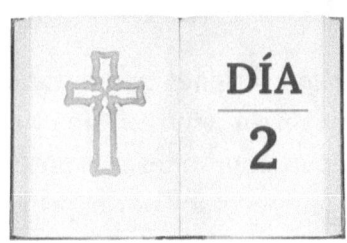

DÍA 2

La creación perfecta de Dios muestra su gloria

> Dios, en el principio, creó los cielos y la tierra... Dios miró todo lo que había hecho, y consideró que era muy bueno.
> Génesis 1:1, 31 (NVI)

Entre el gran tamaño de la Biblia y sus antiguas lenguas y culturas, su lectura puede parecer intimidante para mucha gente. Algunos piensan que la Biblia es demasiado grande para leerla aunque les tome toda la vida. Pero en realidad, si la leyéramos durante una hora al día, podríamos leerla toda en unos ochenta días. Otros piensan que la Biblia es demasiado complicada y que requiere una formación avanzada para entenderla. Pero la revelación de Dios es solo eso: su revelación. Él quiere ser conocido. Puede que no lo entendamos todo, pero Dios nos ayuda a comprender muchas de sus verdades eternas. A veces, la gente asume que la Palabra de Dios es un libro de reglas, que nos da una lista de lo que se debe y no se debe hacer. Pero cuando la leemos, descubrimos la más magnífica narración de liberación y libertad en la historia del mundo. Es la historia de Dios.

Como aprendimos ayer, la Biblia comienza con la creación de todas las cosas y termina con la nueva creación. Es para todo el mundo, pero también es personal. La historia de Dios celebra la maravilla de la formación de cada persona, incluida la tuya (Salmos 139). Tú no elegiste tu origen, pero la Biblia revela que Dios lo hizo. Es el punto de partida en el camino de Dios hacia tu destino (Hechos 17:26-27). Pero para entender la historia de Dios y el lugar que ocupas en ella, primero tienes que entender que la historia de **Dios no se centra en nosotros, sino en Dios y en su gloria**. Todas las cosas existen para alabar *su* grandeza. Pronto descubrirás por qué es así, pero por ahora, empecemos por el principio de los tiempos.

Dios creó todo, cada cosa, para su gloria, incluyéndonos a ti y a mí. Él habló poderosamente para que toda la creación existiera: luz, tierra, mar, plantas y animales. Toda la creación glorifica a Dios al mostrar "su eterno poder y su naturaleza divina" (Romanos 1:20, NVI). Incluso "los cielos cuentan la gloria de Dios, el firmamento proclama la obra de sus manos" (Salmos 19:1, NVI). Desde las estrellas en el cielo hasta las partes más ocultas en nuestro cuerpo, toda la creación habla del resplandor y la bondad de Dios. Hombres, mujeres y niños también declaran la gloria de Dios. Como la luna que refleja la luz del sol, así nosotros reflejamos a Dios en el mundo. Nuestra razón de existir es para su gloria (Isaías 43:7).

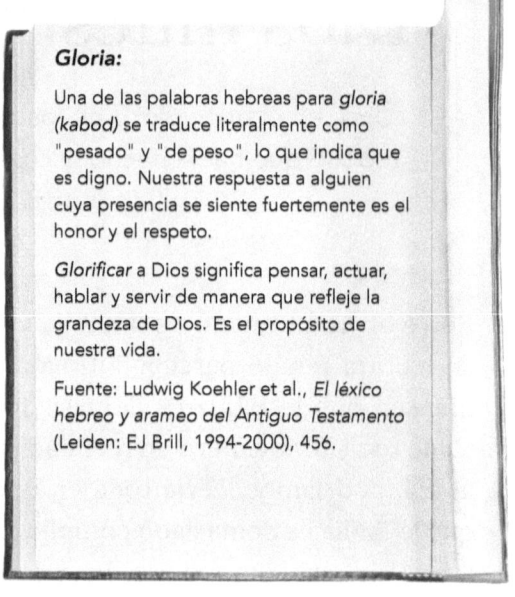

Gloria:

Una de las palabras hebreas para *gloria* (*kabod*) se traduce literalmente como "pesado" y "de peso", lo que indica que es digno. Nuestra respuesta a alguien cuya presencia se siente fuertemente es el honor y el respeto.

Glorificar a Dios significa pensar, actuar, hablar y servir de manera que refleje la grandeza de Dios. Es el propósito de nuestra vida.

Fuente: Ludwig Koehler et al., *El léxico hebreo y arameo del Antiguo Testamento* (Leiden: EJ Brill, 1994-2000), 456.

Dios muestra su gloria de la manera más hermosa con su gran amor por nosotros. Él deseaba una relación estrecha con la humanidad, por lo que nos creó con especial cuidado, a su imagen y semejanza; "y dijo: Hagamos al ser humano a nuestra imagen y semejanza... Y Dios el Señor formó al hombre del polvo de la tierra, y sopló en su nariz hálito de vida, y el hombre se convirtió en un ser viviente" (Génesis 1:26; 2:7, NVI). El Dios del universo formó al ser humano del polvo de la tierra. Como un alfarero moldea la arcilla, Dios tuvo un cuidado personal e íntimo en nuestro diseño. Él no mantuvo su distancia cuando creó a Adán y Eva en el principio, y no pone distancia contigo ahora. **Quiere estar cerca de ti.**

Dios también nos creó para disfrutar de las relaciones entre nosotros. Desde el principio, Dios dijo: "No es bueno que el hombre esté solo" (Génesis 2:18, NVI). Por eso, Dios creó a Eva para que fuera la compañera de Adán.[1] En este papel, Dios diseñó a Eva como la contraparte esencial e igual de Adán para cumplir los propósitos de Dios para la humanidad. Este primer matrimonio es un ejemplo de la más estrecha de las relaciones humanas. Y lo que es más importante, sirve como imagen de nuestra relación con Dios. ¿Cómo debe ser el matrimonio? Amor desinteresado; amistad íntima; trabajo compartido; propósito divino; presencia fiel. Así es como debemos enfocar nuestra relación con Dios porque Él se deleita en nosotros. "como un novio que se regocija por su novia, así tu Dios se regocijará por ti" (Isaías 62:5, NVI). Independientemente de tu estado civil, recuerda que tu profunda conexión con tu Creador es mucho más valiosa que cualquier matrimonio humano. "Porque el que te hizo es tu esposo" (Isaías 54:5, NVI). **Dios te conoce íntimamente y es fiel.** Él llama a su pueblo la "novia" de Cristo, plenamente conocida y plenamente amada (Apocalipsis 19:7-9; véase también Efesios 5:25-27). Incluso el mejor matrimonio terrenal es una sombra de la profundidad del amor que Dios vierte en tu relación con Él.

Es posible que comprendamos mejor el amor extravagante y desinteresado de Dios si tenemos nuestros propios hijos. Quizás por eso **Dios nos creó para tener una relación cercana con nuestros hijos.** Les ordenó a Adán y Eva: "Sean fructíferos y multiplíquense" (Génesis 1:28, NVI) para que pudieran compartir las bendiciones de Dios y sus enseñanzas con sus hijos (Deuteronomio 6:5-7). La crianza de los hijos puede ayudarnos a comprender mejor cómo nosotros, como hijos de Dios, podemos relacionarnos con Él como nuestro Padre celestial. Considera cómo un niño pequeño se sube

---

[1] Según "The Hebrew Aramaic Lexicon of the Old Testament" (Diccionario de hebreo y arameo del Antiguo Testamento), de L. Koehler y W. Baumgartner, hay más ejemplos en el Antiguo Testamento de la palabra que significa una contraparte (compañero) que nos ayuda con el otro significado que a veces tiene de "fuerza". A la luz de esto, el Dr. Archie England, profesor del Antiguo Testamento y Hebreo en el Seminario Teológico Bautista de Nueva Orleans, sugirió que la palabra hebrea original para "compañero", *ezer kenegdo*, se traduce mejor en este contexto como "su contraparte", es decir, "el que está a su lado ayudando". El Dr. England también sugirió que el papel de Eva como contraparte no significa que haya una jerarquía; su papel no es el de sierva, sino el de compañera. Al lado de su marido, Eva le ayuda a triunfar.

al regazo de su madre y descansa en sus brazos. Seguro, amado, conectado. Acerquémonos a Dios de esa manera. Descansando en la fe, compartiéndole nuestro día, escuchando su voz, confiando en Él, obedeciéndole. Tengas o no hijos biológicos, Dios te creó para multiplicarte. Cuando transmites tu fe a la siguiente generación, recibes hijos espirituales, relaciones bendecidas que durarán para siempre. Dios nos hizo para ser padres y ser criados por Él.

Nuestras relaciones se extienden al resto de la creación. Desde el principio de Génesis, vemos a Dios obrando, formando la Tierra. Luego nos confía la Tierra "para que lo cultivara y lo cuidara" (Génesis 2:15, NVI). Dios trabajó para crearla, y nosotros trabajamos para mantenerla. Desde el principio de los tiempos, descubrimos los conceptos bíblicos de llamado, vocación y trabajo. Aprendimos que Dios quiere que disfrutemos del mundo natural y nos permite administrarlo para Él mediante nuestro trabajo. Hay muchas vocaciones, y todos tenemos diferentes pasiones y habilidades. Puede que no siempre nos guste el trabajo que hacemos, pero podemos elegir ser agradecidos. No importa lo que hagamos, podemos dar gloria a Dios en nuestro trabajo porque Dios nos diseñó para ello (1 Corintios 10:31).

Los dos primeros capítulos de la Biblia revelan mucho sobre la historia de Dios. Hoy hemos aprendido que (1) la historia de Dios se centra en Dios y su gloria, y (2) Él creó todas las cosas, incluido el trabajo, para mostrar su gloria. Dios nos ama y quiere que tengamos una relación cercana con Él. También nos bendice con la creación, nos ayuda a crear y nos invita a administrarla. Fuimos hechos para reflejar a nuestro Dios creativo.

Permite que la Biblia te hable:
Leer Génesis 2 (Opcional: Salmos 148)

Permite que tu mente piense:
1. ¿Qué puede enseñarte la creación sobre tu Creador?

2. El único Dios verdadero nos creó para conocerlo. Ninguna otra religión ve a su(s) dios(es) de esa manera. ¿Por qué es importante para nosotros conocer a Dios personalmente?

3. ¿Cómo cambia tu forma de ver a Dios la idea de que es tu cónyuge y tu padre?

Permite que tu alma ore:
Señor, eres digno de "recibir la gloria, la honra y el poder, porque tú creaste todas las cosas; por tu voluntad existen y fueron creadas" (Apocalipsis 4:11, NVI). Gracias por tu perfecta creación. Mientras disfruto de tu gloria mostrada en el hermoso mundo que me rodea, recuérdame que tu gloria se muestra aún más hermosamente en tu amor por mí. Por favor, haz crecer mi relación contigo. Oro en el nombre de Jesús, amén.

Permite que tu corazón obedezca:
(¿Qué es lo que Dios te está llevando a conocer, valorar o hacer?)

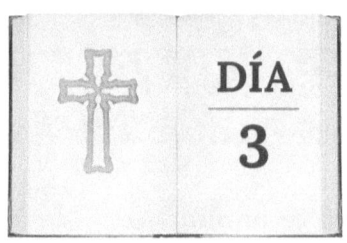

El pecado lo arruina todo

Pues todos han pecado y están privados de la gloria de Dios.
Romanos 3:23 (NVI)

Mientras el viento soplaba, un sonido familiar en el jardín del Edén provocó una sensación desconocida. Los corazones de Adán y Eva palpitaron con un extraño miedo. Dios estaba allí para pasar tiempo con sus preciosos portadores de imagen. Pero en lugar de caminar con Dios, se escondieron de Él en los árboles. Este fue el día en que el pecado lo arruinó todo.

En solo tres capítulos del Génesis vemos cómo se desarrolla esta historia. Dios observó toda la creación, tanto la que se ve como la que no se ve, y era "muy buena" (Génesis 1:31). Las personas y los ángeles tenían una relación perfecta con Dios. Él satisfacía abundantemente todas sus necesidades y deseos. También tenían la opción de amar y confiar en Dios o rebelarse. Eligieron rebelarse.

Pero no fueron los primeros rebeldes. No, había un "querubín ungido... protector" que era "irreprochable" *hasta que* se encontró maldad en él (Ezequiel 28:14-15, NVI). Satanás, conocido entonces como Lucifer, era hermoso y brillante, y lo sabía. Su corazón estaba tan lleno de orgullo que quería ser igual a Dios (Isaías 14:12-14). Incluso convenció a un tercio de los ángeles para que se unieran a él en su rebelión (Apocalipsis 12:4-9).

En respuesta a este mal, Dios, quien a la vez es amoroso *y justo*, castigó a Satanás expulsándolo en deshonra del Cielo (Ezequiel 28: 14-18). Satanás odiaba a Dios, por lo que se propuso destruir lo que Dios más amaba: sus preciosos **portadores de imagen**. Esos somos tú y yo.

Lo que comenzó como rebelión en el mundo invisible condujo al engaño en nuestro mundo visible. Satanás entró al jardín como una serpiente, tentando a Adán y Eva para que se rebelaran contra Dios. Los engañó al cuestionar las palabras de Dios para ellos. Satanás preguntó: "¿Es verdad que Dios les dijo...?" (Génesis 3:1). Luego sugirió que el mandato de Dios acerca de no comer del fruto del árbol en medio del jardín privó a Adán y Eva de algo bueno: "¡No es cierto, no van a morir!... llegarán a ser como Dios" (Génesis 3:4-5, NVI). En lugar de creer en el amor, la bondad y la abundante provisión de Dios para ellos, Adán y Eva comenzaron a cuestionar los mandamientos y las promesas que Dios les había hecho.

> **Portadores de la imagen:**
> A diferencia de los ángeles o los animales, las personas, tanto hombres como mujeres, están hechas a la imagen de Dios (Génesis 1:27). Pensamos, inventamos, planificamos, sentimos, creamos, distinguimos el bien del mal, tenemos recuerdos e ideas y damos a luz una nueva vida. Lo más importante es que podemos adorar, conocer y amar a Dios.

Satanás había creado la duda, y esta duda los llevó a la desobediencia. Satanás todavía nos engaña hoy en día, al igual que lo hizo con Adán y Eva. Nos engaña para que cuestionemos la Palabra de Dios y su bondad. Él despierta el descontento en nuestros corazones y nos tienta a desobedecer a Dios, tal como lo hizo al plantar semillas de duda en los corazones de Adán y Eva. Como resultado, *ambos* desobedecieron a Dios, y el pecado entró en nuestro mundo (Génesis 3:6).

El pecado lo arruinó todo; a causa de esto, toda la creación gime (Romanos 8:22). Junto con el pecado vino la muerte, el dolor, la vergüenza, la enfermedad, la violencia, el miedo, la depresión y toda clase de maldad. Su presencia incluso corrompió el funcionamiento de nuestros cuerpos; el parto se volvió más doloroso; el trabajo se volvió duro; la Tierra sufrió desastres naturales destructivos, animales venenosos y espinas que dificultaron el cultivo de la tierra. El pecado afectó incluso los detalles más pequeños de la creación, así como afecta los detalles más pequeños de nuestra vida. **Las relaciones perfectas que Dios había formado a través del matrimonio, la crianza de los hijos y el trabajo, se rompieron.** Lo peor de todo es que el pecado destruyó nuestra relación más importante: nuestra relación con Dios.

Creamos una separación dañina hacia Dios cuando hacemos las cosas a nuestra manera en vez de la suya. Como recordarás, eso es el **pecado: alejarnos de la voluntad de Dios en nuestras actitudes y acciones**. El pecado que cometieron Adán y Eva les hizo sufrir la muerte espiritual inmediatamente y enfrentar la muerte física eventualmente.

Después de comer el fruto prohibido, Adán y Eva se dieron cuenta de que estaban desnudos porque **la vergüenza sigue al pecado**. Cuando pecamos, nos sentimos sucios y expuestos porque hemos traicionado a nuestro Creador. En nuestro pecado, nos rebelamos contra aquel cuya imagen llevamos. Nos confundimos sobre nuestra identidad. Desorientados y avergonzados, a menudo hacemos lo mismo que Adán y Eva: nos escondemos de Dios (Juan 3:20).

Adán y Eva cosieron hojas tomadas de una higuera para cubrir su vergüenza (Génesis 3:7). Tratamos de encubrir nuestro pecado y vergüenza también, pero no usamos hojas de higuera. En cambio, mentimos para encubrir nuestros errores o hacemos muy buenas obras para compensar nuestros fracasos. Ninguno de esos esfuerzos dura mucho porque **nuestros intentos de cubrir nuestros pecados son tan endebles como la ropa de hojas de higuera**. Adán y Eva sabían que sus hojas de higuera no cubrían su pecado, sin embargo, de todas formas se escondieron de Dios cuando oyeron que los llamaba en el jardín.

Antes de descubrir cómo respondió Dios al pecado de Adán y Eva, recordemos que no podemos culparlos por *nuestro* pecado. *Todos* rompemos las reglas de Dios. "No hay un solo justo, ni siquiera uno" (Romanos 3:10). Los Diez Mandamientos (Éxodo 20:2-17) nos enseñan a amar y servir solo a Dios, respetar el nombre de Dios, honrar a nuestros padres y descansar en Dios. También nos enseñan a no matar, ni cometer adulterio, robar, mentir o querer lo que los demás tienen. Jesús hizo que estas reglas fueran más difíciles de seguir. Enseñó que la ira persistente es tan mala como el asesinato y que la lujuria intencional es tan mala como el adulterio (Mateo 5:21-22, 28). **Dios se preocupa por nuestro corazón tanto como por nuestras acciones.** Eso significa que incluso cuando hacemos cosas buenas por razones equivocadas, pecamos. Dios nos manda, "Sean, pues, santos, porque yo soy santo" (Levítico 11:44-45, NVI).

Es *Imposible*, pensamos; y entonces pecamos, sentimos vergüenza y nos escondemos de Dios, tal como lo hicieron Adán y Eva.

Pero Dios no abandonó a Adán y Eva, y no nos abandona a nosotros. Dios fue a buscarlos, tal como viene a buscarnos a nosotros. "¿Dónde estás?". Él preguntó (Génesis 3:9). Esta pregunta no se refería a su ubicación física, sino a su ubicación en relación con Dios.[1] Todos debemos hacernos la misma pregunta. Adán y Eva admitieron su desobediencia, pero usaron excusas y culpa para racionalizar su comportamiento. Cuando pecamos, a veces ponemos excusas y culpamos a los demás. Pero no hay excusas para el pecado. El engaño no excusa al pecado. **Nuestras heridas no nos dan derecho a herir a otros**. Adán y Eva podrían haber regresado a Dios con sus preguntas, y nosotros podemos buscarlo con las nuestras también. Dado que las normas de Dios son perfectas y Él mira el corazón, no aceptó las confesiones de culpabilidad de Adán y Eva. El pecado es siempre una ofensa grave. El daño ya estaba hecho. En la perfecta justicia de Dios, era necesario pagar la pena de muerte por ese pecado. La vida está en la sangre (Levítico 17:11), y su sangre ahora estaba contaminada espiritualmente con el pecado.

Dios nunca quiso que sus amados, creados a su imagen, pagaran la pena por su pecado. Por eso, inmediatamente reveló su plan de rescate, un plan que nos quitaría el peso del pecado y lo pondría sobre el único Hijo de Dios, Jesucristo. Dios se apartó de Adán y Eva y se dirigió al verdadero enemigo, Satanás: "Pondré enemistad entre tú y la mujer, y entre tu simiente y la de ella; su simiente te aplastará la cabeza, pero tú le morderás el talón" (Génesis. 3:15, NVI). A Satanás se le permitiría golpear al Salvador y causarle dolor; pero al final, Él lograría *aplastar* al enemigo que busca "robar, matar y destruir" para que podamos "tener vida, y tenerla en abundancia" (Juan 10:10, NVI).

Antes de que Dios expulsara a Adán y Eva del jardín, mató a un animal y reemplazó sus hojas de higuera marchitas con ropa de cuero resistente. Esto presagió los muchos sacrificios que se harían

---

[1] Jones, Ian F. *"The Counsel of Heaven on Earth: Foundations for Biblical Christian Counseling"* (El consejo del Cielo en la Tierra: fundamentos para la consejería cristiana bíblica) Nashville, TN: Broadman & Holman Publishers, 2006; p. 31-32.

para cubrir el pecado de la humanidad hasta el sacrificio completo y final de Jesús (Levítico 1-7).[1]

Sí, Jesús moriría para pagar nuestra deuda en lugar de nosotros. Inconcebible, pero cierto. Dios provee una manera de *cubrir* y *expiar* nuestro pecado y restaurar nuestra vida espiritual. A través de los sacrificios de sangre, primero de ciertos animales, y finalmente de Jesús, el Cordero de Dios, nuestra relación con Él pudo ser restaurada (Hebreos 9:26; 10:4). Sangre limpia para cubrir la sangre impura. La muerte de Jesús en nuestro lugar fue un sacrificio completo y final que nunca se repetirá.[2]

Incluso en esta época oscura en la que el pecado entró en el mundo, el tierno amor de Dios brilló aún más. **Vino a buscarnos; nos cubrió y prometió rescatarnos**. ¡Oh, con cuánta pasión nos ama!

---

[1] Grudem, Wayne. "*Teología sistemática: Introducción a la doctrina bíblica*", Grand Rapids, MI: Zondervan, 1994; p. 626-627.
[2] Geisler, Norman L. *Systematic Theology: In One Volume (Teología sistemática: en un volumen)* Minneapolis: Bethany House Publishers, 2011; p. 801.

Permite que la Biblia te hable:
Leer Génesis 3 (Opcional: Salmos 51)

Permite que tu mente piense:
1. Si Dios te preguntara: "¿Dónde estás?", ¿qué le dirías?

2. ¿Te escondes de Dios de alguna manera? Si la respuesta es afirmativa, explícalo.

3. ¿Cómo te sientes al saber que Dios te está buscando (Ezequiel 34:11–16; Lucas 19:10)?

Permite que tu alma ore:
Señor, "Tú eres mi refugio; tú me protegerás del peligro" (Salmos 32:7, NVI). Que nunca me esconda de ti, sino que me esconda en ti, sabiendo que tú me perdonarás y me protegerás. En el nombre de Jesús, amén.

Permite que tu corazón obedezca:
(¿Qué es lo que Dios te está llevando a conocer, valorar o hacer?)

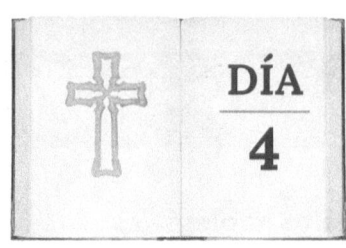

Jesús nos rescata, nos perdona y nos guía

> Cristo sufrió por nuestros pecados una sóla vez y para siempre. Él nunca pecó, pero murió por los pecadores para llevarlos a salvo con Dios.
> 1 Pedro 3:18

De todos los géneros literarios incluidos en la historia de Dios: historia, poesía, profecía, cartas, el misterio no es uno de ellos. Pero durante miles de años, el pueblo de Dios pudo haber sentido que había demasiadas incógnitas. Dios prometió enviar un Salvador, la "simiente" que aplastaría al enemigo (Génesis 3:15, NVI). Y la Escritura proporcionó cientos de profecías para que el Salvador pudiera ser reconocido y le creyeran. Hubo guerras y arduas caminatas por el desierto para proteger la simiente de Dios. Pero los detalles del plan de rescate de Dios permanecieron ocultos, y esto les planteó muchas preguntas: ¿Quién podrá salvarnos de nuestro quebrantamiento y de este mundo infectado por el pecado? ¿Cómo podría satisfacerse la ira de Dios contra el pecado? ¿Cómo podríamos escapar del castigo que merecemos?

La Biblia advierte que la consecuencia de nuestros pecados, nuestras actitudes o acciones que violan los mandamientos de Dios, es la separación total de Dios, para siempre. Pero Dios nunca tuvo la intención de que nuestra historia terminara de esta manera. **La separación de Dios significaría la separación de todo lo bueno, bello, sabio, puro, heroico y verdadero.** Todo lo bueno que refleja a Dios desaparecería de nuestra existencia.

Durante mucho tiempo, pareció que las palabras de Dios también se habían ido. El Antiguo Testamento habla del Salvador venidero: el Mesías, el Libertador prometido por Dios. Durante cientos de años, los profetas le dijeron al pueblo de Dios que se preparara para la venida del Salvador **arrepintiéndose** (alejándose de su pecado y volviéndose a Dios). Pero luego, al parecer, Dios dejó de hablar. El Antiguo Testamento terminó.

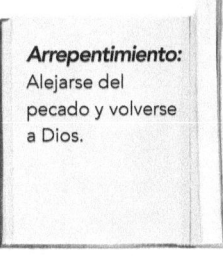

Arrepentimiento: Alejarse del pecado y volverse a Dios.

Silencio... y espera.

Hasta que un día, en el momento perfecto y de la manera perfecta, *llegó un Salvador perfecto* (Gálatas 4:4). Dios rompió el silencio, reveló el misterio de su voluntad (Efesios 1:9) y nos habló directamente a través de su Hijo, Jesús (Hebreos 1:2). Aquel que imaginó la creación e hizo que existiera, ahora aparece *en su creación* para hablarnos. Él era completamente humano y completamente Dios. Jesús fue llamado Emanuel, que significa "Dios está con nosotros" (Isaías 7:14; Mateo 1:23). La Palabra de Dios vino, no en forma escrita, sino en forma humana (Juan 1:14). ¿Qué diría la Palabra de Dios?

Nada al principio, porque nació como un bebé, un bebé frágil cuyo nacimiento celebramos en el día que ahora se llama Navidad. En lugar de elegir una partera y preparar cuidadosamente los suministros para el bebé, la madre de Jesús, María, pasó las últimas y agotadoras etapas de su embarazo viajando por caminos difíciles y polvorientos. Cuando ella y su esposo, José, finalmente llegaron a Belén para ser contados en un censo romano, la pequeña ciudad estaba tan llena de gente que no pudieron encontrar un lugar para quedarse. Entonces María dio a luz a su hijo en un establo de animales y lo colocó en un pesebre para que durmiera (Lucas 2).

Es inimaginable, pero Jesús, el Rey del universo, nació pobre por una razón.

El gran amor de Jesús por la creación hizo que dejara de lado voluntariamente los privilegios reales que le correspondían. "Aunque era Dios... renunció a sus privilegios divinos... y nació como un ser humano" (Filipenses 2:6-7). **Se hizo pobre para que nosotros fuéramos ricos en la misericordia y la gracia de Dios** (2 Corintios 8:9).

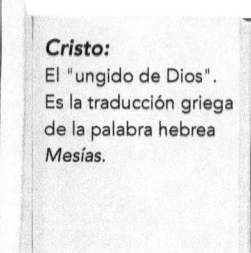

Cristo:
El "ungido de Dios". Es la traducción griega de la palabra hebrea *Mesías*.

En lugar de una publicación de nacimiento real y de espectadores ricos, los ángeles anunciaron la llegada de Jesús como bebé a los pastores, los más pobres de los pobres. Incluso la creación proclamó la gloria de Dios cuando una nueva estrella reveló al Rey de reyes a los magos, los más sabios entre los sabios. Lo sobrenatural y lo natural gritaban su llegada a todo el mundo, grandes y pequeños, ricos y pobres. **La Palabra de Dios llegó para todos**.

¿Por qué vino el Salvador de esta manera? Jesús se humilló, y se convirtió en uno de nosotros para poder hacer por nosotros lo que nunca podríamos hacer por nosotros mismos. **"Pues Dios hizo que Cristo, quien nunca pecó, fuera la ofrenda por nuestro pecado, para que nosotros pudiéramos estar en una relación correcta con Dios por medio de Cristo"** (2 Corintios 5:21, NVI). Este es el mensaje del **evangelio**, buenas noticias, en un solo versículo. Tómate un momento para volver a leerlo.

Evangelio:
"Buenas noticias". Esto se refiere a las buenas nuevas de que la muerte de Jesús proporcionó el pago total por la pena del pecado y cualquiera que se vuelva al Jesús vivo y confíe solo en Él para la salvación es perdonado, es renovado y tiene vida eterna.

En la máxima expresión de amor, Dios envió a su único Hijo, Jesús, a vivir una vida perfecta y sufrir el castigo por nuestros pecados. Fue acusado falsamente, golpeado brutalmente y clavado en una cruz. En realidad, **nosotros debimos haber estado en esa cruz**, "...pero él fue traspasado por nuestras rebeliones y aplastado por nuestros pecados. Fue golpeado para que nosotros estuviéramos en paz; fue azotado para que pudiéramos ser sanados... Sin embargo, el Señor puso sobre él los pecados de todos nosotros" (Isaías 53:5-6). Jesús sufrió todo el castigo por todos nuestros pecados "y no solamente por los nuestros, sino también por los de todo el mundo" (1 Juan 2:2, NVI). Él **tomó *nuestro* lugar en esa cruz**. Recordamos el máximo sacrificio de Jesús, el Viernes Santo de cada año. Todavía estamos hablando de ese evento, y la gente todavía está martirizada por hablar de Él, más de dos mil años después. Pero gracias a Dios, su historia no terminó ahí.

Tres días después, todo cambió. ¡La tragedia se convirtió en victoria! La muerte fue derrotada, ¡y Jesucristo se levantó de entre los muertos! Se apareció a más de quinientas personas, instruyó y empoderó a sus seguidores y ascendió al Cielo. No solo reconcilió sus relaciones en la Tierra, sino que también abrió un camino para que estemos con Él en el Cielo para siempre. Podremos perder nuestro cuerpo físico a causa de la muerte y experimentar decadencia como resultado de vivir en un mundo caído; pero nuestro espíritu y alma vivirán para siempre porque Jesús conquistó la muerte y nos da vida eterna a través de la fe en Él.

La victoria de Jesús sobre la muerte nos da la victoria sobre el pecado; esto es lo que celebramos en el Domingo de Pascua o de Resurrección. ¡Dios también lo celebra! Nuestra **reconciliación** le produce una gran alegría por su gran amor por nosotros. "En esto consiste el amor: no en que nosotros hayamos amado a Dios, sino en que él nos amó y envió a su Hijo para que fuera ofrecido como sacrificio por el perdón de nuestros pecados" (1 Juan 4:10, NVI).

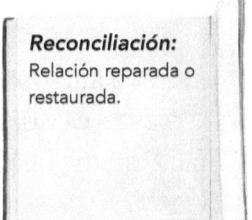

Reconciliación: Relación reparada o restaurada.

Dios nos ofrece un regalo de valor incalculable en Jesucristo. "Porque la paga del pecado es muerte, mientras que la dádiva de Dios es vida eterna en Cristo Jesús, nuestro Señor" (Romanos 6:23, NVI). Así como cualquier regalo que solo se puede disfrutar si se recibe y se abre, **necesitamos *recibir* el regalo gratuito de una relación restaurada con Dios**. ¿Cómo? Volviéndonos hacia Jesús y apartándonos de nuestros pecados. Le pedimos perdón a Dios y seguimos a Jesús como nuestro líder.

De manera devastadora, mucha gente rechaza este regalo. Algunos no creen que sus pecados merezcan castigo. Algunos trabajan para volverse **justos** por sí mismos. Pero la Biblia es clara: "Nadie es justo, ni siquiera uno" (Romanos 3:10). Nadie es suficientemente bueno porque "pues todos han pecado y están privados de la gloria de Dios" (Romanos 3:23, NVI).

Justo: Recto, inocente, impecable, sin culpa.

Otros rechazan a Jesús porque creen que hay muchos caminos al Cielo. Sin embargo, la Biblia es clara: "De hecho, en ningún otro hay salvación, porque no hay bajo el Cielo otro nombre dado a los hombres mediante el cual podamos ser salvos" (Hechos 4:12, NVI). Jesús mismo dijo: "Yo soy el camino, la verdad y la vida. Nadie llega al Padre, sino por mí" (Juan 14:6, NVI). Incluso Jesús le preguntó al Padre si había otra forma de rescatarnos que no fuera por su muerte en la cruz (Mateo 26:39–42). **Pero no había otra forma**. Jesús tuvo que morir. Solo a través de Jesús podemos encontrar el perdón y la reconciliación con Dios.

Cuando le pedimos perdón a Jesús, el pecado que nos separa de Dios desaparece. Ahora tenemos el Espíritu de Dios viviendo en nosotros, ayudándonos a vivir para Jesús cada día. ¡Empezamos a cambiar! El pecado ya no nos controla. Dios nos adopta en su familia y somos suyos. No más separación y no más condenación (Romanos 8). Somos amados para siempre.

Y este es solo el *comienzo* de nuestra verdadera historia con Dios. Mañana descubriremos qué sucede cuando somos renovados.

Permite que la Biblia te hable:
Isaías 53 (Opcional: Juan 19-20)

Permite que tu mente piense:
1. Isaías 53 fue escrito siglos antes de Jesús. ¿Conoces a alguien más en la historia que cumpla estas profecías?

2. ¿Has recibido alguna vez el regalo del perdón y la vida eterna de Jesús? Si es así, ¿con quién puedes compartir este regalo hoy? Si no, ¿recibirías su regalo ahora? **Para saber más sobre esta importante decisión, lee "Recibe a Jesús hoy" al final del Día 7.**

Permite que tu alma ore:
Señor, tu Palabra dice que has venido a buscar y a rescatar a todos los que están perdidos, incluyéndome a mí (Lucas 19:10). Gracias por este regalo invaluable y ayúdame a compartirlo con los demás. Oro en el nombre de Jesús, amén.

Permite que tu corazón obedezca:
(¿Qué es lo que Dios te está llevando a conocer, valorar o hacer?)

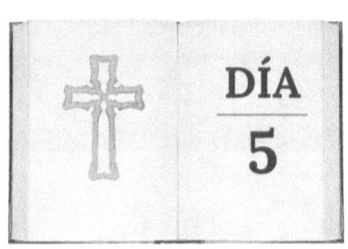

Dios hace todo nuevo: la nueva creación

> Por lo tanto, si alguno está en Cristo, es una nueva creación. ¡Lo viejo ha pasado, ha llegado ya lo nuevo! Todo esto proviene de Dios, quien por medio de Cristo nos reconcilió consigo mismo y nos dio el ministerio de la reconciliación.
> 2 Corintios 5:17-18 (NVI)

Si nos detenemos y pensamos en ello, la mayoría de nosotros tenemos algunos momentos en nuestras vidas en que desearíamos poder volver para hacer algo diferente (Algunos de nosotros tenemos más de una cosa). Tal vez fue algo que dijimos que nos avergonzó a nosotros mismos o a otra persona. Quizás fue algo que hicimos o no hicimos de lo que nos arrepentimos. Si pudiéramos retroceder en el tiempo y revivirlo, con gusto tomaríamos decisiones diferentes. Querríamos un nuevo comienzo.

A pocos capítulos de la Biblia vemos surgir el tema del "nuevo comienzo". La historia épica de Dios comienza con la creación. Pero cuando el pecado lo rompe todo, Dios extiende una misericordia y una gracia infinitas, ofreciendo la nueva creación; su creación restaurada. Sí, en la *nueva creación*, Dios arregla todo lo roto por el pecado. Comienza con los portadores de su imagen, tú y yo. Nos cambia y restaura a la víctima más afectada por el pecado: nuestra relación con Él.

Se acabó el esconderse de Dios como lo hacían Adán y Eva.
Ahora corremos hacia Dios.

No más vivir en tinieblas aprisionados por el pecado.
Ahora vivimos en la luz, libres de la esclavitud del pecado.

No somos más reflejo de la maldad del mundo.
Ahora reflejamos la bondad de Dios al mundo.

Este cambio solo es posible a través de Jesús. Dios nos restaura como sus portadores de imagen haciéndonos como su Hijo, que es "...la imagen del Dios invisible" (Colosenses 1:15), "...es el resplandor de la gloria de Dios, la fiel imagen de lo que él es" (Hebreos 1:3, NVI). A través de este proceso "llevaremos también la imagen del celestial" (1 Corintios 15:49, NVI).

La nueva creación refleja la creación. Así como esta vino a través de Jesús como Dios creador, la nueva creación viene a través de Jesús (Juan 1:3; Colosenses 1:16). Dios "...nos creó de nuevo en Cristo Jesús" (Efesios 2:10). En la creación, Dios habló primero de la existencia de la luz. Dios comenzará la nueva creación de la misma manera, con la luz espiritual. "Porque Dios, que ordenó que la luz resplandeciera en las tinieblas, hizo brillar su luz en nuestro corazón para que conociéramos la gloria de Dios que resplandece en el rostro de Cristo" (2 Corintios 4:6, NVI). Nosotros, pues, reflejamos su luz en un mundo oscuro.

Dios es un Dios firme. Les dijo a Adán y a Eva que "Sean fructíferos y multiplíquense" (Génesis 1:28), y en la nueva creación, nosotros también damos fruto y nos multiplicamos, espiritualmente. Crecemos en el fruto espiritual de "amor, alegría, paz, paciencia, amabilidad, bondad, fidelidad, humildad y dominio propio" (Gálatas 5:22-23, NVI). Nuestro fruto atrae a otros a Jesús, y nos multiplicamos espiritualmente al obedecer el mandato de Cristo de "ir y hacer discípulos" (Mateo 28:19).

Sin embargo, la nueva creación difiere de la creación en algunos aspectos. **No tuvimos que cooperar en nuestra creación, pero podemos cooperar en nuestra nueva creación.** Elegimos confiar en Dios y creer lo que dice en su Palabra. Pero la gente tiene una larga historia de resistencia a Dios. La idea de desprenderse de las cosas de este mundo y confiar en Dios evoca miedo y ansiedad. Quizá por eso Dios nos anima repetidamente a no tener miedo. Cuando la vida no resulta como esperábamos y los demás hieren nuestro corazón, es posible que nos alejemos de Dios. Podemos resistirnos a Él por miedo a ser heridos de nuevo. Sin embargo, es el amor de Dios el que nos sana, nos cambia y nos da el valor para confiar en Él. La elección de cooperar con Dios nos lleva a nuestra nueva creación y a una vida mucho mejor de lo que podemos imaginar (Juan 10:10).

Puede ser que estos conceptos te resulten difíciles, o que te preguntes cómo la vida puede superar tu imaginación. Eso es lo que este viaje de fe te ayudará a entender. Aprenderemos más sobre ser hechos nuevos la próxima semana. Por ahora hay que saber que cooperar en la nueva creación significa confiar en Jesús como nuestro Salvador, y luego seguirlo como nuestro Señor, el líder de nuestras vidas. Le preguntamos qué quiere hacer en nuestras vidas y a través de ellas, porque "vivimos para Cristo", no para nosotros mismos (2 Corintios 5:15).

Confiar en Jesús es la clave de la nueva creación. Para confiar, tenemos que creer que Él sabe lo que es mejor. Pero esta decisión de confiar no es una elección única y fácil. **Seguir a Jesús es una decisión diaria, a veces de minuto a minuto.** Recibimos a Jesús como nuestro Salvador en un momento específico, pero tenemos que elegir seguir a Jesús como Señor a partir de ese momento *cada día*. Él nos dice: "Si alguien quiere ser mi discípulo, que se niegue a sí mismo, lleve su cruz cada día y me siga" (Lucas 9:23, NVI).

Pero como sabrás, seguir a Jesús *a diario* es difícil, ¿por qué?

Cuando Jesús nos rescata, Dios nos da un nuevo comienzo con un corazón nuevo. "Les daré un corazón nuevo y pondré un espíritu nuevo dentro de ustedes. Les quitaré ese terco corazón de piedra y les daré un corazón tierno y receptivo" (Ezequiel 36:26). Pero nuestros nuevos corazones están dentro de nuestros cuerpos viejos. Nuestros nuevos corazones y nuestra vieja naturaleza pecaminosa se oponen entre sí. El apóstol Pablo describe este conflicto interno: "cuando quiero hacer el bien, me acompaña el mal. Porque en lo íntimo de mi ser me deleito en la ley de Dios; pero me doy cuenta de que en los miembros de mi cuerpo hay otra ley, que es la ley del pecado. Esta ley lucha contra la ley de mi mente, y me tiene cautivo"

(Romanos 7:21-23, NVI). Este conflicto es la razón por la que nos sentimos tan divididos entre seguir nuestra naturaleza pecaminosa y seguir a Jesús.

Afortunadamente, hay un camino para superar nuestra naturaleza pecaminosa y seguir a Cristo: el amor. Sí, tu verdadera historia comienza con el amor de Dios por ti (Juan 3:16). Pero tu vida, tu propósito, tu historia es transformada por *el amor* de Jesús por ti y *tu amor* por Él. Cuando experimentas la profundidad y la magnitud del amor de Dios (Efesios 3:17-19), cambias y te motivas a seguir a Jesús. "*El amor de Cristo nos obliga*, porque estamos convencidos de que uno murió por todos, y por consiguiente todos murieron. Y él murió por todos, para que los que viven ya no vivan para sí, sino para el que murió por ellos y fue resucitado" (2 Corintios 5:14-15, NVI). Como Jesús nos amó primero, nosotros lo amamos (1 Juan 4:19) y queremos demostrarlo obedeciéndolo (Juan 14:21). Pero el amor de Dios no se basa en lo que hacemos, sino en quién es Él. Y llegar a ser como Cristo es de lo que se trata la nueva creación. Jesús conocía el poder de su amor. Por eso nos ordenó: "Así como yo los he amado, también ustedes deben amarse los unos a los otros" (Juan 13:34, NVI). ¿Pero cómo podemos amar de la misma forma que Dios?

Este amor sobrenatural proviene de una fuente sobrenatural: el Espíritu Santo (Semana 7). En el momento de la salvación, somos creados nuevamente, nacidos de nuevo, por el poder del Espíritu (Juan 3:5-8). El Espíritu Santo viene a vivir en nosotros y a través de nosotros. El amor es *su* fruto; es el regalo más grande que Él da (1 Corintios 13). El amor no solo *viene de* Dios; sino que *es* Dios (1 Juan 4:7-8). Cuando nos rendimos al liderazgo de Jesús, el amor fluye en nosotros y nos guía hacia la verdad.

Para hacer crecer nuestro amor por Dios, lo debemos conocer a través de su Palabra (Semana 5). Y amar a Dios nos lleva a amar todo lo relacionado con Él, incluyendo su voluntad y sus caminos. Al obedecer a Dios, aprendemos que podemos confiar en Él, sabiendo que sus órdenes son para nuestro bien y su gloria. Pero recuerda, **la nueva creación *no* se trata de seguir reglas; se trata de nuestra relación restaurada con Dios**. A través de esa relación íntima, nos parecemos a Aquel cuya imagen llevamos. En pocas palabras, para reflejar claramente a Dios, hacemos lo que Dios hace: amamos (Juan 15:12); perdonamos (Colosenses 3:13); somos compasivos (Lucas 6:36); somos santos (Levítico 20:26).

¿Apenas estás comenzando el proceso de nueva creación? No te desanimes. **Dios ofrece nuevos comienzos y se deleita con cada pequeño paso de obediencia**. "No menosprecien estos modestos comienzos, pues el Señor se alegrará cuando vea que el trabajo se inicia" (Zacarías 4:10). Lee lo que el apóstol Pablo escribió sobre su propia experiencia de nueva creación:

> No es que ya lo haya conseguido todo, o que ya sea perfecto. Sin embargo, sigo adelante esperando alcanzar aquello para lo cual Cristo Jesús me alcanzó a mí. Hermanos, no pienso que yo mismo lo haya logrado ya. Más bien, una cosa hago: olvidando lo que queda atrás y esforzándome por alcanzar lo que está delante, sigo avanzando hacia la meta para ganar el premio que Dios ofrece mediante su llamamiento celestial en Cristo Jesús (Filipenses 3:12-14, NVI).

Puede que estés en la línea de salida, pero sigue corriendo tu carrera. Mañana aprenderemos sobre el premio celestial que Dios nos promete.

Permite que la Biblia te hable:
Romanos 12 (Opcional: 1 Juan 4:7–21)

Permite que tu mente piense:
1. ¿Por qué nuestros viejos hábitos de pecado no desaparecen inmediatamente después de ser renovados?

2. ¿Cómo puedes reflejar a Jesús ante los demás? ¿Qué pequeños pasos de obediencia has dado ya?

3. ¿Por qué tu *relación* con Dios es una motivación más eficaz que *el cumplimiento de las normas* a la hora de cooperar en tu nueva creación?

Permite que tu alma ore:
Padre, rehazme en Cristo. En tu tiempo perfecto, arregla todo lo que el pecado ha roto en mí. Tu Palabra dice que has comenzado una buena obra en mí y la completarás cuando me encuentre contigo en el Cielo (Filipenses 1:6). Gracias por prometerme que me restaurarás completamente como portador de tu imagen. Ayúdame a confiar y a obedecerte mientras me haces como Jesús, tu perfecto portador de imagen. Te lo ruego en el nombre de Jesús, amén.

Permite que tu corazón obedezca:
(¿Qué es lo que Dios te está llevando a conocer, valorar o hacer?)

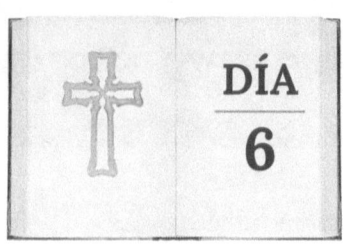

La vida después de la muerte

> Después vi un cielo nuevo y una tierra nueva, porque el primer cielo y la primera tierra habían dejado de existir... Oí una potente voz que provenía del trono y decía: «¡Aquí, entre los seres humanos, está la morada de Dios! Él acampará en medio de ellos, y ellos serán su pueblo; Dios mismo estará con ellos y será su Dios. Él les enjugará toda lágrima de los ojos. Ya no habrá muerte, ni llanto, ni lamento ni dolor, porque las primeras cosas han dejado de existir». El que estaba sentado en el trono dijo: ¡Yo hago nuevas todas las cosas!... Ya todo está hecho.
> Apocalipsis 21:1, 3–6

En Apocalipsis hay algo que dijo Jesús en lo que quiero que pienses. Él dijo: "Yo soy la resurrección y la vida. El que cree en mí vivirá, aunque muera; y todo el que vive y cree en mí no morirá jamás" (Juan 11:25-26, NVI). ¿Qué significa esto para ti?

Anímate, amigo: la tumba no es el final. Jesús habló del Cielo como un lugar físico, un reino *real*. Un día, todos los que confiamos en Jesús como Señor y Salvador estaremos juntos allí, ¿pero qué pasa mientras tanto?

Aunque el Cielo está en nuestro futuro, Dios nos dice que **centremos nuestros pensamientos en ese lugar desde *ahora*** (Colosenses 3:1-2). He aquí la razón:

- Cuando sintamos un profundo anhelo en nuestro interior, recordaremos que fuimos creados para más. No somos de

este mundo, así que nunca estaremos verdaderamente satisfechos aquí (Juan 17:16).
- Cuando la enfermedad y la pérdida de la vida nos rompan el corazón, recordaremos que no fuimos diseñados para morir. Vivir por la eternidad está puesto en nuestro corazón (Eclesiastés 3:11), y la muerte es un asunto precioso para Dios (Salmos 116:15).
- Cuando el mal y la injusticia nos enfurezcan, recordaremos que Jesús está en el trono. No le preocupa el futuro. Él tiene el control y la justicia prevalecerá. Él está preparando un lugar para aquellos que confían en Él y promete volver por nosotros (Juan 14:1-2).

Sí, Jesús está preparando un lugar literal para ti, un lugar llamado Cielo. A veces se presenta como un mundo de ensueño con grandes nubes, ángeles que tocan el arpa y servicios religiosos aburridos. Nada más lejos de la realidad.

Para entender el Cielo, necesitamos volver a mirar en la Palabra de Dios, donde se menciona más de 200 veces solo en el Nuevo Testamento. Este país celestial se describe como un lugar enorme con hermosos jardines y un río que da vida, una ciudad enorme con puertas adornadas con joyas y calles de oro (Hebreos 11:16; Apocalipsis 21). Habrá hogares, fiestas, amistades y risas. Jesús describe el Cielo como un lugar físico donde tendremos cuerpos físicos perfectos y la capacidad de reconocernos unos a otros (Lucas 24:39-40). No nos convertiremos en ángeles (como dice la gente a veces), pero viviremos con ellos. Nunca nos aburriremos porque estaremos llenos de gozo y placeres eternos (Salmos 16:11). Nuestro pecado y cuerpos mortales ya no obstaculizarán nuestra relación con Dios. Su presencia será nuestra luz: "Ya no habrá noche; no necesitarán luz de lámpara ni de sol, porque el Señor Dios los alumbrará" (Apocalipsis 22:5).

Para experimentar un poco cómo será el Cielo, mira a tu alrededor e imagina nuestro mundo sin pecado.[1] La Tierra es una sombra del Cielo (Hebreos 8:5). Dios nos creó para vivir en la Tierra y quiere morar con nosotros aquí. Sí, el pecado ha hecho que el mundo

---
1 Randy Alcorn, "*El cielo: Guía de estudio*" (Nashville: LifeWay Press, 2006), 36-37.

sea temporalmente imperfecto, pero Dios nunca abandonará su plan para el mundo o para nosotros. Un día, el reino de Dios vendrá y será restaurado a su condición original, sin pecado. Entonces Dios habitará físicamente con nosotros para siempre.[1] Su plan original se cumplirá. Dios dirá: "¡Miren! Estoy creando cielos nuevos y una tierra nueva, y nadie volverá siquiera a pensar en los anteriores" (Isaías 65:17).

No habrá más llanto, ni dolor, ni muerte, ni tristeza (Apocalipsis 21:4), *pero tampoco habrá más oportunidades de hablar a otros de Jesús.*

Solo Jesús puede quitar nuestro pecado y llevarnos a salvo a casa, al Cielo. Dios es perfecto y justo. No puede permitir que el pecado resida donde Él lo hace. Por eso necesitamos compartir las buenas noticias del rescate de Jesús ahora, antes de que sea demasiado tarde. Todas las personas que conocemos morirán y enfrentarán el juicio (Hebreos 9:27), pero podemos compartirles sobre Él antes de que lo hagan.[2]

La mayoría de las personas desconocen el día del juicio, el día más importante de nuestro futuro. Cada persona tendrá una revisión de su vida, pero no todos irán al mismo juicio.

La Biblia habla de dos juicios: uno para los creyentes y otro para los no creyentes. El juicio de los creyentes se llama el tribunal de Cristo (Romanos 14:10-12; 2 Corintios 5:10). Este *no* es un lugar donde se cuestiona la salvación; los creyentes ya pertenecen a Jesús debido a su fe en lo que Él logró a favor de ellos (Efesios 2:8-10). Más bien, este juicio es un tiempo en el que se revelan las buenas obras. Los creyentes recibirán recompensas ("coronas") por las cosas que hayan hecho en la Tierra que revelen su perseverancia fiel en seguir a Jesús (1 Corintios 3:11-15; 2 Timoteo 4:8; Santiago 1:12; 1 Pedro 5:4).

En este juicio, Dios examinará la vida de los creyentes, recompensando donde servimos...

...**con amor** (1 Corintios 13; Filipenses 1:9-11),

...**en su fuerza** (Zacarías 4:6; Juan 15:5), y

...**solo para su gloria** (1 Corintios 3:11-15; 4:4-5).[3]

---

1 Isaías 65:17-25; Mateo 19:28; Apocalipsis 21.
2 Aprende a compartir de Jesús con los demás en las semanas 3 y 7.
3 Kroll, Woodrow Michael. "*Facing Your Final Job Review: The Judgment Seat of Christ, Salvation, and Eternal Rewards*" (*Cómo afrontar el juicio final del trabajo: El tribunal de Cristo, la salvación y las recompensas eternas*). Wheaton, IL: Crossway Books, 2008; p.136-137.

La mayoría de los creyentes no saben que este día del juicio determinará nuestras posesiones y nuestra posición por la eternidad.[1] Las recompensas y las asignaciones de trabajo celestial que recibiremos entonces se basarán en nuestra bondad y fidelidad *actuales*. Sorprendente, ¿verdad? Lo que hacemos ahora afecta para siempre. Nuevamente, entiendan que este juicio *no* es para ganar la salvación. No podemos añadir nada a la obra terminada de Jesús en la cruz.[2] Además, este juicio no es un tiempo en el que se condena al pecado (Romanos 8:1). Nuestros pecados ya se han ido, están alejados "como lejos del oriente está el occidente" (Salmos 103:12, NVI). El tribunal de Cristo no castiga el pecado, sino que premia el servicio fiel y el sufrimiento soportado. Pero la mayor recompensa será "la estrella de la mañana", Jesucristo mismo (Apocalipsis 2:28). Experimentaremos la presencia de nuestro Dios *para siempre*.

Disfrutar de Dios y ver a Jesús cara a cara lo cambiará todo. A causa de nuestro encuentro con Él, "seremos semejantes a él, porque lo veremos tal como él es" (1 Juan 3:2, NVI). Dios completará nuestra nueva creación y nos restaurará completamente como sus portadores de imagen. "Entonces, cuando nuestros cuerpos mortales hayan sido transformados en cuerpos que nunca morirán, se cumplirá la siguiente Escritura: La muerte es devorada en victoria" (1 Corintios 15:54).

La dolorosa realidad es que no todos confiarán en Jesús. No todos irán al Cielo y vivirán en una Tierra nueva. Es muy difícil de aceptar, pero es cierto: aquellos que no confían solo en Jesús para la salvación, morirán en sus pecados. Si nos aferramos a nuestro pecado, ya sea negándonos a reconocerlo o creyendo la mentira de que podemos expiarlo por nuestra cuenta, nos aferramos a las consecuencias de ese pecado también y permanecemos separados de Dios para siempre. **O dejamos que Jesús tome nuestro castigo o permanecemos condenados** (Juan 3:17-18).

Quizá te preguntes: "¿Cómo es posible esta decisión?".

La posibilidad de un amor genuino y voluntario requiere la posibilidad de rebelión. **Dios nos creó con la capacidad de elegir entre amarlo o rechazarlo.** Todo el que rechaza a Jesús rechaza la

---

1 Mateo 6:19-21; Lucas 19:12-27; 1 Corintios 3:11-15; Apocalipsis 2:26; 22:12.
2 2 Corintios 5:21; Hebreos 10:12; 1 Pedro 2:24; 1 Juan 2:1-2.

única provisión de Dios para el pecado y una relación restaurada con Él. Como hemos dicho antes, los que rechazan a Dios se separarán en última instancia de todo lo bueno, encantador, sabio, puro, hermoso, heroico y verdadero.

Los no creyentes enfrentarán el juicio llamado juicio del gran trono blanco. Este juicio no es como el de los creyentes, donde las obras pecaminosas son expiadas por Jesús y solo las buenas obras son recompensadas. En cambio, este gran juicio del trono blanco es por cada acto realizado por todos aquellos que eligen aferrarse a su pecado:

> Luego vi un gran trono blanco y a alguien que estaba sentado en él. De su presencia huyeron la tierra y el cielo, sin dejar rastro alguno. Vi también a los muertos, grandes y pequeños, de pie delante del trono. Se abrieron unos libros, y luego otro, que es el libro de la vida. Los muertos fueron juzgados según lo que habían hecho, conforme a lo que estaba escrito en los libros. El mar devolvió sus muertos; la muerte y el infierno devolvieron los suyos; y cada uno fue juzgado según lo que había hecho. La muerte y el infierno fueron arrojados al lago de fuego. Este lago de fuego es la muerte segunda. Aquel cuyo nombre no estaba escrito en el libro de la vida era arrojado al lago de fuego (Apocalipsis 20:11-15, NVI).

El Infierno no está destinado para las personas. Es un "fuego eterno preparado para el diablo y sus demonios" (Mateo 25:41). **El Infierno no es el reino de Satanás; es su lugar de tormento. Él no tiene ninguna autoridad allí**. Los que rechazan a Jesucristo serán separados para siempre de Dios, separados de todo lo bueno, en ese terrible lugar. "Ellos sufrirán el castigo de la destrucción eterna, lejos de la presencia del Señor y de la majestad de su poder" (2 Tesalonicenses 1:9).

No nos gusta pensar o hablar del Infierno, sin embargo la mayoría de las enseñanzas sobre este lugar en la Biblia vienen de Jesús. Él habló claramente sobre el peligro del Infierno porque no quería que nadie fuera allí. Se trata de un lugar terrible de tormento y sufrimiento, un lugar de fuego intenso y oscuridad, "donde los gusanos nunca mueren y el fuego nunca se apaga" (Marcos 9:48). Jesús nos ruega que lo evitemos: "Si tu mano te hace pecar, córtatela. Es preferible entrar en la vida eterna con una sola mano que en el fuego inextinguible del infierno con las dos manos" (Marcos 9:43). Jesús no nos está diciendo que nos cortemos literalmente las manos; nos está diciendo que hagamos todo lo posible por confiar en Él como nuestro Salvador y Señor.

Si te apartaste de tu pecado y confiaste solo en Jesús para la salvación, irás inmediatamente a su presencia cuando tu cuerpo físico muera (Lucas 23:43; 2 Corintios 5:6-8).[1] Juntos, con todas nuestras hermanas y hermanos en Cristo, declararemos: "¡Aleluya! Ya ha comenzado a reinar el Señor, nuestro Dios Todopoderoso. ¡Alegrémonos y regocijémonos y démosle gloria!" (Apocalipsis 19: 6-7, NVI).

Mientras tanto, preparémonos. ¡Amemos bien con la fuerza de Dios solo para su gloria! Compartamos sobre Jesús a otros, para que ellos también estén con Él en el Cielo.

---

1 Si quieres saber más sobre cómo tomar esta importante decisión, ve a "Recibe a Jesús hoy" al final del día 7.

DÍA 6

Permite que la Biblia te hable:
Apocalipsis 21:1-22:5 (Opcional: Lucas 16:19-31)

Permite que tu mente piense:
1. ¿Cómo cambia tu conocimiento del Cielo y el Infierno tu forma de ver el presente?

2. ¿De qué manera saber que Dios recompensará el servicio fiel cambia la forma en que usas tu tiempo en la Tierra?

3. ¿Por qué todas nuestras obras deben hacerse con amor, con la fuerza de Dios y solo para la gloria de Dios?

Permite que tu alma ore:
Señor, sé que vienes pronto. Tu Palabra dice que mantenga mi corazón y mi mente enfocados en el Cielo, no en las cosas mundanas (Colosenses 3:2). Ayúdame a ver todo y a todos desde una perspectiva eterna. Ayúdame a hacer el mejor uso de mi vida en la Tierra. Ayúdame a servir a Jesús y compartirlo con los demás. Te lo ruego en el nombre de Jesús, amén.

Permite que tu corazón obedezca:
(¿Qué es lo que Dios te está llevando a conocer, valorar o hacer?)

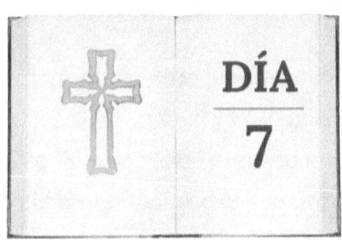

La historia de Dios: enfoque en Jesús

> Fijemos la mirada en Jesús, el iniciador y perfeccionador
> de nuestra fe, quien, por el gozo que le esperaba, soportó
> la cruz, menospreciando la vergüenza que ella significaba,
> y ahora está sentado a la derecha del trono de Dios.
> Hebreos 12:2 (NVI)

En nuestro viaje de esta semana has descubierto la verdadera historia triunfante de Dios, y sus cuatro partes. Es la única historia que explica cómo empezó todo (la creación), cómo se rompió todo (el pecado), cómo se pudo rescatar todo (Jesús) y cómo terminará todo (la nueva creación).[1] Ahora comprendemos mejor dónde empezamos y dónde acabaremos. Estas cuatro partes nos dan una perspectiva eterna que determina cómo establecemos nuestras prioridades y cómo afrontamos los problemas de la vida.

Pero dentro de la historia, ¿notaste a Jesús en cada página? La historia de Dios se centra en Jesús, "el iniciador y perfeccionador de nuestra fe" (Hebreos 12:2, NVI). Lee el siguiente pasaje de la Escritura, despacio. Observa cómo se desarrolla la historia de Dios en Cristo:

> Él es la imagen del Dios invisible, el primogénito de toda creación, porque por medio de él fueron creadas todas las cosas en el cielo y en la tierra,

---

[1] Whelchel, Hugh. "The Four-Chapter Gospel: The Grand Metanarrative Told by the Bible" (El evangelio de cuatro capítulos: La gran metanarrativa contada por la Biblia) Institute for Faith, Work & Economics, 14 de febrero de 2012. https://tifwe.org/the-four-chapter-gospel-the-grand-metanarrative-told-by-the-bible/.

visibles e invisibles, sean tronos, poderes, principados o autoridades: todo ha sido creado por medio de él y para él. Él es anterior a todas las cosas, que por medio de él forman un todo coherente. Él es la cabeza del cuerpo, que es la Iglesia. Él es el principio, el primogénito de la resurrección, para ser en todo el primero. Porque a Dios le agradó habitar en él con toda su plenitud y, por medio de él, reconciliar consigo todas las cosas, tanto las que están en la tierra como las que están en el cielo, haciendo la paz mediante la sangre que derramó en la cruz (Colosenses 1:15-20, NVI).

La historia de Dios se trata de Jesús. Piensa en cómo cada parte de la historia de Dios apunta a **Jesús, el principio y el fin** (Apocalipsis 22:13):

1. La creación llegó a existir a través de **Jesús, nuestro Creador y el Autor de la vida** (Génesis 1:26; Juan 1:3; Hechos 3:15).
2. El pecado nos esclavizó, pero Dios prometió enviarnos a **Jesús, nuestro Salvador, para liberarnos** (Génesis 3:15; 12:3; Gálatas 1:4).
3. Jesús vino y murió por nosotros. El castigo por nuestros pecados cayó sobre **Jesús, nuestro Salvador** (Lucas 23:33-34; Hechos 4:12).
4. La nueva creación restaura completamente nuestra relación con Dios a través de **Jesús, nuestro Sanador y nuestro Rey** (1 Pedro 2:24; Apocalipsis 19:16) Jesús también restaurará completamente todo lo que está mal en la naturaleza al crear un Cielo nuevo y una Tierra nueva.

La historia de Dios se centra en Jesús; la tuya también. Tu historia depende de tu respuesta a lo que Jesús hizo por ti en la cruz.

No importa lo que *hayas hecho*, Dios te perdona.[1]
No importa lo que *te hayan hecho*, Dios te sanará.[2]

¡Vale la pena rescatarte! Y cuando Jesús lo hace, no solo te rescata *del* pecado. Él te rescata *para* un buen propósito con una nueva identidad (Efesios 2:10). **Dios ha escrito tu historia. Eres su obra maestra, y has sido creado para un buen propósito específico.** Esto es solo el comienzo. Quédate con nosotros. Exploraremos tu historia la próxima semana.

---

1 Salmos 103:12; Marcos 3:28; Romanos 5:20; Efesios 3:20; 2 Pedro 3:9.
2 Salmos 72:12-14; 22:24; 23:3; 34:18; Lucas 4:18-19; 2 Corintios 5:17.

Recibe a Jesús hoy

Ahora que conoces la historia de Dios, probablemente te des cuenta de que tienes que tomar una decisión. Es hora de decidir cómo vas a encajar en su historia. ¿Cómo vas a responder a la invitación de Dios? En este momento, puedes recibir el perdón, la liberación del pecado y la adopción en la familia eterna de Dios a través de Jesús. ¿Lo recibirás (Juan 1:12)? "Hablamos en nombre de Cristo cuando les rogamos: «¡Vuelvan a Dios!»" (2 Corintios 5:20). No es necesario que luches con sentimientos de vacío o de culpa, o con un miedo constante a la muerte y al juicio; puedes reconciliarte con Dios ahora.

Es posible que tengas la tentación de rechazar esta decisión por miedo o por duda. Pero al hacer esto, te arriesgas a sufrir una vida de ruptura aquí en la Tierra y una eternidad separada de Dios. En cambio, si buscas a Dios con todo tu corazón y le pides que abra tus ojos a la verdad; Él lo hará. Dios da más pruebas de las necesarias para saber que Él es real, pero Él no forzará su amor. Tú debes decidir recibir a Jesús.

Puede que intentes arreglar las cosas por tu cuenta o llenar el vacío interior de alguna otra manera. Pero no importa lo que consigas o adquieras, nunca será suficiente. No importa cómo adormezcas el dolor, este seguirá ahí después de que el placer haya desaparecido. Afortunadamente, Jesús es más grande que cualquier error o pecado que puedas haber cometido. Porque "la paga del pecado es muerte" (Romanos 6:23), Jesús asumió tu castigo. Su muerte pagó la pena por tu pecado. Su resurrección de la tumba te da una nueva vida (Romanos 6:4).

> **Fe:**
> Creer en la Palabra de Dios y actuar de acuerdo con ella, independientemente de los sentimientos, porque confiamos en que Dios es bueno.
>
> "Ahora bien, la fe es la garantía de lo que se espera, la certeza de lo que no se ve" (Hebreos 11:1, NVI).

Pero no tendrás infinitas oportunidades (Mateo 24:44; Lucas 12:20). Si estás listo para recibir a Jesús como tu Perdonador y Líder de vida, ora a Él. Pide por el perdón de tus pecados. Pon tu fe y confianza solo en Jesús para la salvación. Dale las gracias por haberte rescatado. Pídele que te ayude a cambiar tu viejo estilo de vida por el estilo de vida de Dios (2 Corintios 5:15). La Biblia enseña: "si confiesas con tu boca que Jesús es el Señor y crees en tu corazón que Dios lo levantó de entre los muertos, serás salvo" (Romanos 10:9, NVI). Creer implica una acción.

Si recibiste a Jesús ahora, ¡bienvenido a la familia! Has tomado la decisión más importante de tu vida. Estás listo para seguir adelante en este viaje de fe.

Permite que la Biblia te hable:
Efesios 1 (Opcional: Apocalipsis 19:11–16)

Permite que tu mente piense:
Responde las preguntas de conversación para la semana 1.

Permite que tu alma ore:
Señor, gracias por revelar tu historia en la Biblia. Cumplirás todos tus propósitos y serás glorificado en toda la creación. Padre, muéstrame mi lugar en tu historia. Ayúdame a cumplir tus propósitos para mi vida y a glorificar tu nombre. En el nombre de Jesús, amén.

Permite que tu corazón obedezca:
(¿Qué es lo que Dios te está llevando a conocer, valorar o hacer?)

PREGUNTAS DE CONVERSACIÓN PARA LA SEMANA 1:

Repasa las lecciones de esta semana y responde a las preguntas que aparecen a continuación. Comparte tus respuestas con tus amigos cuando se reúnan esta semana.

1. ¿Cómo muestra cada parte de la historia de Dios (creación, pecado, Jesús, nueva creación) el amor de Dios por nosotros y su deseo de tener una relación estrecha con nosotros? ¿Cómo cambia el amor de Dios por ti la forma en que te sientes con respecto a Él?

2. ¿Aprender acerca de la historia de Dios te mostró tu próximo paso con Dios?

    - ¿Necesitas poner tu fe en Jesús como tu Salvador?
    - ¿Necesitas obedecer a Jesús como líder de tu vida?
    - ¿Necesitas recordar la eternidad mientras vives tu vida diaria?

3. ¿Afecta la realidad de la vida después de la muerte a tu disposición para compartir las buenas nuevas sobre Jesús? ¿Quién cercano a ti está lejos de Dios? Ora para que tengas la oportunidad de presentarles a Jesús.

4. ¿Has encontrado a dos o tres amigos que te acompañen en este viaje? Si no es así, ¿a quién puedes pedirle que tenga estas lecciones diarias contigo? Si es así, ¿cómo se han animado unos a otros esta semana?

5. Conocer la historia de Dios desde el principio hasta el final nos ayudará a entender nuestro papel en la historia de Dios, nuestro enfoque para la próxima semana. ¿Qué esperas aprender sobre tu historia?

SEMANA DOS

TU HISTORIA, TU IDENTIDAD

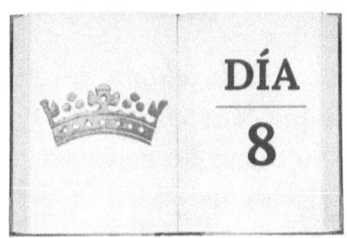

Fuiste elegido

Incluso antes de haber hecho el mundo, Dios nos amó y nos eligió en Cristo para que seamos santos e intachables a sus ojos. Dios decidió de antemano adoptarnos como miembros de su familia al acercarnos a sí mismo por medio de Jesucristo. Eso es precisamente lo que Él quería hacer, y le dio gran gusto hacerlo.
Efesios 1:4-5

La semana pasada aprendimos sobre la historia de Dios. Ahora es tiempo de aprender sobre tu historia. O, tal vez, de reaprender tu historia. Desde el día en que naciste, la cultura del mundo ha tratado de decirte quién eres. De forma explícita o no, el mensaje es que nuestro valor se encuentra en el estatus familiar, las posesiones, la apariencia o los logros. El enemigo de nuestras almas retuerce nuestra historia para crear inseguridades, dudas, aislamiento y desesperación. Cuando otros nos decepcionan o no cumplimos con sus expectativas (seamos sinceros, ambas cosas son inevitables porque nadie es perfecto, excepto Jesús), el enemigo nos dice que no valemos. Nos sentimos no amados, no deseados, desamparados y solos. Nuestra historia parece una tragedia fallida.

Para descubrir tu verdadera historia debes voltear a ver a tu Creador. Tienes que llegar a conocer a Aquel que te creó. Solo Él puede mostrarte por qué fuiste creado. Solo Él puede mostrarte cómo tu historia está llena de esperanza, amor, propósito y vida eterna.

Dios es el Autor de la vida y el Autor de tu historia. Él no te da una tarea y simplemente te deja a tu suerte. En lugar de eso, te ofrece una relación y camina *contigo* cada paso del camino. Todo lo que eres y todo lo que haces fluye de tu relación con Él. Tu historia se desarrolla a medida que caminas *con Él*. "Porque yo soy el Señor, tu Dios, que sostiene tu mano derecha; yo soy quien te dice: 'No temas, yo te ayudaré'" (Isaías 41:13, NVI).

Dios te planeó a propósito para su complacencia (Apocalipsis 4:11). Él siempre te ha amado. Tú existes para su deleite. No hay nada que puedas hacer para ganar el amor de Dios y tampoco para perderlo.[1] Lee de nuevo esta última frase. Recuérdate a ti mismo este hecho cada mañana antes de comenzar tu día. La elección que tienes es decidir si quieres recibir su amor.

Dios te eligió incluso antes de crearte (Efesios 1:4). Cuando te creó, eligió cuidadosamente cada uno de tus detalles: "Tú creaste las delicadas partes internas de mi cuerpo y me entretejiste en el vientre de mi madre... Me viste antes de que naciera. Cada día de mi vida estaba registrado en tu libro. Cada momento fue diseñado antes de que un solo día pasara" (Salmos 139:13, 16). Dios te diseñó cuidadosamente y planeó cuidadosamente tus días.

Eres tan importante para Dios que Él quiere vivir contigo por la eternidad.

Lee la carta de tu Padre celestial a continuación. Cada línea proviene de su Palabra. Escucha con atención, y empezarás a descubrir tu historia en Él.

Mi hijo precioso:

Lo sé todo sobre ti. Conozco todos tus caminos.[2] Incluso he contado todos los cabellos de tu cabeza.[3] **Tú eres mi hijo**. Te he creado a mi propia imagen[4]; ¡has sido creado de forma maravillosa![5] Te conocí antes de que fueras concebido,[6] y te elegí antes de crear el mundo.[7] No eres un error. Todos tus días ya están escritos en mi libro, cuidadosamente planeados.[8] Incluso elegí tu cumpleaños y decidí exactamente dónde vivirías.[9]

La gente que no me conoce me ha representado mal. No soy distante ni estoy enojado, soy compasivo y lento para enojarme.[10] Soy

---

1 Juan 15:9-11; Romanos 5:6-8; 8:38; Efesios 1:4-5; 1 Juan 3:16a; 4:8-10.
2 Salmos 139:3.
3 Lucas 12: 7.
4 Génesis 1:26.
5 Salmos 139:14.
6 Jeremías 1:5.
7 Efesios 1:4.
8 Salmos 139:16.
9 Hechos 17:26.
10 Éxodo 34:6.

la expresión completa del amor.[1] Te derrocho mi amor simplemente porque eres mi hijo,[2] y Yo soy tu Padre, tu Padre perfecto.[3] Te ofrezco más de lo que tu padre terrenal jamás podría.[4] Yo soy tu proveedor.[5] También soy el Padre compasivo que te consuela en todos tus problemas.[6] **Cuando tienes el corazón roto, me acerco aún más a ti.**[7] Un día, secaré todas tus lágrimas y quitaré todo tu dolor.[8]

Mi plan para tu futuro rebosa de esperanza[9] porque te amo con un amor extravagante y eterno.[10] No puedes escapar de mi amor.[11] Mis pensamientos de amor hacia ti son tan innumerables como los granos de arena en la orilla del mar.[12] Pienso en ti todo el tiempo, y me regocijo sobre ti con cantos.[13] **Tú eres mi tesoro;**[14] **hazme el tuyo.** Búscame como a un tesoro.[15] Si me buscas con todo tu corazón, me encontrarás.[16] Te lo prometo. Deléitate en mí, y te daré los deseos de tu corazón[17] –después de todo, yo te di estos deseos, y solo yo puedo satisfacerlos plenamente–. Puedo hacer por ti más de lo que puedas imaginar.[18] Confía en mí.[19]

¿Sabes que te quiero tanto como a mi Hijo Jesús? Así es. Lo envié para demostrar que estoy a favor tuyo y no en tu contra.[20] No estoy contando tus pecados.[21] No estoy esperando para señalar tus errores. Yo no soy así. Por eso envié a Jesús para que reciba tu castigo y borre tus pecados.[22] ¡Ya no están! Ya no tienen que separarte de mí. La muerte de Jesús fue la máxima expresión de mi amor por ti.[23] Si recibes el regalo de mi Hijo Jesús, me recibes a mí, y nada volverá a separarte de mi amor.[24]

Vuelve a casa y todo el Cielo celebrará tu llegada![25] Siempre he sido tu Padre. Siempre seré tu Padre. Mi pregunta es: ¿quieres tú ser mi hijo?[26]

Con amor,
Tu papá, Dios Todopoderoso

---

1 1 Juan 4:8.
2 Romanos 8:15.
3 Mateo 5:48.
4 Mateo 6:9-15.
5 Filipenses 4:19.
6 2 Corintios 1:3-4.
7 Salmos 34:18.
8 Apocalipsis 21:4.
9 1 Pedro 1:3.
10 Jeremías 31:3.
11 Romanos 8:38-39.
12 Salmos 139:17-18.
13 Sofonías 3:17.
14 Deuteronomio 7:6.
15 Mateo 6:33; 13:44.
16 Jeremías 29:13.
17 Salmos 37:4.
18 Efesios 3:20.
19 Proverbios 3:5-6.
20 Romanos 8:31-32.
21 2 Corintios 5:19.
22 2 Corintios 5:21.
23 1 Juan 4:10.
24 Mateo 10:40; Romanos 6:23; 8:39.
25 Lucas 15:7, 24.
26 Adaptado de "Father's Love Letter" (Carta de amor del Padre), por Father Heart Communications, 1999. Editado y usado con permiso.

Permite que la Biblia te hable:
Salmos 139 (Opcional: 1 Juan 3:1-3)

Permite que tu mente piense:
1. ¿Cómo intenta el mundo o el enemigo escribir tu historia?

2. ¿Cómo te sentiste al leer la carta de Dios para ti? ¿Qué cosas (dos o tres) llamaron tu atención sobre lo que Dios siente por ti?

3. ¿Qué ideas fueron las más alentadoras? Si alguna de las ideas fue difícil de aceptar o no te resulta familiar, busca las referencias bíblicas.

Permite que tu alma ore:
Padre, gracias por elegirme. Gracias por crearme. Gracias por incluirme en tu historia. Ayúdame a acercarme más a ti mientras recorremos juntos esta historia que se desenvuelve. En el nombre de Jesús, amén.

Permite que tu corazón obedezca:
(¿Qué es lo que Dios te está llevando a conocer, valorar o hacer?)

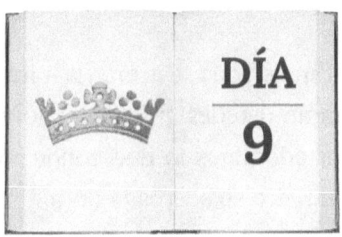

Eres un adorador

¡Que todo lo que respira alabe al Señor!
Salmos 150:6 (NVI)

Se acercaba el momento que todo el Cielo y la Tierra esperaban: el momento de un nuevo orden de adoración para todas las personas, por toda la eternidad. El Mesías prometido por Dios, el Ungido, finalmente estaba aquí. La familia de Jesús lo instó a que se revelara, pero su hora aún no había llegado (Juan 2:4). Hasta este momento inusual, en este lugar inusual, Jesús convertiría a los pecadores en verdaderos adoradores de Dios.

Comenzó como un típico día de viaje, pero Jesús sabía que estaba por entablar una conversación que cambiaría la eternidad. Envió a sus discípulos a buscar comida y esperó en un pozo. La mujer samaritana se acercó a sacar agua, sin saber que tenía una cita con Jesús. Para ella transcurría un día ordinario, sintiéndose menos que ordinaria. Su vida había sido envenenada con heridas y dificultades. Jesús lo sabía, y por eso se desvió varios kilómetros de su camino y la esperó.

Él le hizo preguntas difíciles en el pozo.[1] Sus palabras llegaron a lo más profundo de su alma y le hicieron mostrar su corazón. Con cada pregunta, ella señalaba problemas, pero Jesús señalaba la verdad. Finalmente, reveló la pregunta que tenía en su corazón: una pregunta sobre la adoración. ¿Dónde debemos adorar? ¿Aquí o allá? Pero Jesús sabía que la adoración no tenía que ver con un lugar externo, ni con un sistema religioso, sino con una postura y una prioridad interna.

---

[1] La historia de la mujer samaritana se encuentra en Juan 4:1-42.

Jesús le dijo: "Créeme, mujer, que se acerca la hora en que ni en este monte ni en Jerusalén adorarán ustedes al Padre. Ahora ustedes adoran lo que no conocen; nosotros adoramos lo que conocemos, porque la salvación proviene de los judíos. Pero se acerca la hora, y ha llegado ya, en que los verdaderos adoradores rendirán culto al Padre en espíritu y en verdad, porque así quiere el Padre que sean los que le adoren. Dios es espíritu, y quienes lo adoran deben hacerlo en espíritu y en verdad (Juan 4:21-24, NVI).

Ella le contestó a Jesús: "Sé que viene el Mesías, al que llaman el Cristo. Cuando él venga nos explicará todas las cosas" (Juan 4:25, NVI).

Luego, en una declaración indescriptiblemente gloriosa, e impactante, Jesús responde claramente: "Ese soy yo, el que habla contigo" (Juan 4:26, NVI).

¡Había llegado el momento de la verdadera adoración! Pero, ¿por qué Jesús revelaría Su deidad a *esta mujer* de esta *manera*?

El Padre buscaba verdaderos adoradores que le adoraran en espíritu y en verdad. Se trataba de una relación, no de reglas. Comenzando con Jesús, Él comenzó a romper las reglas hechas por el hombre.

Hablando con una samaritana.
Los judíos odiaban a los samaritanos.

Hablando con una mujer.
A las mujeres no se les hablaba en público.

Hablando con una mujer divorciada quien vivía con un hombre que no era su esposo.[1]

Jesús rompió toda regla cultural al hablar con una mujer rechazada y menospreciada.

---

[1] Se desconocen las circunstancias históricas exactas de la situación doméstica de esta mujer samaritana. Sin embargo, en aquella época los hombres podían divorciarse de las mujeres por cualquier motivo trivial. La mujer no tenía este mismo derecho. El hecho de que esta mujer hubiera tenido varios maridos lleva al autor a creer que la mujer experimentó varios divorcios o muchas muertes prematuras como viuda. Si hubiera cometido adulterio, no se la consideraría un prospecto adecuado para volver a casarse, ni siquiera para seguir con vida (Juan 8:4-5). Las concubinas no eran reconocidas como casadas por los judíos ("El hombre que ahora tienes no es tu esposo" [Juan 4:18, NVI]). Considerando la cultura del primer siglo, la enseñanza de que esta mujer es una ramera no es definitiva. Independientemente de cómo terminaron sus matrimonios, esta mujer pasó por dolor y dificultades significativas.

"Mis pensamientos no se parecen en nada a sus pensamientos" (Isaías 55:8-9). Con compasión y respeto, Jesús enseñó a la mujer, y a nosotros, que ninguna persona es invisible o no escuchada. No importa nuestro estatus, posición, género, etnia o ubicación, todos fuimos diseñados como adoradores. **Sin embargo, cómo y qué adoramos es lo que más habla de nosotros.** Por eso Jesús vino a revelar al Padre (Mateo 11:27), para convertirnos en verdaderos adoradores. Solo "la sangre de Cristo nos purificará la conciencia de acciones pecaminosas para que adoremos al Dios viviente" (Hebreos 9:14).

En las próximas semanas aprenderemos cómo es la adoración en la práctica y qué significa adorar en espíritu y en verdad. Por ahora, entendamos nuestra identidad como verdaderos adoradores.

La adoración es una cuestión del corazón. Todos adoramos, todo el tiempo. Adoramos a lo que gobierna nuestro corazón. Incluso si decimos que adoramos a Dios, nuestros corazones pueden ser más leales a un dios falso o a un ídolo, que a menudo somos nosotros mismos. El primer pecado vino de nuestro deseo de "ser como Dios" (Génesis 3:5). Cuando queremos el control para vivir la vida a nuestra manera en lugar de elegir la manera de Dios, nos adoramos a nosotros mismos. Cuando nos preocupamos por lo que otros piensan de nosotros, adoramos nuestra reputación. Cuando nos preocupamos, adoramos al miedo. Incluso Satanás adora, y cuando se rebeló contra Dios, comenzó a adorarse a sí mismo.

> *Adoración*
> Darle valor a algo. Jesús dijo que los verdaderos adoradores "adorarán al Padre en espíritu y en verdad" (Juan 4:24). Esto significa que la adoración tiene lugar en el interior de una persona, y se ofrece con un corazón humilde y puro.

Examínate a ti mismo para descubrir a quién o qué adoras:

- *¿Qué es lo que más valoro?*

- *¿Qué es lo que más influye en mis decisiones?*

- ¿De quién dependo para obtener ayuda durante una crisis?

- ¿Para quién o para qué hago sacrificios?

Las cosas buenas a menudo se convierten en falsos dioses. Estas cosas pueden incluir a la familia, un trabajo, la belleza, la salud o el trabajo voluntario. Si luchas al desear estas cosas buenas más que a Dios, te sentirás inquieto. No hay nada más que satisfaga nuestro propósito que complacer y adorar a Dios. Cuando dejamos que cualquier cosa gobierne nuestro corazón en lugar de Él, nos cuesta disfrutar a Dios. Incluso nos resulta difícil disfrutar de las cosas buenas que Él nos da. Pero cuando Jesús es el centro de tu vida, cuando **Cristo se convierte en tu vida** (Colosenses 3:4), todo fluye a través de tu estrecha relación con Él. Puedes disfrutar de Él y de las cosas buenas que te da. Por eso no es de extrañar que los Diez Mandamientos comiencen centrándose en la adoración:

> Yo soy el Señor tu Dios, quien te rescató de la tierra de Egipto, donde eras esclavo. No tengas ningún otro dios aparte de mí. No te hagas ninguna clase de ídolo ni imagen de ninguna cosa que está en los cielos, en la tierra o en el mar. No te inclines ante ellos ni les rindas culto, porque yo, el Señor tu Dios, soy Dios celoso, quien no tolerará que entregues tu corazón a otros dioses (Éxodo 20:2-5).

Dios no quiere una parte de tu vida, aunque esa parte esté en lo más alto de tu lista de prioridades. **Él quiere ser tu vida.** Juntos, Dios y tú, viven todo lo que te sucede. A medida que avanzas en tu día, Dios obra en ti y a través de ti. A través de esta estrecha relación, la adoración fluye naturalmente como una expresión de amor, reverencia y adoración. Entregamos todo: corazón, alma, mente y fuerzas, a Aquel que es digno de todo ello (Marcos 12:29-30). Todo lo que hacemos, excepto el pecado, puede hacerse para complacer a Dios en un acto de adoración.

El problema es que todos tenemos corazones errantes. Necesitamos un plan para permanecer rendidos a Dios. La Biblia nos dice cómo: renovamos nuestras mentes (Romanos 12:2) cambiando las mentiras por la verdad con la Palabra de Dios. Nuestra vida mental es increíblemente poderosa. **En lo que nos enfocamos se expande**. Cuanto más nos enfoquemos en Dios, más lo adoraremos. Pero el enemigo y el mundo nos distraen. Necesitamos llevar "...cautivo todo pensamiento para que se someta a Cristo" (2 Corintios 10:5, NVI).

Como sabes, a los cautivos no les gusta permanecer cautivos. Por lo tanto, debemos elegir enfocarnos en "todo lo que es verdadero, todo lo honorable, todo lo justo, todo lo puro, todo lo bello y todo lo admirable... cosas excelentes y dignas de alabanza"(Filipenses 4:8). Considera filtrar todos tus pensamientos y *palabras a* través de Filipenses 4:8. Cuando lo hagas, encontrarás que el pensamiento piadoso conduce a acciones piadosas, que es otra forma de adoración. "...o hagan cualquier otra cosa, háganlo todo para la gloria de Dios" (1 Corintios 10:31, NVI). Incluso las tareas más mundanas se vuelven santas cuando se realizan para glorificar a Dios. Adora a Dios con todo lo que eres y todo lo que haces.

Adoramos a Dios porque lo amamos, no por obligación o porque queremos algo de Él. No adoramos a Dios para ganar favores o presionarle para que nos bendiga. Dios no puede ser manipulado. Él ve a través de las máscaras religiosas y las palabras vacías: «Así que el Señor dice: "Este pueblo dice que me pertenece; me honra con sus labios, pero su corazón está lejos de mí. Y la adoración que me dirige no es más que reglas humanas, aprendidas de memoria»" (Isaías 29:13). Dios quiere tu corazón, no tus palabras. Si tu adoración se siente forzada, pídele a Dios que se revele. Pídele que llene tu corazón de asombro. **Recuérdate a ti mismo quién es Dios y lo que ha hecho**.

Cuando la mujer samaritana se dio cuenta de quién le hablaba, respondió con fe. Dejó todo a los pies de Jesús y corrió a decirles a todos que el Mesías había venido (Juan 4:28-29). La adoración brotó de su corazón y muchos en su ciudad creyeron (Juan 4:39). No tenía ninguna formación especial ni títulos de seminario. Pero tuvo un encuentro con Jesús. Eso fue suficiente para cambiar su vida y las vidas de quienes la escucharon. Ella era una verdadera adoradora. Tú también puedes serlo. Mira al Creador *a través* de la creación. Deléitate en Aquel que es bueno, encantador, sabio, puro, hermoso, heroico y verdadero. "En él se alegra nuestro corazón" (Salmos 33:21).

DÍA 9

Permite que la Biblia te hable:
Apocalipsis 5 (Opcional: Salmos 145)

Permite que tu mente piense:
1. Hoy aprendiste que cuanto más te enfocas en algo, más influye en todas las áreas de tu vida. ¿Cómo afecta tus actitudes y acciones el enfocarte en Dios?

2. ¿Qué cosas buenas te distraen de Dios?

3. ¿Qué crees que significa adorar "en espíritu y en verdad"?

Permite que tu alma ore:
Señor, tú eres el único digno de mi adoración. Mientras te busco, lléname de alegría y gozo que se desborden en alabanza sincera (Salmos 40:16). Apodérate de toda mi vida: de mis deseos, emociones, pensamientos y acciones. Tú diriges, yo te seguiré. Ayúdame a ver todo lo que hago como una oportunidad para adorarte. En el nombre de Jesús, amén.

Permite que tu corazón obedezca:
(¿Qué es lo que Dios te está llevando a conocer, valorar o hacer?)

Fuiste perdonado y hecho de nuevo

Si confesamos nuestros pecados a Dios, él es fiel y justo para perdonarnos nuestros pecados y limpiarnos de toda maldad.
1 Juan 1:9

Las lágrimas corrieron por el rostro de la mujer y cayeron sobre los pies de Jesús. Se sintió abrumada al darse cuenta de su indignidad al lado de la dignidad de Jesús. Su vida pecaminosa era un olor desagradable para su alma y una presencia repugnante en la habitación. Todos la miraban con desprecio. Todos menos Jesús. Ella abrió su frasco de alabastro lleno de perfume costoso y lo derramó sobre los pies de Jesús. Mientras la habitación se llenaba con el dulce aroma, Jesús vio lo que llenaba los corazones de la gente hacia ella: repugnancia y vergüenza. Pero Jesús respondió con gracia. Se volvió hacia Simón y dijo:

"Dos hombres le debían dinero a cierto prestamista. Uno le debía quinientas monedas de plata, y el otro cincuenta. Como no tenían con qué pagarle, les perdonó la deuda a los dos. Ahora bien, ¿cuál de los dos lo amará más?". "Supongo que aquel a quien más le perdonó", contestó Simón. "Has juzgado bien", le dijo Jesús. Luego se volvió hacia la mujer y le dijo a Simón: "¿Ves a esta mujer? Cuando entré en tu casa, no me diste agua para los pies, pero ella me ha bañado los pies en lágrimas y me los ha secado con sus cabellos. Tú no me besaste, pero ella, desde que entré, no ha dejado de besarme los pies. Tú no me ungiste la cabeza con aceite, pero ella me ungió los pies con perfume. Por esto te digo: si ella ha amado mucho, es que sus muchos pecados le han sido perdonados. Pero a quien poco se le perdona, poco ama". Entonces le dijo Jesús a ella: "Tus pecados quedan perdonados". Los otros invitados comenzaron a decir entre sí: "¿Quién es este, que hasta perdona pecados?". "Tu fe te ha salvado", le dijo Jesús a la mujer; "vete en paz" (Lucas 7:41-50, NVI).

El perdón nos cambia por completo.
Cuando pasamos de estar separados de Dios, a una relación con Él, es como ser resucitado de la muerte a la vida. "Ustedes estaban muertos a causa de sus pecados… Entonces Dios les dio vida con Cristo al perdonar todos nuestros pecados" (Colosenses 2:13). No podemos comprar ni ganarnos el perdón; es un regalo invaluable ofrecido a través de Jesucristo. En Cristo, Dios te hace una creación completamente nueva.

Nuestra fe en Jesucristo no nos *mejora*. No somos mejores personas. **Somos hechos nuevos** (Día 5). Cuando Dios te perdona, no solo te hace nuevo, sino que también te reconcilia con Él mismo (2 Corintios 5:18), restaurando completamente su relación contigo y dándote la bienvenida a su presencia.

> Eran sus enemigos, separados de Él por sus malos pensamientos y acciones; pero ahora Él los reconcilió consigo mediante la muerte de Cristo en su cuerpo físico. Como resultado, los ha trasladado a su propia presencia, y ahora ustedes son santos, libres de culpa y pueden presentarse delante de Él sin ninguna falta (Colosenses 1:21-22).

Imagina que eres llevado a la presencia de Dios. Te presentas ante Él sin una sola falta. Pero incluso **cuando Dios te observa, ve la justicia de Jesús.** Dios no solo cancela el registro de tus pecados, sino que también te acredita con la justicia perfecta de Cristo (2 Corintios 5:21). Esto se llama **justificación**, otro aspecto sorprendente del perdón. "Dios tomará en cuenta nuestra fe como justicia… [a los que] creemos…" (Romanos 4:24, NVI). Amigo, "ya que hemos sido justificados mediante la fe, tenemos paz con Dios por medio de nuestro Señor Jesucristo" (Romanos 5:1, NVI). ¡Qué bondad inmerecida! ¡Qué gracia tan asombrosa! "¡Me llené de alegría en el

SEÑOR mi Dios! Pues él me vistió con ropas de salvación y me envolvió en un manto de justicia" (Isaías 61:10). Estás justificado y cubierto con la justicia de Jesús para que puedas estar en paz con Dios.

Considera las hermosas imágenes que la Biblia usa para ilustrar el perdón:

- "Aunque sus pecados sean como la escarlata, yo los haré tan blancos como la nieve. Aunque sean rojos como el carmesí, yo los haré tan blancos como la lana" (Isaías 1:18). Cuando Dios te perdona, te limpia no solo del pecado, sino también de la mancha del pecado en tu vida.
- "Tan lejos de nosotros echó nuestras transgresiones como lejos del oriente está el occidente" (Salmos 103:12, NVI). Cuando Dios te perdona, te separa del pecado que una vez te separó de Él.
- "¡Aplastarás nuestros pecados bajo tus pies y los arrojarás a las profundidades del océano!" (Miqueas 7:19). Cuando Dios te perdona, aplasta y se deshace de tus pecados para siempre.

Jesús también nos da una imagen del perdón en la historia del hijo **pródigo**. Este joven rebelde que insultó a su padre exigiendo su herencia anticipadamente. Tomó el dinero, se fue lejos de casa y lo gastó todo en una vida pecaminosa. Vino una hambruna, y el único trabajo que el hijo pudo encontrar fue trabajar con cerdos inmundos. Estaba hambriento, sucio y desesperado. Pensó que su padre seguiría furioso con él, pero decidió volver a casa de todos modos y pedir trabajo como sirviente. El hijo se puso en marcha hacia su casa.

> *Pródigo:* Despilfarro de dinero o recursos.

Todavía estaba lejos cuando su padre lo vio y se compadeció de él; salió corriendo a su encuentro, lo abrazó y lo besó. El joven le dijo: "Papá, he pecado contra el Cielo y contra ti. Ya no merezco que se me llame tu hijo. Pero el padre ordenó a sus siervos: ¡Pronto! Traigan la mejor ropa para vestirlo. Pónganle también un anillo en el dedo y sandalias en los pies. Traigan el ternero más gordo y mátenlo para celebrar un banquete. Porque este hijo mío estaba muerto, pero ahora ha vuelto a la vida; se había perdido, pero ya lo hemos encontrado. Así que empezaron a hacer fiesta" (Lucas 15:20-24, NVI).

Dios nos ofrece el mismo tipo de perdón. Cuando te vuelves hacia Él, te encuentras justo donde estás. Eres perdonado, abrazado y celebrado. El perdón de Dios es realmente una **gracia** asombrosa que nunca termina.

> *Gracia:* Bondad o amor inmerecido; favor inmerecido.

Porque incluso como seguidores de Jesús, a menudo necesitamos ser perdonados. Y Dios tiene la gracia de extender el perdón una y otra vez. "Ya no somos esclavos del pecado", pero todavía pecamos (Romanos 6:6). "Si afirmamos que no tenemos pecado, lo único que hacemos es engañarnos a nosotros mismos y no vivimos en la verdad; pero si confesamos nuestros pecados a Dios, Él es fiel y justo para perdonar nuestros pecados y limpiarnos de toda maldad" (1 Juan 1:8-9). **Pídele a Dios que te muestre tu pecado.** Ora: "Examíname, oh Dios, y conoce mi corazón; pruébame y conoce los pensamientos que me inquietan. Señálame cualquier cosa en mí que te ofenda y guíame por el camino de la vida eterna" (Salmos 139:23-24).

Caminando en la luz, siendo honestos sobre nuestro pecado, es como crecemos más cerca de Dios y más cerca de los demás: "Pero, si vivimos en la luz, así como Él está en la luz, tenemos comunión unos con otros, y la sangre de su Hijo Jesucristo nos limpia de todo pecado" (1 Juan 1:7, NVI). Podemos vivir en la luz, no porque estemos libres de pecado, sino porque hemos sido perdonados.

¿Cómo respondemos al amor y al perdón de Dios?

Amamos y perdonamos a los demás. **El amor y el perdón no se basan en emociones; tenemos que elegir amar y perdonar.** A veces, es un proceso largo y desafiante. Es por eso que Jesús ve la fe de la mujer derramando aceite en Sus pies y le recuerda a Simón, y a nosotros, que para amar mucho, debemos recordar que se nos ha perdonado mucho (Lucas 7:47).

Tómate un momento para pensar en el perdón de Dios en tu propia vida. ¿Cuántas veces has pecado y has necesitado el perdón? El perdón es el regalo que todos necesitamos recibir, pero que nos es difícil dar. Negar el perdón a los demás en realidad nos hace daño.

Ofenderse con facilidad y guardar rencor arruina las relaciones. Las semillas del resentimiento crecen hasta convertirse en raíces amargas que enredan y corrompen a muchos (Hebreos 12:15). Cuando estamos amargados, queremos hacer daño a los demás, pero acabamos haciéndonos daño a nosotros mismos, nos convertimos en cautivos del pecado (Hechos 8:23). Por eso, Dios nos manda a deshacernos de la amargura y a perdonar de esa manera "Así como el Señor los perdonó, perdonen también ustedes" (Colosenses 3:13, NVI).

El Señor te perdona rápida y generosamente.

El perdón no significa que olvides o justifiques las malas acciones de los demás. No debes quedarte donde estás en peligro. El perdón significa que **cuando perdonas a otros, liberas la ofensa y confías en que Dios se ocupará de su pecado, con Su manera llena de gracia, así como Él se ha ocupado de tus pecados**. En el proceso, Dios te liberará de la esclavitud de la falta de perdón cuando le entregues a Él tu dolor. Puede que te resulte difícil perdonar, pero el Espíritu Santo en ti te ayudará. Como dice el refrán, te pareces más a Jesús cuando perdonas.

Pedro, uno de los seguidores más cercanos de Jesús, negó tres veces estar asociado con Él. Jesús le había advertido que lo haría, pero éste insistió en que nunca sucedería. Y cuando pasó, Pedro lloró amargamente (Mateo 26). Con una gracia asombrosa, Jesús perdonó a Pedro y le devolvió el ministerio (Juan 21:15-19). Este mismo Jesús que perdonó a los que lo negaron también te perdona a ti, y te ayudará a perdonar a otros. Él conoce tu dolor porque también lo experimentó, pero su mandato sigue en pie: "Pero yo les digo: Amen a sus enemigos y oren por quienes los persiguen" (Mateo 5:44, NVI).

Si te resulta difícil liberar a otros cuando te han hecho daño, permite que Dios actúe a través de ti (Filipenses 2:13). Es posible que tengas que perdonar a una persona varias veces al día, cada vez que la recuerdes. Perdona y entrégasela a Dios cada vez. Al día siguiente haz lo mismo. Y al siguiente... y al siguiente, hasta que finalmente la hayas perdonado completamente. "Aun si la persona te agravia siete veces al día y cada vez regresa y te pide perdón, debes perdonarla" (Lucas 17:4). **Dios no le pone límites a su perdón, y nosotros tampoco deberíamos**.

Como Jesús le dijo a la mujer, también te dice a ti: "Tu fe te ha salvado; ve en paz" (Lucas 7:50). Has sido perdonado y hecho nuevo.

DÍA 10

Permite que la Biblia te hable:
Mateo 18:15-35 (Opcional: Salmos 32; Lucas 15:11-32)

Permite que tu mente piense:
1. ¿Qué sentimientos te vienen a la mente cuando piensas en las formas en que Dios te ha perdonado?

2. Debemos perdonar a los demás como hemos sido perdonados (Efesios 4:32). ¿A quién necesitas perdonar? Perdona hoy. Cuanto más demores el perdón, más demorarás tu propia sanidad. Entrégaselo a Dios. Tú puedes, con la fuerza de Dios.

3. Concéntrate en Mateo 18:21-35. Después de perdonar a alguien, si sientes que tu corazón comienza a endurecerse, perdona de nuevo, recordando que Dios nos perdona una y otra vez también.

Permite que tu alma ore:
Padre, tu Palabra dice que el Cielo se alegra por un pecador que regresa al camino de Dios (Lucas 15:7). Ayúdame a recordar esto cuando mi pecado me haga querer esconderme de ti. Ayúdame a venir a ti con confianza y a caminar en la luz, sabiendo que eres rápido para perdonar. Abrázame como tu hijo. Ayúdame a perdonar a los demás como tú me has perdonado. En el nombre de Jesús, amén.

Permite que tu corazón obedezca:
(¿Qué es lo que Dios te está llevando a conocer, valorar o hacer?)

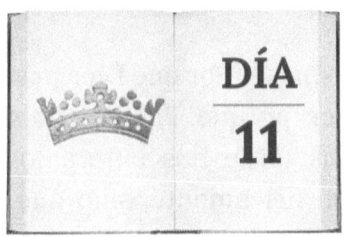

Fuiste adoptado

Dios envió a su Hijo... a fin de poder adoptarnos como sus propios hijos; y debido a que somos sus hijos, Dios envió al Espíritu de su Hijo a nuestro corazón, el cual nos impulsa a exclamar "Abba, Padre". Ahora... eres su hijo, Dios te ha hecho Su heredero.
Gálatas 4:4-7

Era tan improbable para Rahab formar parte de la historia de Dios como para cualquier otra persona, mucho menos formar parte de Su familia. Rahab, una prostituta en la ciudad cananea de Jericó, había oído hablar de la huida de los israelitas de Egipto. Sabía que fue el único Dios verdadero quien los había rescatado y luchado por ellos en su viaje por Canaán. Y ahora los israelitas se acercaban a su ciudad. Cuando Dios condujo a los espías israelitas hasta *su* puerta, ella mostró gran valor. Por fe, los protegió de su propio rey, arriesgando su vida por el pueblo de Dios. "Sé que el Señor les ha dado esta tierra", dijo a los espías. "Pues el Señor, su Dios, es el Dios supremo arriba en los cielos, y abajo, en la tierra" (Josué 2:9, 11). Rahab escondió a los espías israelitas y estos lograron escapar de la captura. Luego, Dios los condujo a una gran victoria sobre la ciudad de Jericó, derribando sus muros, no sin antes rescatar a Rahab y a su familia y hacerlos parte de la suya.[1]

En la historia verdadera de Dios, aprendimos que la ciudad de Jericó fue derrotada fácilmente. Dios derribó milagrosamente los muros de la ciudad *sin ninguna intervención humana*. Entonces,

---

[1] Lee la historia de Rahab que se encuentra en Josué 2 y 6.

¿eran necesarios los espías? ¿Por qué Dios permitió que arriesgaran sus vidas? ¿Podría ser porque Rahab estaba allí? Valía la pena rescatar a Rahab. Más tarde nos enteramos de que no sólo se salvó la vida de Rahab físicamente, sino que también fue salvada espiritualmente. Rahab sería la tatarabuela del rey David y, lo que es más importante, parte de la línea familiar de Jesús (Mateo 1:5). Independientemente de su pasado pecaminoso o de su pueblo pecador. Independientemente de su origen étnico o religioso. Ella renunció a sus vínculos con los cananeos y entregó su vida al Señor. Incluso hoy, Rahab sigue siendo un ejemplo de fe en acción: "Rahab... Fue declarada justa ante Dios por sus acciones cuando ella escondió a los mensajeros y los ayudó a regresar sin riesgo alguno por otro camino" (Santiago 2:25). Dios la recibió y le dio un honor especial (Hebreos 11:31). Fue perdonada, hecha nueva y adoptada en la familia eterna de Dios. ¡Qué gracia tan extravagante!

De todas las maravillas que vienen con la salvación, una de las verdades más reconfortantes, nutritivas y edificantes es saber que nos convertimos en hijos de Dios. Al igual que Rahab, podemos encontrar el amor y la aceptación del Padre y una nueva familia aquí y en el Cielo, sin importar nuestros orígenes, nacionalidades o incluso nuestros pasados pecaminosos. La adopción es la verdadera intimidad, una relación genuina con Dios, y el corazón del evangelio.

Dios quiere adoptarnos en su familia para siempre; nacemos de nuevo como sus propios hijos (Juan 3:7). Y Él nos elige *de antemano* trayéndonos a sí mismo por medio de Jesucristo (Efesios 1:5). ¿Qué significa esto? **Eres deseado y amado**. "¡Fíjense qué gran amor nos ha dado el Padre, que se nos llama hijos de Dios! ¡Y lo somos!" (1 Juan 3:1, NVI).

En Cristo tenemos "el derecho de llegar a ser hijos de Dios" (Juan 1:12). Dios quiere ser tu padre, a quien conoces y en quien confías íntimamente. "Ahora lo llamamos 'Abba, Padre'", como lo hizo Jesús (Romanos 8:15). Tu pecado no impide que Dios quiera adoptarte. No le avergüenzas. No importa qué errores hayas cometido o qué te hayan hecho, tu **Abba** Padre siempre te da la bienvenida y te acepta donde estás.

Piensa en tu padre terrenal. ¿Fue amable o cruel? ¿Involucrado o ausente? Incluso si tuviste una buena relación con tu padre terrenal, tu relación con tu Padre celestial es mucho mejor. Jesús quiere que experimentemos la conexión íntima que tenemos con nuestro Padre celestial. Nos dice: "...aquí en la tierra, no se dirijan a nadie llamándolo 'Padre', porque solo Dios, que está en el Cielo, es su Padre" (Mateo 23:9). Jesús no nos pide que renunciemos a nuestros padres humanos, pero sí quiere que valoremos mucho más nuestra relación con nuestro Padre celestial. ¿Cómo lo hacemos? Empezamos por aprender todo lo que podamos sobre éste, nuestro Padre perfecto.

> **Abba:**
> En la lengua aramea que se hablaba en la época de Jesús, la palabra *"abba"* significaba padre y se utilizaba principalmente en el seno de la familia y en la oración.
>
> Fuente: Robert H. Mounce, Romanos, vol. 27, *The New American Commentary* (Nashville: Broadman & Holman Publishers, 1995).

En primer lugar, debemos entender lo mucho que nuestro Padre se preocupa por nosotros. Él nos adopta como bebés espirituales y nos ayuda a "crecer en todo hacia Cristo" (Efesios 4:15, DHH). "Como niños recién nacidos busquen con ansias la leche pura de la palabra. Así, por medio de ella crecerán..." (1 Pedro 2:2, NBV). A medida que crecemos para ser como Jesús escuchamos e imitamos la voz de nuestro Padre. Imitamos sus acciones (Efesios 5:1). Incluso Jesús hizo solo lo que vio hacer al Padre (Juan 5:19) y dijo solo lo que oyó decir al Padre (Juan 8:28). No obedeció por obligación o por una necesidad enfermiza de aprobación. La obediencia de Jesucristo surgió de la relación de amor que compartía con su Padre. Cuando se ama verdaderamente a alguien, el mayor placer es actuar al respecto, con honor, respeto y obediencia.

Dios nos ama tanto que está dispuesto a disciplinarnos. Como sus hijos adoptivos, necesitamos su disciplina amorosa de vez en cuando. Ninguno de nosotros la disfruta, pero todos la necesitamos. Porque Dios nos ama, nos corrige cuando nos alejamos de Su voluntad en nuestros pensamientos, actitudes o acciones: "Pues EL SEÑOR corrige a los que ama, tal como un padre corrige al hijo que es su deleite" (Proverbios 3:12). Dios nos ama, y "la disciplina de Dios siempre es bueno con nosotros, a fin de que participemos de su santidad" (Hebreos 12:10). Dios nos corrige para protegernos de las consecuencias devastadoras del pecado. Al igual que un padre se deleita en el crecimiento de un hijo, Dios se deleita en vernos prosperar en lo que ha planeado para nosotros (Efesios 2:10).

Nuestro Padre es nuestro perfecto Proveedor. Él "tu Padre sabe exactamente lo que necesitas, incluso antes de que se lo pidas" (Mateo 6:8). Así que "No se inquieten por lo que van a comer o lo que van a beber. No se preocupen por esas cosas. Esas cosas dominan el pensamiento de los incrédulos en todo el mundo, pero su Padre ya conoce sus necesidades" (Lucas 12:29-30). Descansa sabiendo que "mi Dios les dará todo lo que necesiten, conforme a las gloriosas riquezas que tiene" (Filipenses 4:19, NBV). Si los buenos padres humanos saben dar buenos regalos a sus hijos, ¿cuánto más proveerá nuestro Padre celestial a los que le piden (Mateo 7:9-11)?

Dios también sabe que necesitamos una comunidad, un lugar al cual pertenecer. Dios adopta a todos los que Jesús rescata, por lo que tenemos muchos hermanos y hermanas en nuestra familia de fe (Romanos 8:29). Es bueno que "En el hogar de mi Padre hay muchas viviendas" (Juan 14:2, NVI). Pero no hay lugar para la rivalidad entre hermanos porque todos los hijos de Dios son considerados iguales (Mateo 23:8; Gálatas 3:28). Dios no tiene favoritos en su familia (1 Pedro 1:17). No competimos con nuestros hermanos ni los discriminamos; nos preocupamos por ellos. Reconocemos su papel en La historia de Dios (1 Corintios 12). "Tengan compasión unos de otros. Ámense como hermanos y hermanas. Sean de buen corazón y mantengan una actitud humilde" (1 Pedro 3:8). Se nos anima a dar la vida por nuestros hermanos y hermanas en Cristo, tal como Jesús dio su vida por nosotros (1 Juan 3:16). Cuando amamos a nuestros hermanos y hermanas, les damos el amor de nuestro Padre. **En la familia el amor es exorbitante.**

Así como las familias terrenales desean cuidar de sus generaciones futuras, **nuestro Padre les da a sus hijos, sus "herederos", una herencia** (Romanos 8:17). "Ahora vivimos con gran expectativa y tenemos una herencia que no tiene precio, una herencia que está reservada en el Cielo para ustedes, pura y sin mancha, que no puede cambiar ni deteriorarse" (1 Pedro 1:3-4). En el Cielo, disfrutaremos para siempre de la gloria de Dios, celebraremos su bondad y descansaremos en su amor. Lo mejor de todo es que disfrutaremos de su presencia con placer y gozo más allá de la comprensión (Salmos 16:11). "¡Qué maravillosa herencia!" (Salmos 16:6).

DÍA 11

Permite que la Biblia te hable:
Juan 14 (Opcional: Romanos 8:15-17)

Permite que tu mente piense:
1. Amigo, eres adoptado y muy amado. Para siempre. Tu lugar en la familia de Dios está asegurado (Juan 10:29). ¿Hay algo que te impida sentirte completamente seguro y amado por Dios?

2. ¿Qué te dice tu adopción, el haber sido elegido como Rahab, sobre el amor de Dios por ti?

3. ¿Cómo influye en tus relaciones actuales y futuras ver a otros creyentes como miembros de la familia, igualmente amados y valorados (Gálatas 3:28-29)? ¿Cómo puedes animar a una hermana o hermano hoy?

Permite que tu alma ore:
Señor, gracias por adoptarme. Tu Palabra dice: "Tan compasivo es el Señor con los que le temen como lo es un padre con sus hijos" (Salmos 103:13, NVI). Ayúdame a verte como mi Padre compasivo. Ayúdame a crecer para ser como Jesús, y ayúdame a descansar sabiendo que tú suplirás todas mis necesidades. Haz que sea un miembro alentador de mi familia eterna. En el nombre de Jesús, amén.

Permite que tu corazón obedezca:
(¿Qué es lo que Dios te está llevando a conocer, valorar o hacer?)

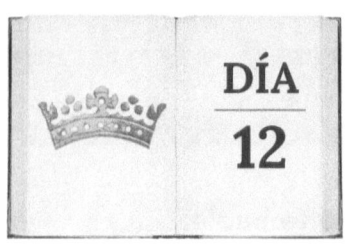

Nunca estás solo

Vas delante y detrás de mí. Pones tu mano de bendición sobre mi cabeza.
Semejante conocimiento es demasiado maravilloso para mí, ¡es tan elevado que no puedo entenderlo!
¡Jamás podría escaparme de tu Espíritu! ¡Jamás podría huir de tu presencia!
Si subo al cielo, allí estás tú; si desciendo a la tumba, allí estás tú.
Si cabalgo sobre las alas de la mañana, si habito junto a los océanos más lejanos,
aun allí me guiará tu mano y me sostendrá tu fuerza.
Salmos 139:5-10

Un rayo de fuego acababa de caer del Cielo, derrotando a los enemigos del profeta Elías. La primera nube de lluvia después de años de sequía se estaba formando en el Cielo. La nación de Israel estaba cambiando físicamente con la lluvia y espiritualmente con el arrepentimiento (1 Reyes 18). Elías se volvió un fugitivo; había hombres buscándolo para matarlo. Aunque Elías había sido testigo de la provisión, la protección y el poder de Dios durante años de rebelión de la nación, estaba cansado. Su tiempo había terminado, por eso le dijo a Dios:

> "¡Estoy harto, Señor! —protestó—. Quítame la vida... Me consume mi amor por ti, Señor Dios Todopoderoso. Los israelitas han rechazado tu pacto, han derribado tus altares, y a tus profetas los han matado a filo de espada. Yo soy el único que ha quedado con vida, ¡y ahora quieren matarme a mí también!" (1 Reyes 19:4, 14, NVI).

Pero Elías no estaba solo. Dios estaba con él. No era el único creyente verdadero que quedaba porque Dios había conservado a siete mil creyentes que no se habían inclinado ante los ídolos (1 Reyes 19:18). Lo que Elías necesitaba era descansar, refrescarse y recordar. Dios le proporcionó alimento para su cuerpo y descanso para su alma. Y cuando llegó el momento, Dios le dio a Elías su siguiente serie de instrucciones.[1]

Algunas veces, como creyente, podrás ser usado por Dios de formas poderosas, entonces el enemigo tratará de tomar represalias. Pueden surgir dudas, desánimo o desesperación. Podrías sentirte solo, creyendo la mentira de que Dios te ha abandonado o que tu utilidad para Dios ha caducado. Al igual que Elías, necesitas ser recargado. Necesitas un "descanso de Elías". Esto es lo que debes saber:

Nunca estás solo. Dios: Padre, Hijo y Espíritu Santo, está siempre contigo. Cada minuto de cada día, Él siempre ha deseado estar cerca de ti. Por eso te creó con tanto cuidado. Por eso envió un Salvador para destruir el pecado que te separaba de Él. Por eso envió a su Espíritu a vivir en ti. Nunca te deja solo ni sintiéndote abandonado.

Cuando buscamos apoyo en otros y ellos no están ahí para nosotros, es posible que nos sintamos completamente solos. Pero esto no es cierto. Dios está *siempre* presente (Salmos 46:1; 139:7-10). *Nunca estás solo*.

Jesús es Dios contigo. También es llamado *Emanuel*, "Dios con nosotros" (Mateo 1:23, NVI), porque Él vivió como un ser humano y habitó entre nosotros. Se sintió hambriento y cansado. Fue tentado a pecar. Fue maltratado y acusado falsamente. Y finalmente, fue traicionado, torturado y asesinado. Por eso, sin importar las dificultades que enfrentemos, Jesús conoce nuestro sufrimiento: "Nuestro Sumo Sacerdote comprende nuestras debilidades, porque enfrentó todas y cada una de las pruebas que enfrentamos nosotros" (Hebreos 4:15). Jesús sufrió el tipo de cosas que nosotros sufrimos, y más, por eso Él sabe cómo orar por nosotros, y continuamente lo hace (Hebreos 7:25). Como nuestro Sumo Sacerdote perfecto, Jesús está en la presencia de Dios en nuestro nombre (Hebreos 9:24). Ya no necesitamos un templo en Jerusalén o un sacerdote especial que se interponga entre nosotros y Dios.[2] Jesús también promete estar

---

[1] Lee la historia de las experiencias de Elías en la cima de la montaña que se encuentra en 1 Reyes 18 y 19.
[2] Grudem, Wayne. "*Teología sistemática: Introducción a la doctrina bíblica*", Grand Rapids, MI: Zondervan, 1994; p. 626-627.

con nosotros "siempre, hasta el fin del mundo" (Mateo 28:20, NVI). *Nunca estás solo.*

El Espíritu Santo es Dios *en* ti. Jesús dice: "Y yo le pediré al Padre, y Él les dará otro Consolador para que los acompañe siempre: el Espíritu de verdad... ustedes sí lo conocen, porque vive con ustedes y estará en ustedes" (Juan 14:16-17, NVI). Él está *contigo* y *en* ti...

- **Cuando lees y meditas en la Palabra de Dios:** "el Espíritu Santo... les enseñará todas las cosas y les hará recordar todo lo que les he dicho" (Juan 14:26, NVI).
- **Cuando oras:** "El Espíritu Santo nos ayuda en nuestra debilidad... Nosotros no sabemos qué quiere Dios que le pidamos en oración, pero el Espíritu Santo ora por nosotros" (Romanos 8:26).
- **Cuando eres tentado:** "Él [Espíritu Santo] les mostrará una salida, para que puedan resistir" (1 Corintios 10:13).
- **Cuando sufres:** Dios no solo *enviará* consuelo y fortaleza en tu momento de necesidad, sino que Él se *mostrará* como *la fuente* de consuelo y fortaleza. Su misma presencia proporciona un bálsamo curativo para tu corazón roto. "El Señor está cerca de los que tienen quebrantado el corazón; él rescata a los de espíritu destrozado" (Salmos 34:18). Él será nuestra ayuda y consuelo para siempre (Juan 14:16-17).

Nunca estás solo.

Tampoco estás solo porque Dios te ha dado un lugar al cual pertenecer: la Iglesia (Consulta "Cómo encontrar una buena iglesia" en la página siguiente). Todos somos miembros de la familia eterna de Dios, y Él nos está convirtiendo en una comunidad donde mora su Espíritu (Efesios 2:19-22). Nuestra "familia de creyentes" (1 Pedro 2:17) está tan estrechamente relacionada que Dios nos llama el cuerpo de Cristo (1 Corintios 12:27). Puede que seas el único creyente en tu familia o ciudad, pero en Cristo eres parte de una gran familia de creyentes en todo el mundo. Así como Dios conservó a los creyentes durante el tiempo de Elías, Él está conservando a los creyentes hoy. "El cuerpo humano tiene muchas partes, pero las muchas partes forman un cuerpo entero. Lo mismo sucede con el cuerpo de Cristo... los miembros se preocupen los unos por los otros. Si una parte sufre, las demás partes sufren con ella y, si a una parte se le da honra, todas las partes se alegran" (1 Corintios 12:12, 25-26). Nunca estás solo en tu dolor. No solo Jesús conoce tu dolor, sino que "su familia de creyentes en todo el mundo también está pasando por el mismo sufrimiento" (1 Pedro 5:9). Dios teje tu historia y la historia de cada seguidor de Jesús, junto con su propia historia. *Nunca estás solo.*

Como nunca estás solo, no debes temer, esa no es la voluntad de Dios para nosotros. "¡Sé fuerte y valiente! ¡No tengas miedo ni te desanimes! Porque el Señor tu Dios te acompañará dondequiera que vayas" (Josué 1:9, NVI). Pero cuando tenemos miedo, Dios nos consuela, como hizo con Elías. No importa los problemas que vengan, "Dios es nuestro amparo y nuestra fortaleza, nuestra ayuda segura en momentos de angustia. Por eso, no temeremos" (Salmos 46:1-2, NVI). Dios estuvo con nosotros ayer. Está con nosotros ahora, y estará con nosotros en el futuro. *Nunca estamos solos.*

Cómo encontrar una buena iglesia

Si eres un seguidor de Cristo con acceso a una iglesia, unirte a una familia de fe es una de tus más altas prioridades para la oración, la enseñanza bíblica, la comunidad, la comunión y más. Si no tienes acceso a una iglesia, puedes reunirte en casa (hablaremos sobre esto más adelante). La Palabra de Dios nos ordena que no dejemos de reunirnos (Hebreos 10:25). Necesitamos una familia de fe, y esto es lo que debemos buscar en una buena iglesia:

1. **Un pastor que sea un líder con actitud de siervo:** Llamado por Dios, el pastor tiene un corazón bondadoso y enseña y obedece la Biblia. No es un dictador ni un complaciente. El pastor exalta a Jesús, no a una persona.

2. **Crecimiento espiritual:** La iglesia te desafía a crecer espiritualmente, enseñándote cómo ser un discípulo perseverante de Jesús que a su vez, forma discípulos para Él.

3. **Ambiente de confianza:** La gente de la iglesia se ama y se interesan unos por los otros. Hay un sentimiento de unidad familiar.

4. **Servicio hacia el exterior:** La iglesia no está enfocada hacia adentro, sino que se extiende a la comunidad y al mundo para difundir el amor de Dios con palabras y acciones.

No existe algo como una iglesia perfecta (solo Jesús es perfecto). Si encuentras una buena iglesia, sé fiel a tu familia de fe. Sé fiel con tu tiempo, asistiendo a las reuniones de adoración con regularidad y cumpliendo tus compromisos con excelencia. Sé fiel con tus talentos, involucrándote y no buscando que otros lo hagan todo. Sé fiel a la hora de dar, no seas tacaño. Toma la iniciativa de conocer a la gente y de involucrarte, y serás bendecido.

Permite que la Biblia te hable:
Isaías 41:10-20 (Opcional: Deuteronomio 31:6)

Permite que tu mente piense:
1. ¿Cómo puedes recordarte a ti mismo que Dios está contigo incluso cuando te sientes solo o temeroso?

2. ¿Cómo puede la presencia de Dios hacerte valiente y darte gozo (Deuteronomio 31:6)?

3. ¿Conoces a alguien que se sienta solo? Sé su amigo. Muéstrale que no está solo. Comparte la presencia de Dios con esa persona, hoy.

Permite que tu alma ore:
Dios, te doy las gracias porque siempre estás conmigo, incluso cuando me siento solo. Prometes que nunca me dejarás ni te olvidarás de mí (Hebreos 13:5). Dame una mayor conciencia de tu presencia. Que tu presencia me haga valiente y me llene de alegría. Muéstrame a las personas solitarias que necesitan experimentar tu presencia y bondad a través de mí. En el nombre de Jesús, amén.

Permite que tu corazón obedezca:
(¿Qué es lo que Dios te está llevando a conocer, valorar o hacer?)

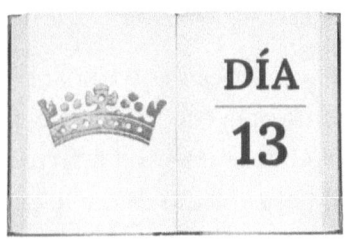

Tú eres santo

Sé santo porque yo, el Señor, soy santo. Te he separado
de las demás naciones para que seas mío.
Levítico 20:26

Ahora mismo, incluso mientras lees las palabras de esta página, están sucediendo increíbles expresiones de adoración en los cielos. El profeta Isaías tuvo una visión de esta misma escena, y está registrada para nosotros en Isaías 6. En su visión de la sala del trono de Dios, vio a seres angélicos que proclamaban en voz alta: "Santo, santo, santo es el Señor Todopoderoso; toda la tierra está llena de su gloria" (Isaías 6:3, NVI).[1] Más de ochocientos años después, el apóstol Juan registra una experiencia similar: "Y día y noche repetían sin cesar: 'Santo, santo, santo es el Señor Dios Todopoderoso, el que era y que es y que ha de venir'". (Apocalipsis 4:8, NVI). "¿Quién no te temerá, oh Señor? ¿Quién no glorificará tu nombre? Solo tú eres santo" (Apocalipsis 15:4, NVI). Podrían haber descrito a Dios como "Amor, amor, amor" o "Gracia, gracia, gracia", pero en cambio, repiten, "Santo, santo, santo". No basta con decir que Dios es santo. No es suficiente decir que Dios es santo, santo. No...

Dios es *santo, santo, santo*.

Cuando algo se repite varias veces en la Biblia, generalmente significa que la declaración es crítica y significativa. Dios es *santo, santo, santo*. Entonces, ¿qué significa **santo**?

Si alguna vez lees en la Biblia una palabra importante que no conoces, busca dónde aparece esa palabra por primera vez en la

---

[1] Lee la historia de la comisión de Isaías en Isaías 6.

Escritura.[1] Puedes descubrir su significado en su contexto. La palabra *santo* aparece por primera vez en Génesis para describir el día que Dios apartó para el descanso. "Dios bendijo el séptimo día, y lo santificó, porque en ese día descansó de toda su obra creadora" (Génesis 2:3, NVI). Ser *santo* significa ser apartado. Todo acerca de Dios es santo y puro: su amor, su misericordia, su justicia, incluso su ira. Nada en toda la creación se puede comparar con la santidad de Dios, su perfección infinita. Dios está apartado de todo lo que es pecaminoso (1 Juan 1:5).

> **Santo:** Apartado o dedicado a Dios en pureza para un uso honorable.

Solo unas pocas personas en la Biblia tuvieron visiones de la santidad de Dios, y todas ellas se aterrorizaron cuando sucedió. Moisés escondió su rostro (Éxodo 3:6). Ezequiel cayó sobre su rostro lleno de miedo (Ezequiel 1:28). Juan cayó "como muerto" (Apocalipsis 1:17, NVI). Isaías gritó: "¡Todo se ha acabado para mí! Estoy condenado, porque soy un pecador. Tengo labios impuros, y vivo en medio de un pueblo de labios impuros; sin embargo, he visto al Rey, el Señor de los Ejércitos Celestiales" (Isaías 6:5).

Debido a que somos pecadores, la pureza de Dios nos abruma. Dios dice: "nadie puede verme y seguir con vida" (Éxodo 33:20). La santidad de Dios no puede tolerar ningún rastro de pecado (Habacuc 1:13). "¿Quién puede subir al monte del Señor? ¿Quién puede estar en Su lugar santo? Solo los de manos limpias y corazón puro" (Salmos 24:3-4). Solo los puros pueden ver la santidad de Dios y sobrevivir (Mateo 5:8). Eso es un problema para nosotros porque todos pecamos; ninguno de nosotros es justo (Salmos 143:2; Romanos 3:23).

Pero Jesús nos rescata de esta sentencia de muerte haciéndonos santos. Para que podamos ver al Señor, debemos ser santos. Dios "los hizo santos por medio de Cristo Jesús" (1 Corintios 1:2). Al tomar nuestro castigo, "Cristo nos hizo justos ante Dios; nos hizo puros y santos y nos liberó del pecado" (1 Corintios 1:30).

---

[1] Una concordancia enumera todas las palabras clave que se encuentran en un texto. En ocasiones las Biblias incluyen una concordancia como herramienta de consulta. Si tu Biblia no tiene una concordancia, puedes encontrar herramientas bíblicas en muchos sitios web, como Bible Gateway (biblegateway.com), Bible Study Tools (biblestudytools.com), Bible Hub (biblehub.com) y Blue Letter Bible (blueletterbible.org).

Cristo amó a la iglesia y se entregó por ella para hacerla santa. Él la purificó, lavándola con agua mediante la palabra, para presentársela a sí mismo como una iglesia radiante, sin mancha ni arruga ni ninguna otra imperfección, sino santa e intachable (Efesios 5:25-27, NVI)

Solo Jesús podía hacer esto porque solo Él es "es santo y no tiene culpa ni mancha de pecado" (Hebreos 7:26). Cuando pusiste tu fe en Cristo, "fueron limpiados; fueron hechos santos; fueron hechos justos ante Dios" (1 Corintios 6:11). "Como resultado, los ha trasladado a su propia presencia, y ahora ustedes son santos, libres de culpa y pueden presentarse delante de él sin ninguna falta" (Colosenses 1:22). Solo en Cristo podemos obedecer el mandamiento de Dios: "Sé santo porque yo, el Señor, soy santo" (Levítico 20:26). Solo en Cristo podemos entrar en la presencia de Dios y vivir.

Dios es santo; por lo tanto, en Cristo, tú eres santo. La santidad es la vida misma de Dios en nosotros. Luego del momento de la salvación viene una vida de santificación, el proceso de llegar a ser santo (Aprenderemos más sobre la santificación en la semana 7). Como lo explica un maestro cristiano: "Nuestra posición justa se obtiene en un instante de creencia verdadera, pero nuestra justicia, nuestra semejanza a Cristo, se profundiza a lo largo de toda una vida buscando las cosas de Dios".[1] Dios nos manda a "ser santos" a lo largo de la Biblia para enfatizar la importancia de la santidad.

Pero, ¿cómo es una vida santa? Mostramos nuestra santidad interior mediante "vidas santas, no impuras" (1 Tesalonicenses 4:7). La Biblia hace frecuentes referencias a la ropa como signo externo de la vida interior. Por ejemplo, las novias llevan una ropa especial, pero su vestimenta no las *hace* novias, sino que simplemente *muestra* que *son* novias. De la misma manera, nosotros vestimos nuestra santidad. Esta santidad exterior no nos hace santos, pero muestra a los demás que vivimos apartados en Cristo. "Dado que Dios los eligió para que sean su pueblo santo y amado por él, ustedes tienen que vestirse de tierna compasión, bondad, humildad, gentileza y paciencia" (Colosenses 3:12). Hemos de revestirnos

---

[1] Chan, Francis y Lisa. *"You and Me Forever: Marriage in Light of Eternity"* (*Tú y yo por siempre: El matrimonio a la luz de la eternidad*), San Francisco: Claire Love Publishing; p. 34.

todos los días de estas virtudes cristianas y "deshágase de su vieja naturaleza pecaminosa y de su antigua manera de vivir, que está corrompida por la sensualidad y el engaño. En cambio, dejen que el Espíritu les renueve los pensamientos y las actitudes. Pónganse la nueva naturaleza, creada para ser a la semejanza de Dios, quien es verdaderamente justo y santo" (Efesios 4:22-24).

Cuando piensas en una vida santa, ¿te parece intimidante? ¿Quizás imposible o legalista? Muchas personas cuando piensan en la santidad, se imaginan comportamientos piadosos y rituales religiosos. La santidad no consiste en reglas y rituales. Se trata de examinar honestamente tu corazón e invitar a Dios a purificar tu actitud y tus acciones. Se trata de vivir libre de pecado. Cuando Dios nos revela el pecado, podemos confesarlo inmediatamente y arrepentirnos, apartándonos de él y acercándonos a la forma de vivir de Dios, correcta y satisfactoria.

El Espíritu Santo tejerá la santidad en tu vida día a día. Después de semanas, meses y años de confiar en Dios y hacer lo que Él dice, notarás un patrón creciente de santidad en tu actitud y tus acciones. Por ejemplo, tus elecciones sobre los libros que lees, la música que escuchas o las películas que ves pueden cambiar a medida que el Espíritu Santo te muestra cómo guardar tu corazón (Proverbios 4:23). Tus acciones, palabras y pensamientos se transformarán a medida que Él te enseñe cómo honrar a Dios con tu vida (Colosenses 3:17). El Espíritu Santo está moldeando los detalles de tu vida. Los pecados que una vez te enredaron se vuelven menos poderosos. Los frutos del espíritu: amor, gozo, paz y más, se vuelven más abundantes (Gálatas 5:22-23). Estos cambios ocurren con el tiempo a medida que nos revestimos de santidad diariamente.

Algunos días podemos luchar con tentaciones y frustraciones que a veces hacen que nuestros intentos de perseguir la santidad se sientan como estar eternamente escalando una montaña, incapaces de llegar a la cima. Cuando lleguen esos días difíciles, y vendrán, podemos elegir poner un pie delante del otro con Jesús como guía. Un día, no tendremos que revestirnos de santidad porque Dios mismo nos revestirá de una santidad permanente y perfecta. En el Cielo, Dios nos dará "...del lino blanco y puro de la más alta calidad.

Pues el lino de la más alta calidad representa las buenas acciones del pueblo santo de Dios" (Apocalipsis 19:8).

Sí, amigo, *en Cristo* eres santo. No estás obrando para ser santo en tus propias fuerzas. Dios te eligió antes de la creación del mundo y te apartó para sus propósitos (Efesios 1:4). Revístete de santidad para llegar a ser "como una vasija para ocasiones especiales, apartada y útil para el Señor, separada para usarse en toda obra buena" (2 Timoteo 2:21, NBV). Dios desea la santidad para ti, para que puedas estar en relación con Él, lleno con más de Él, y apartado para toda la buena obra que Él ha planeado para ti. La próxima semana aprenderemos más sobre cuáles son esos planes.

DÍA 13

Permite que la Biblia te hable:
1 Pedro 1:13-25 (Opcional: 1 Pedro 2:1-11)

Permite que tu mente piense:
1. ¿Cómo afecta tu actitud en la adoración, el hecho de pensar en la santidad de Dios?

2. ¿Qué hay en tu vida que no puede ser apartado para Dios?

3. ¿Cómo puedes revestirte de santidad cada día?

Permite que tu alma ore:
Dios, eres santo. Gracias por hacerme santo por medio de Cristo. Tu Palabra dice que nos salvaste y nos llamaste a vivir vidas santas, no porque lo mereciéramos, sino porque ese era tu plan para mostrarnos tu gracia a través de Jesús (2 Timoteo 1:9). Estoy muy agradecido de que me hayas llamado. Ayúdame a revestirme de santidad todos los días. En el nombre de Jesús, amén.

Permite que tu corazón obedezca:
(¿Qué es lo que Dios te está llevando a conocer, valorar o hacer?)

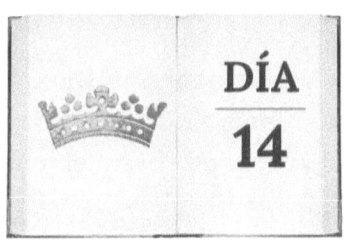

Le perteneces a Dios

Llevamos cautivo todo pensamiento para que se someta a Cristo.
2 Corintios 10:5 (NVI)

¿Quién eres?

Antes de esta semana, puede que hubieras respondido a esa pregunta con algo sobre tu familia, tu ocupación, tu nacionalidad, etc. Esas descripciones pueden ser precisas, pero no son tu nueva identidad. Cuando te conviertes en un seguidor de Jesús, todo lo anterior se vuelve notas a pie de página en tu nueva historia.

Tu verdadera historia se centra en quién eres en Jesucristo, así que guarda tu identidad con cuidado. Recordemos lo que te define ahora:

- Estás hecho para adorar a Dios.
- Fuiste perdonado y hecho nuevo.
- Fuiste elegido y adoptado en la familia eterna de Dios.
- Nunca, nunca estás solo.
- Eres santo y estás apartado para los propósitos de Dios.

Tu nueva vida tiene sentido y propósito, y te convierte en el objetivo del enemigo. Satanás sabe que le perteneces a Dios, y no puede arrebatarte de sus manos (Juan 10:28-29). Pero hará todo lo posible para evitar que disfrutes de tu relación con Dios y que la compartas con otros. Satanás (también llamado "el acusador" en las Escrituras) atacará tu identidad en Jesús poniendo pensamientos negativos en tu mente o creando conflictos con otros para oponerse a quien eres. ¿Algo de esto te suena familiar?

- Estamos hechos para adorar a Dios, pero el enemigo nos dice que nos adoremos a nosotros mismos o a falsos ídolos.
- Hemos sido perdonados, pero el enemigo nos dice que somos culpables.
- Hemos sido elegidos y adoptados, pero el enemigo nos dice que no somos deseados.
- No estamos solos, pero el enemigo nos dice que fuimos abandonados.
- Somos santos, pero el enemigo nos dice que no valemos nada.

Si has escuchado alguna de estas mentiras que contradicen la Palabra de Dios, debes optar por dejar de escuchar y recordar quién eres. Silencia los intentos del enemigo de alejarte de los mejores planes de Dios para ti recordándote las verdades de la Palabra de Dios. Memoriza el versículo sencillo del comienzo de la lección de hoy: "Llevamos cautivo todo pensamiento para que se someta a Cristo" (2 Corintios 10:5, NVI). **El enemigo quiere hacernos dudar del amor de Dios. Porque si lo hacemos, nuestra relación con Dios se sentirá sin vida y obedecer a Dios se sentirá como una carga**. ¡No dejemos que el enemigo nos engañe! Nada puede separarnos del amor de Dios (Romanos 8:38–39). Más adelante aprenderemos más sobre la guerra espiritual. Por ahora, mantente alerta a los ataques del enemigo a tu identidad como hijo amado de Dios. "Resistan al diablo, y él huirá de ustedes" (Santiago 4:7, NVI).

Si empiezas a sentirte inseguro, lee Romanos 8. En este capítulo, encontrarás que no hay *condenación* para los que están en Cristo. **Considera los sentimientos de inseguridad como una invitación de Dios a encontrar tu paz *en quién es Él y en lo que ha hecho por ti*.** Porque lo que pensamos afecta lo que hacemos. Cuidemos muy bien nuestros pensamientos. Recuerda que Dios no solo nos salvó *del* pecado, también nos salvó para Sus propósitos. "Porque somos hechura de Dios, creados en Cristo Jesús para buenas obras, las cuales Dios dispuso de antemano a fin de que las pongamos en práctica" (Efesios 2:10, NVI). **Sí, tú eres su obra, su obra maestra**. Él te eligió y ha escrito una hermosa historia para tu vida, una que nadie más puede vivir. Recuerda quién eres en Cristo.

Anima también a tus hermanos y hermanas en Cristo. **Todos somos portadores de la imagen de Dios**. En la familia de Dios no hay lugar para los prejuicios ni las clasificaciones. "Ya no hay judío ni gentil, esclavo ni libre, hombre ni mujer, porque todos ustedes son uno en Cristo Jesús" (Gálatas 3:28). No dejes que el origen étnico, la cultura, la edad, la educación, el género o la clase social afecten tu forma de ver o tratar a otras personas. "Dios no muestra favoritismo", y nosotros tampoco deberíamos hacerlo (Romanos 2:11) **Ama a tus hermanos y hermanas como Dios los ama. Velos como Dios los ve: todos y cada uno son sus obras maestras.**

Todavía hay mucho que aprender sobre nuestra nueva identidad en Jesús. Quedan más tesoros por descubrir. Pero todo se puede resumir y recordar en una frase: *Yo soy por el gran Yo soy.*

Cuando Dios se describió a sí mismo para Moisés, dijo: "Yo Soy EL QUE SOY. Dile esto al pueblo de Israel: 'Yo Soy me ha enviado a ustedes'" (Éxodo 3:14). En el Evangelio de Juan, Jesús dice: "Les digo la verdad, ¡aun antes de que Abraham naciera, Yo Soy!" (Juan 8:58).

"Yo soy" es la declaración suprema de la presencia suficiente, suprema y omnipotente de Dios. Dios es, fue y será por siempre. Él es la Causa sin causa.[1] Él es omnisciente, omnipresente y omnipotente. ¡Él es el gran Yo soy! **¡Nosotros somos por lo que Él es!**

- Fuiste elegido gracias al gran amor de Dios que te creó para Su deleite.
- Eres un verdadero adorador porque Dios es digno de ser adorado y te dio Su Espíritu para revelar la verdad.
- Fuiste perdonado y hecho nuevo porque Dios te perdonó y te dio vida nueva y eterna.
- Eres adoptado porque Dios es Padre y te eligió para ser Su hijo.
- Nunca estás solo porque Dios siempre está contigo.
- Eres santo porque Dios es santo.

Piensa en lo que has aprendido esta semana acerca de tu valor, tu valía y tu identidad. Tú eres todo eso y más, porque Dios lo es. Recuérdate a ti mismo cada día:

¡Yo soy por el gran Yo soy!

Esta semana hemos aprendido quiénes *somos*. La semana que viene, aprenderemos qué *hacer*.

---

[1] Geisler, Norman L. "*Systematic Theology: In One Volume*" (*Teología Sistemática, Volumen Uno*) Minneapolis, MN: Bethany House Publishers, 2011; p. 25.

Permite que la Biblia te hable:
Romanos 8 (Opcional: Efesios 2:1-10)

Permite que tu mente piense:
1. ¿Cuál es la diferencia entre "quién soy" y "quién soy en Cristo"?

2. Responde las preguntas de conversación para la semana 2.

Permite que tu alma ore:
Padre, gracias por mi nueva identidad en Cristo. Ayúdame a protegerla. Cuando el acusador ataque mi identidad en ti, recuérdame que soy un hijo de Dios elegido, adorador, perdonado, adoptado, abrazado y santo. Gracias por amarme ahora y siempre. En el nombre de Jesús, amén.

Permite que tu corazón obedezca:
(¿Qué es lo que Dios te está llevando a conocer, valorar o hacer?)

PREGUNTAS DE CONVERSACIÓN PARA LA SEMANA 2:

Repasa las lecciones de esta semana y contesta las preguntas que aparecen a continuación. Comparte tus respuestas con tus amigos cuando se reúnan esta semana.

1. Esta semana, hemos aprendido partes de tu identidad en Cristo. Fuiste (1) elegido, (2) hecho para adorar, (3) perdonado y hecho nuevo, (4) adoptado; (5) nunca estás solo y (6) eres santo. ¿Cuál de estas características te anima más? ¿Por qué?

2. ¿Cuál de estas características es la más difícil de aceptar para ti? ¿Por qué? ¿Cómo podrían la Palabra de Dios o tus amigos ayudarte a aceptar esa parte de tu identidad en Cristo?

3. Estamos hechos para adorar. ¿Cómo afecta nuestro perdón, adopción y santidad en Cristo nuestra adoración?

4. Los adoradores en el Cielo claman que Dios es "santo, santo, santo". Esta es la única característica de Dios que se repite de esta manera en la Biblia. ¿Por qué crees que la santidad de Dios es tan importante?

5. Satanás, el acusador, ataca cada parte de nuestra identidad en Cristo. ¿De qué manera las mentiras del enemigo te han impedido la libertad y la paz que Cristo quiere darte? ¿Qué verdades de la Palabra de Dios te ayudan a silenciar las acusaciones indebidas del enemigo?

SEMANA TRES

TU HISTORIA, TU PROPÓSITO

Abraza tu nuevo propósito

> Pues somos la obra maestra de Dios. Él nos creó
> de nuevo en Cristo Jesús, a fin de que hagamos las cosas
> buenas que preparó para nosotros tiempo atrás.
> Efesios 2:10 (NTV)

Mucho antes de que nacieras, Dios te conocía (Jeremías 1:5). Él te creó de manera única con un propósito que se cumplirá en *cada* etapa de tu vida. La semana pasada aprendiste sobre la persona que Dios te creó para ser. Esta semana, aprenderás para qué te creó Dios. Tienes un propósito divino, y este no es sentarte y esperar el Cielo. Dios tiene un trabajo para que lo hagas *con Él aquí*, tu propósito afecta al Cielo y trae verdadera alegría y un éxito real.

A veces nos sentimos tentados a confundir la visión del mundo sobre el éxito con el propósito.[1] Podemos ser exitosos en una carrera o un pasatiempo, pero no cumplir nuestro propósito. El éxito tampoco se trata de satisfacer nuestro potencial. Jesús no agotó Su potencial en la Tierra. Después de todo, Él era Rey de los Cielos y se convirtió en un hombre pobre y humilde (Filipenses 2:5-8). Pero logró Su propósito (Juan 17:4). Esa es nuestra meta: cumplir el propósito de Dios para nuestras vidas. Al final de tu vida, que se diga lo que fue dicho del rey David: "Ciertamente David, después de

---

[1] Aprende del rey Salomón, el hombre más sabio que jamás haya existido. Él documentó sus experiencias y profundas conclusiones sobre el éxito en un libro del Antiguo Testamento llamado Eclesiastés.

servir a su propia generación conforme al propósito de Dios, murió" (Hechos 13:36, NVI).

Tal vez te preguntes: *¿Cuál es mi propósito y cómo lo cumplo?* El resto de este viaje de fe tratará de ayudarte con eso. Por ahora, debes saber que **nuestro propósito principal es glorificar a Dios y disfrutar de nuestra relación con Él para siempre.**[1] Vivimos este propósito todos los días de tres maneras:

1. **Amando y obedeciendo a Dios.**
2. **Amando a los demás.**
3. **Haciendo discípulos.**

Todos compartimos este propósito, pero cada quien lo cumple de una manera única. Dios nos ha dado a cada uno de nosotros diferentes relaciones, habilidades, recursos y lugares, por lo que el cumplimiento de este propósito se verá diferente en cada una de nuestras vidas, tal como lo fue para cada **patriarca**, desde Abraham hasta Moisés.

> **Patriarca:** Un padre espiritual o cabeza de familia masculina.

En nuestra primera semana juntos, vimos la historia general de Dios. Hoy, veremos más de cerca el comienzo del plan de rescate de Dios para salvar a la humanidad. Los eventos de Génesis en los capítulos 1 al 11 suceden durante muchos años y a lo largo de muchas generaciones, pero en Génesis 12, la historia se desacelera repentinamente y se enfoca en los padres de nuestra fe: Abraham, Isaac y Jacob. Este ritmo más lento nos permite aprender la importancia de la relación única de Dios con cada persona. A medida que se desarrollan sus historias, aprendemos cómo Dios se relaciona con su pueblo:

- Dios nos ama y nos da un propósito.
- Mostramos nuestro amor a Dios cumpliendo su propósito para nosotros.

---

1 Asamblea de Westminster (1643-1652). "*The Assembly's Shorter Catechism, with the Scripture Proofs in Reference: with an Appendix on the Systematick Attention of the Young to Scriptural Knowledge*" (El catecismo abreviado de la Asamblea, acompañado de las pruebas bíblicas de referencia: con apéndice sobre la atención sistemática de los jóvenes en el conocimiento de las Escrituras), por Hervey Wilbur (Newburyport, MA: Wm. B. Allen & Co., 1816).

- Cuando cumplimos nuestro propósito, Dios bendice a otros a través de nosotros.

Comencemos. Comenzaremos donde nos quedamos en el día 3 cuando Dios desterró a Adán y Eva del jardín del Edén...

Después del exilio del Edén, la gente se multiplicó. Con ellos, el pecado también. Cuando la maldad humana se volvió totalmente intolerable, Dios se entristeció e inundó la Tierra para borrar a la malvada humanidad y comenzar de nuevo. Solamente una familia se salvó: la familia de Noé. Dios colocó a Noé, su familia y una pareja de cada especie animal en el arca (parecida a una casa flotante gigante) que le ordenó a Noé construir (Génesis 5-9). Cuando los descendientes de Noé comenzaron a multiplicarse en tierra firme, una vez más el pecado se multiplicó. Dios confundió el lenguaje de la gente para evitar que se unieran en rebelión contra Él (Génesis 10-11).

Dios eligió a un hombre: Abraham[1] para iniciar el plan de rescate (Génesis 12:1-3). Podríamos suponer que Abraham era una persona justa a quien se le confió tal tarea. Sorprendentemente, no fue así. Creció adorando ídolos (Josué 24:2). Él no merecía más que nosotros ser elegido. Dios le dijo a Abraham:

> "Deja tu patria y a tus parientes y a la familia de tu padre, y vete a la tierra que yo te mostraré. Haré de ti una gran nación; te bendeciré y... Todas las familias de la tierra serán bendecidas por medio de ti" (Génesis 12:1-3).

Abraham sabía que debía viajar hacia Canaán, pero no se le dijo exactamente dónde se asentarían él y su familia. Dios lo invitó a confiar en Él paso a paso. Abraham no tenía todas las respuestas, pero con valentía obedeció a Dios. A través de esa relación de confianza, Dios bendijo a Abraham y también a todos nosotros. La obediencia de Abraham llevó al nacimiento de nuestro Salvador (Mateo 1:1).

---

[1] En ese momento, Abraham (como comúnmente nos referimos a él) todavía se llamaba Abram. Más tarde, Dios cambió su nombre a "Abraham", proclamando el llamado de Dios sobre la vida de Abraham: "Ya no te llamarás Abram, sino que de ahora en adelante tu nombre será Abraham, porque te he confirmado como padre de una multitud de naciones" (Génesis 17:5, NVI).

Dios prometió enviar al Salvador a través de la línea familiar de Abraham, pero la esposa de Abraham, Sara, era anciana y estéril. A pesar de las circunstancias, Abraham decidió creer que Dios permanecería fiel a Su promesa. No siempre fue fácil y luchó con la obediencia en esta área. Al final, la mejor esperanza de Abraham fue tomarle la palabra a Dios. Sara finalmente quedó embarazada y dio a luz a un niño llamado Isaac (Génesis 21).

Entonces la familia de Abraham comenzó a multiplicarse, tal como Dios lo prometió. Isaac creció y tuvo dos hijos gemelos: Jacob y Esaú (Génesis 25). Estos dos hermanos tuvieron una relación difícil. De hecho, cada miembro de sus familias luchó con el pecado y áreas de debilidad. La Biblia, sin embargo, no hace ningún esfuerzo por ocultar sus defectos. Recuerda, esta es la verdadera historia de Dios, sobre su fidelidad, y para su gloria. Él cumple sus promesas incluso cuando nosotros no.

Ahora estamos unas generaciones más cerca del Salvador, pero volvieron a surgir problemas familiares. El nieto de Abraham, Jacob, más tarde llamado Israel, tuvo doce hijos que se convirtieron en los padres fundadores de las doce tribus de Israel. El favoritismo pecaminoso de Jacob hacia uno de sus hijos, José, creó terribles celos en los otros hijos de Jacob. Su dolor e ira llevaron a vender a su hermano José como esclavo egipcio. José experimentó un gran sufrimiento allí y fue encarcelado por un crimen que no cometió (Génesis 37:39-40). Pero Dios no había dejado de trabajar en Su plan, y le dio a José una gran sabiduría que salvó a todo Egipto de una gran hambruna (Génesis 41). El faraón, el rey de Egipto, reconoció la relación que tenía José con Dios y lo ascendió de prisionero a primer ministro.

A través de todo esto, **Dios cambió las circunstancias de José para cambiar su corazón**. Años después, los hermanos de José llegaron a Egipto en busca de comida. Esto le dio a José la oportunidad de vengarse, pero en lugar de usar su poder contra ellos, los *perdonó*. En una de las expresiones de perdón llenas de fe, José les dijo sabiamente: "Es verdad que ustedes pensaron hacerme mal, pero Dios transformó ese mal en bien para lograr lo que hoy estamos viendo: salvar la vida de mucha gente" (Génesis 50:20). La fe de José no sólo bendijo a toda su familia, ahora llamados los israelitas, sino que también nos bendice a nosotros. Podemos aprender de su ejemplo. Amigo, **Dios es bueno siempre**, y actúa en todas nuestras circunstancias, incluso en las más difíciles para su gloria y para nuestro bien (Romanos 8:28-29).

Debido a la hambruna y a la invitación de José, los israelitas se trasladaron a Egipto. La familia de Abraham se convirtió allí en una gran nación. Eran tan numerosos que otro faraón, que no sabía nada de José, se sintió amenazado. Temiendo un levantamiento, esclavizó a los israelitas. El pueblo de Dios estaba ahora encadenado, y clamó a Dios por ayuda durante cuatrocientos años.

Cuando llegó el momento adecuado, **Dios eligió a un hombre, Moisés, para continuar el plan de rescate**. Al principio, Moisés se resistió a la invitación de Dios porque se sentía insuficiente. (No se había dado cuenta de que nadie es suficiente por sí solo para llevar a cabo el plan de Dios. Solo Dios puede hacerlo). Moisés tenía miedo, pero confió en Dios y confrontó al Faraón: "Deja ir a mi pueblo" (Éxodo 9:1). Igual que hizo con Abraham, Isaac, Jacob y José, Dios cambió el corazón de Moisés y lo probó.

En repetidas ocasiones, el faraón liberó a los israelitas y luego los volvió a llevar cautivos. En respuesta, Dios mostró Su poder y autoridad enviando terribles plagas para atormentar al pueblo egipcio y deshonrar a sus falsos dioses. Al final, el faraón finalmente dejó ir al pueblo de Dios. Luego, cuando Faraón cambió de opinión y los persiguió, Dios los liberó al abrir milagrosamente un camino seco a través del Mar Rojo para que cruzaran hacia la libertad (Éxodo 1-15).

Estos hombres de fe: Abraham, Isaac, Jacob, José y Moisés, tenían una asignación de Dios. Cumplieron su propósito *con* Dios. Su obediencia fluyó de esta relación de confianza, y las bendiciones fluyeron de esa obediencia, bendiciones para ellos y para muchos otros. A través de José, Dios rescató a todo Egipto del hambre. A través de Moisés, Dios rescató a todo su pueblo de la esclavitud. A través de la descendencia de Abraham, Jesucristo, Dios nos rescata a todos del pecado.

El mismo Dios que llamó a los patriarcas de nuestra fe te llama a ti. ¿Responderás a Su invitación y Su plan para tu vida?

Dios te ha elegido y te ha colocado exactamente donde estás por una buena razón con el fin de cumplir el buen propósito que tiene para ti. Los patriarcas eran personas débiles y con defectos, como nosotros. El apóstol Pablo escribe: Hermanos, consideren su propio llamamiento: "No muchos de ustedes son sabios, según criterios meramente humanos; ni son muchos los poderosos ni muchos los de noble cuna. Pero Dios escogió lo insensato del mundo para avergonzar a los sabios" (1 Corintios 1:26-27). No necesitamos más dinero, educación, tiempo libre o popularidad para responder a su llamado. Si solo confiamos y obedecemos, Dios cumplirá el propósito en nosotros. Puedes empezar ahora mismo. **Ama y obedece a Dios, ama a los demás y haz discípulos (comienza compartiendo la historia de Dios) dondequiera que estés, como sólo tú puedes hacerlo.**

Permite que la Biblia te hable:
Isaías 43:1-21 (Opcional: Génesis 12:1-7)

Permite que tu mente piense:
1. ¿A dónde crees que te está llevando Dios hoy? ¿Estás dispuesto a seguir a Dios como lo hizo Abraham? Dios puede guiarte por todo el mundo para realizar la obra misionera, o puede guiarte al otro lado de la calle para hablar con un vecino. ¿Irás?

2. ¿Cómo puedes confiar en que Dios hará que todo, incluso el mal, coopere para bien? ¿Has visto cómo Él saca bien del mal en tu propia vida como lo hizo con José?

3. ¿Estás dispuesto a confiar en Dios con tu debilidad como hizo Moisés? ¿Por qué crees que el poder de Dios actúa mejor en la debilidad (2 Corintios 12:9)?

Permite que tu alma ore:
Padre, ayúdame a cumplir tu propósito en mi generación (Hechos 13:36). Ayúdame a darte gloria completando la obra que me has encomendado (Juan 17:4). Reemplaza mi miedo con coraje. Reemplaza mi duda con fe. Reemplaza mi inseguridad con confianza en ti. Hágase tu voluntad y sea glorificado tu nombre en mi vida. En el nombre de Jesús, amén.

Permite que tu corazón obedezca:
(¿Qué es lo que Dios te está llevando a conocer, valorar o hacer?)

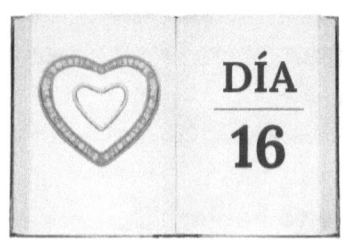

Representa a Jesucristo como su embajador

> Así que somos embajadores de Cristo; Dios hace su llamado por medio de nosotros. Hablamos en nombre de Cristo cuando les rogamos: «¡Vuelvan a Dios!».
> 2 Corintios 5:20

Hay una trampa a la que debemos estar atentos en nuestro viaje de fe: un peligroso pozo de mentiras. El enemigo puede decirte que lo que haces te define, o que necesitas ganarte el amor de Dios. Nada puede estar más lejos de la verdad. Cuando pones tu fe en Cristo, te vuelves uno con Él, creado para cumplir tu propósito con Él. Trabajas desde una posición en la que ya has sido aceptado en lugar de trabajar para ganarte la aceptación. Tu identidad en Jesús como hijo perdonado de Dios es segura (Juan 10:28). Y cuando aceptas la verdad de que la gracia de Dios es suficiente para ti (2 Corintios 12:9), quieres que otros también experimenten el amor incondicional de Dios: **Tu nueva identidad en Jesús te obliga a dar a conocer la identidad de Dios al mundo**.

Antes de que Jesús regresara al Cielo, encomendó su misión a nosotros, sus **discípulos**, de hacer más discípulos. Esta misión, llamada la **gran comisión**, es tan importante que se

> *Discípulo:*
> Un aprendiz o seguidor creyente que se apega a su maestro en la doctrina y la conducta de vida.

menciona cinco veces en cinco libros diferentes de la Biblia.[1] De hecho, está ligado a nuestra nueva identidad:

"Por lo tanto, si alguno está en Cristo, es una nueva creación. ¡Lo viejo ha pasado, ha llegado ya lo nuevo! Todo esto proviene de Dios, quien por medio de Cristo nos reconcilió consigo mismo y nos dio el ministerio de la reconciliación: esto es, que en Cristo, Dios estaba reconciliando al mundo consigo mismo, no tomándole en cuenta sus pecados y encargándonos a nosotros el mensaje de la reconciliación. Así que somos embajadores de Cristo, como si Dios los exhortara a ustedes por medio de nosotros: En nombre de Cristo les rogamos que se reconcilien con Dios" (2 Corintios 5:17-20, NVI).

> **La gran comisión**
> "Jesús se acercó y dijo a sus discípulos: Se me ha dado toda autoridad en el cielo y en la tierra. Por lo tanto, vayan y hagan discípulos de todas las naciones, bautizándolos en el nombre del Padre y del Hijo y del Espíritu Santo. Enseñen a los nuevos discípulos a obedecer todos los mandatos que les he dado. Y tengan por seguro esto: que estoy con ustedes siempre, hasta el fin de los tiempos".
>
> Mateo 28:18-20

No importa lo que hayas hecho o lo que te hayan hecho, has sido hecho de nuevo en Cristo y enviado al mundo en una misión. Te has convertido en ciudadano del Cielo (Filipenses 3:20), y ahora eres un embajador del Reino de Dios aquí en la Tierra. Como José y Moisés, representas a Dios en una tierra extranjera.

Para representar bien cualquier reino, necesitamos conocerlo bien para poder representarlo con integridad. Podemos comenzar conociendo lo que no es el Reino de Dios; no es un reino terrenal (Juan 18:36) o un reino político (Marcos 12:13-17) destinado a reemplazar nuestros sistemas de gobierno actuales. Todavía debemos obedecer la ley a menos que viole la ley de Dios (Romanos 13: 1). Jesús les dijo a sus discípulos que pagaran impuestos (Mateo 22:21). Nunca buscó el poder político. Todo lo contrario: huyó cuando una multitud trató de hacerlo rey por la fuerza (Juan 6:15); pero Jesús ejerció poder

---

1 Mateo 28:19-20; Marcos 16:15; Lucas 24:47; Juan 20:21; Hechos 1:8. Más adelante se incluyen más detalles sobre el cumplimiento de la gran comisión.

espiritual. Como embajadores de Jesús, **somos vasos de su poder** para tener un impacto real y positivo en el corazón espiritual de la sociedad. Podemos proteger la vida y promover la justicia con la ayuda y la guía de Dios. Motivados por el amor, lo representamos bien.

¿Cómo lo hacemos? Comenzamos al recordar que el Dios al que servimos es increíblemente amable, bueno y valiente. A lo largo de la historia, muchas personas han muerto para salvar a sus reyes, pero nuestro Rey murió para salvarnos a nosotros. Antes de llamarnos a representarlo, Él nos representó sufriendo el castigo por nuestros pecados. "Él mismo, en su cuerpo, llevó al madero nuestros pecados, para que muramos al pecado y vivamos para la justicia (1 Pedro 2:24, NVI). Porque Él nos ama, nosotros lo amamos y queremos representarlo bien. Como embajadores de Jesús, mostramos al mundo que en el Reino de Dios:

- El amor (no el odio) gobierna;
- El perdón (no la venganza) cura;
- La humildad (no el orgullo) cosecha bendiciones; y
- La gracia (no el rendimiento) reina.

Como embajadores de Jesús, representamos su sabiduría. La sabiduría de Dios parece extraña, incluso ingenua, para el mundo (1 Corintios 1:20-25). Pero cuando seguimos a Dios por fe, el mundo notará los resultados: "Pero la sabiduría queda demostrada por los que la siguen" (Lucas 7:35, NVI). A veces, incluso los no creyentes viven según los principios bíblicos sin darse cuenta. La verdad es verdad sin importar si alguien cree en la Palabra de Dios. La Palabra de Dios nos llama a mostrarle a la gente la fuente de toda sabiduría, y a hablar la verdad de Dios "en amor" (Efesios 4:15). Las mentes más brillantes pueden encontrar respuestas a sus preguntas más profundas en la Palabra de Dios.[1]

Representamos el amor de Jesús. Al amar y servir a otros de forma práctica, difundimos el amor de Dios a un mundo sediento de amor. El amor de Dios fluye a través de nosotros hacia los

---
[1] Encuentra respuestas a las preguntas más frecuentes sobre la Biblia en GotQuestions.org.

demás (Juan 15:12). No amemos "de palabra ni de labios para afuera, sino con hechos y de verdad" (1 Juan 3:18, NVI). No nos limitamos a desear el bien a las personas, sino a satisfacer sus necesidades físicas (Santiago 2:16). Jesús toma todos los actos de amor como algo personal. Cuando servimos a los demás, también le servimos a Él:

> "Pues tuve hambre, y me alimentaron. Tuve sed, y me dieron de beber. Fui extranjero, y me invitaron a su hogar. Estuve desnudo, y me dieron ropa. Estuve enfermo, y me cuidaron. Estuve en prisión, y me visitaron.
>
> "Entonces esas personas justas responderán: 'Señor, ¿en qué momento te vimos con hambre y te alimentamos, o con sed y te dimos algo de beber, o te vimos como extranjero y te brindamos hospitalidad, o te vimos desnudo y te dimos ropa, o te vimos enfermo o en prisión, y te visitamos?'.
>
> "Y el Rey dirá: 'Les digo la verdad, cuando hicieron alguna de estas cosas al más insignificante de estos, mis hermanos, ¡me lo hicieron a mí!'" (Mateo 25:35–40, NTV).

Nuestras expresiones tangibles de amor hacen visible al Dios invisible. "Nadie jamás ha visto a Dios; pero si nos amamos unos a otros, Dios vive en nosotros y su amor llega a la máxima expresión en nosotros". (1 Juan 4:12). El Reino de Dios tiene que ver con el amor real, no solo un sentimiento sino también una acción. El Reino de Dios se trata del tipo de amor que se enfoca en los demás y luego hace algo al respecto.

> *El gran mandamiento:*
> Jesús contestó: "El mandamiento más importante es: '¡Escucha, oh Israel! El Señor nuestro Dios es el único Señor. Ama al Señor tu Dios con todo tu corazón, con toda tu alma, con toda tu mente y con todas tus fuerzas'. El segundo es igualmente importante: 'Ama a tu prójimo como a ti mismo'. Ningún otro mandamiento es más importante que estos".
>
> Marcos 12:29–31

Incluso las leyes del Reino de Dios fluyen de Su gran amor por nosotros. En el **gran mandamiento**, nuestro Rey enseña que debemos amar a Dios con todo nuestro corazón, alma, mente y fuerzas. Y debemos amar a los demás como nos amamos a nosotros mismos (Marcos 12:29-31). Los Diez Mandamientos nos dan una guía específica sobre cómo hacer esto. Los primeros cuatro nos muestran cómo amar a Dios (Éxodo 20:1-11), y los últimos seis nos muestran cómo amar a los demás (Éxodo 20:12-17). (Cuando Dios dice: "No...", está diciendo: "No te hagas daño ni a ti mismo ni a los demás"). Cuando comenzamos con un amor genuino por Dios, podemos verter ese amor en nuestras relaciones. Así es como invitamos a otros al Reino de Dios para experimentar el amor de Dios *personalmente*. "Así que somos embajadores de Cristo; Dios hace su llamado por medio de nosotros. Hablamos en nombre de Cristo cuando les rogamos: "¡Vuelvan a Dios!" (2 Corintios 5:20).

Permite que otros experimenten el poder, la sabiduría y el amor de Dios a través de ti.

DÍA 16

Permite que la Biblia te hable:
2 Corintios 5 (Opcional: Éxodo 20:1-17)

Permite que tu mente piense:
1. ¿Cómo cambia tu forma de ver la vida el hecho de saber que eres un embajador?

2. Vuelve a leer la gran comisión (Mateo 28:18-20). Enumera los mandamientos de Jesús. ¿Qué promesa les dio Jesús a los discípulos?

3. ¿Cómo puedes compartir el amor de Dios con alguien hoy? ¿Puedes compartir comida con un amigo enfermo, sonreír y saludar a un niño solitario, o animar a un alma cansada?

Permite que tu alma ore:
Jesús, gracias por mi misión como tu embajador. ¡Qué alegría compartir el amor con el que me llenas! Ayúdame a representar claramente tu amor en este mundo sediento de amor. Tu Palabra dice que nos atraes hacia ti con amor inagotable (Jeremías 31:3). Por favor, atrae a las personas perdidas hacia ti a medida que comparto tu amor con ellas... En el nombre de Jesús, amén.

Permite que tu corazón obedezca:
(¿Qué es lo que Dios te está llevando a conocer, valorar o hacer?)

Mira hacia abajo para discipular generaciones

> Que cada generación cuente a sus hijos de
> tus poderosos actos y que proclame tu poder.
> Salmos 145:4

Regresemos a la historia de Moisés y los israelitas. Luego de una demostración masiva del poder de Dios, el faraón los liberó de las ataduras de la esclavitud egipcia. Poco después de su partida, cambió de opinión y la caballería egipcia los persiguió. Acorralados contra el Mar Rojo, los casi dos millones de israelitas entraron en pánico. Pensaron que estaban atrapados, hasta que Dios milagrosamente dividió el mar y proporcionó un pasaje seco. Entonces Dios cerró la división de paredes de agua sobre los jinetes y los carros de guerra para proteger a su pueblo elegido (Éxodo 14).

El viaje a la tierra que Dios prometió debería haberles tomado aproximadamente catorce días. En cambio, les tomó cuarenta años. Tan solo unos días después de su rescate, se quejaron: "¡Tenemos sed! ¡Tenemos hambre!". Incluso deseaban estar de regreso en Egipto (Éxodo 15-16). Cuando Dios satisfizo sus necesidades diarias con la más asombrosa aparición repentina de alimento divino (llamado maná), la gente siguió quejándose. Olvidaron quién era Dios; olvidaron su amor y bondad; creyeron en la antigua mentira de Satanás de que Dios estaba reteniendo el bien, engañándolos y llevándolos al fracaso (Génesis 3:1-5). La duda y el miedo los paralizaron y se negaron a entrar en la tierra prometida (Números

13-14). Entonces, perdieron el privilegio y tuvieron que vagar por el desierto durante cuatro décadas. **Olvidar es peligroso**.

Cuando llegó el momento de que sus hijos entraran en la tierra prometida, **Dios protegió a los israelitas de su inhabilidad para recordar** (Josué 3-4). Volvió a dividir las aguas, esta vez en el río Jordán, que se encontraba en una etapa peligrosa de inundación. Después de que los israelitas cruzaron el Jordán en tierra firme, Dios les ordenó que construyeran un monumento de doce piedras escogiéndolas de en medio del río. Josué explicó el propósito de este monumento de piedra:

> Dijo a los israelitas: "En el futuro, cuando sus hijos les pregunten: '¿Por qué están estas piedras aquí?' Ustedes les responderán: 'Porque el pueblo de Israel cruzó el río Jordán en seco'. El Señor, Dios de ustedes, hizo lo mismo que había hecho con el Mar Rojo cuando lo mantuvo seco hasta que todos nosotros cruzamos. Esto sucedió para que todas las naciones de la tierra supieran que el Señor es poderoso y para que ustedes aprendieran a temerlo para siempre". (Josué 4:21-24, NVI).

Dios sabía que venían tiempos difíciles y que su pueblo podría sentirse desesperado. Su amorosa solución no fue reprenderlos por su falta de fe, sino recordarles por qué podían confiar en Él. Las doce rocas apiladas fueron un recordatorio visual de la fidelidad de Dios para todas las personas para todos los tiempos. Ya no pueden olvidar quién es Dios o lo que ha hecho. Ya no más cuestionar la bondad y el amor de Dios, sino recordar su total confiabilidad. De otra manera, este monumento de piedra nos ayuda hoy a cumplir nuestro propósito. Si vemos de cerca el pasaje, el monumento fue para tres grupos de gente:

1. **Todas las generaciones futuras**.
   "En el futuro, cuando sus hijos les pregunten: ...ustedes les responderán" (Josué 4: 21-22 NVI). Cada persona decide si amar a Dios o rechazarlo (Josué 24:15). La fe de una madre no salva a sus hijos. La fe es personal y todas las personas de cada generación se enfrentan a la misma decisión. Es por eso que Dios instruyó a los creyentes a enseñar su fe a

la próxima generación (Deuteronomio 6:7). Y la forma más eficaz de hacerlo es modelando una fe auténtica. Jesús nos instruyó a enseñar obediencia a todo lo que Él ordenó, no solo a enseñar lo que Él ordenó (Mateo 28:20).

2. **Todas las naciones.**
"*Esto sucedió para que todas las naciones de la tierra supieran que el Señor es poderoso*" (Josué 4:24, NVI). Como sus embajadores, compartimos el amor de Dios con todas las personas, ya sea que vivan al otro lado de la calle o al otro lado del mundo (Hechos 1:8). Dios no pone límites a su amor. Por lo tanto, no ponemos límites sobre cómo, dónde o a quién elige Dios para derramar su amor. Mañana aprenderemos cómo llegamos a nuestros vecinos y a las naciones.

3. **Todos los creyentes.**
"*...y para que ustedes temieran al Señor su Dios para siempre*" (Josué 4:24, NTV). Dios desea que lo amemos con afecto genuino y lo respetemos con asombro y maravilla interior. Desde una relación saludable y reverente con Dios, "tememos" entristecerlo. Desde una gratitud sincera, lo adoramos y obedecemos. En el día 19 aprenderemos más sobre cómo glorificamos a Dios.

Entonces, incluso hoy, estas piedras conmemorativas de los antiguos israelitas pueden mostrarnos *cómo* vivir nuestro propósito de amar y obedecer a Dios, amar a todos y hacer discípulos. Una manera sencilla de recordar nuestro cambio *de* posición es cambiar *nuestra* perspectiva: mira hacia abajo, mira hacia afuera y mira hacia arriba. Miramos *hacia abajo* para discipular a la próxima generación, *miramos hacia afuera* para alcanzar a nuestros vecinos y a las naciones, y *miramos hacia arriba* para glorificar a Dios.

Aprendamos hoy cómo podemos dar pasos para discipular a la próxima generación. Desde el principio, Dios hizo de esto una prioridad porque cada individuo tiene la opción de confiar en Él. Dios eligió específicamente a Abraham porque instruiría a la próxima generación (Génesis 18:19, NVI). Incluso si no has tenido un hijo propio, Dios te dará niños *espirituales* para criar. Ámalos y hazlos discípulos para que se conviertan como en tus propios hijos. El apóstol Pablo no tuvo hijos biológicos, pero llamó a los muchos creyentes de los que fue mentor (como Timoteo y Tito) sus "hijos". Pablo sabía de primera mano que las personas sin familia tienen la libertad de invertir en muchas vidas (1 Corintios 7:32-34).

La mayoría de la gente piensa que discipular a otros es complicado, pero mira los ejemplos de los apóstoles. Ellos discipularon a los creyentes visitando personas, escribiendo cartas y orando por ellos. Podemos hacer eso también. La mejor manera de ser mentor de alguien es dando de nuestro tiempo. Tener reuniones semanales para recibir ánimo y tener rendición de cuentas es algo poderoso y efectivo, incluso para tu crecimiento (Consulta las "Reuniones semanales" como ejemplo).

No es necesario ser un experto antes de discipular a otros. Simplemente lean juntos un pasaje de las Escrituras y respondan preguntas. Comparte lo que estás aprendiendo, pero hazlo con humildad y gentileza (no con orgullo). Si no puedes responder una pregunta, está bien admitir que no lo sabes. Busca pasajes de las

---

Reuniones semanales

Ya sea por teléfono, en línea o en persona, las reuniones semanales son eficaces para el crecimiento espiritual. Considera la posibilidad de utilizar esta sencilla agenda para cada reunión:

1. **Pasado**: ¿Qué agradeces de esta última semana? ¿Qué te preocupa? Cada quien comparta brevemente, y alguno ore e invite a Dios a dirigir este tiempo juntos. Después, repasen los objetivos de la semana anterior para rendir cuentas mutuamente con cariño.

2. **Presente**: ¿Qué te está enseñando Dios hoy? Lean dos veces un pasaje de la Escritura y respondan a las siguientes preguntas del pasaje:

    a. ¿Qué aprendemos acerca de Dios?

    b. ¿Qué aprendemos de las personas? Lo bueno y lo malo.

    c. ¿Qué quiere Dios que sepamos, valoremos o hagamos?

3. **Futuro**: ¿Cómo podemos actuar sobre lo que hemos aprendido hoy? Fíjense objetivos y terminen con una oración.

(Ver Apéndice para el esquema)

Escrituras y pide al Espíritu Santo que te revele su sabiduría. Si bien es cierto que compartir sabiduría es importante, también lo es compartir ánimo. Anima a otros mientras caminan con Dios. Una de las mejores formas de ayudar a alguien es compartir tus pruebas. Habla de cómo Dios ha sanado tu corazón y ha respondido a tus oraciones.

Para compartir nuestras historias, debemos recordar cómo Dios ha trabajado en nuestras vidas y a través de ellas; pero recordar puede ser difícil. Tendemos a olvidarnos del amor de Dios que nos otorga en Jesús. En cambio, podemos mortificarnos por deseos insatisfechos o por oraciones sin respuesta. Dios nos dice repetidamente que recordemos, como lo hizo con los israelitas: "Recuerden las cosas que hice en el pasado. ¡Pues solo yo soy Dios!" (Isaías 46:9). **Jesús sabía que batallaríamos para recordar. Por eso nos ordenó amorosamente que hiciéramos algo en memoria de Él: La comunión, también llamada la Santa Cena.** Cuando tomamos la comunión, el vino (o jugo) recordamos la sangre de Jesús, que fue derramada por nosotros. El pan nos recuerda al cuerpo de Jesús, que fue partido por nosotros (Lucas 22:17-20; 1 Corintios 11:23-26). Aunque la comunión es solo para creyentes (1 Corintios 11:27), cuando los no creyentes ven y preguntan sobre esta práctica, tenemos la oportunidad de explicar que el sacrificio de Jesús, también es un sacrificio por ellos.

Puedes crear un tesoro familiar para tus hijos creando tus propias "piedras conmemorativas". Lleva un diario de fe o exhibe símbolos que te recuerden la fidelidad de Dios en tu vida. Estos monumentos te ayudarán a incluir lecciones de fe en las conversaciones diarias con la siguiente generación. Esas conversaciones cotidianas no planificadas, "cuando estés en tu casa y cuando vayas por el camino, cuando te acuestes y cuando te levantes" (Deuteronomio 6:7) son a menudo las que permiten compartir los mayores conocimientos espirituales. La fe se transmite en un diálogo continuo y se vive cada día en nuestras relaciones mutuas (1 Tesalonicenses 2:8). La siguiente generación necesita el conocimiento de Dios más que cualquier otra cosa que podamos darle.

El monumento más convincente del poder de Dios es tu propia vida transformada.

Permite que la Biblia te hable:
Deuteronomio 6:1-7 (Opcional: Salmos 145)

Permite que tu mente piense:
1. Debemos enseñar a otros *a obedecer* todo lo que Jesús ordenó (Mateo 28:20). ¿Qué es esencial que tengamos en cuenta cuando enseñamos?

2. ¿Cómo ha obrado Dios en tu vida? Crea una "lista conmemorativa" de eventos u oraciones contestadas que te hacen recordar la fidelidad de Dios en tu vida.

3. Las reuniones semanales son esenciales para el crecimiento, el estímulo y la responsabilidad. Si no eres parte de una reunión semanal, ora para encontrar una o comienza un grupo. ¿A quién podrías guiar?

Permite que tu alma ore:
Padre, tú llamas a cada generación (Isaías 41:4). Tu Palabra dice: "Del Señor se hablará a las generaciones futuras. A un pueblo que aún no ha nacido se le dirá que Dios hizo justicia" (Salmos 22:30-31, NVI). Mientras miro hacia abajo a la próxima generación, muéstrame personas a las que pueda guiar. Ayúdame a transmitir mi conocimiento de ti y a vivir una verdadera fe ante ellos... En el nombre de Jesús, amén.

Permite que tu corazón obedezca:
(¿Qué es lo que Dios te está llevando a conocer, valorar o hacer?)

Mira hacia fuera para alcanzar a los vecinos y a las naciones

> Por tanto, vayan y hagan discípulos de todas las naciones, bautizándolos en el nombre del Padre y del Hijo y del Espíritu Santo, enseñándoles a obedecer todo lo que les he mandado a ustedes.
> Mateo 28:19-20 (NVI)

Dios tenía un plan más grande para el monumento de piedra que solo los israelitas y sus descendientes recordaran su bondad. La gente de las naciones vecinas también se dieron cuenta del monumento. Esa pila de doce piedras era un doloroso recordatorio de la inferioridad de sus dioses. El Dios de Israel había dividido tanto el Mar Rojo como el río Jordán, "para que todas las naciones de la tierra supieran que la mano del Señor es poderosa" (Josué 4:24). Cuando Dios secó el río Jordán en su etapa de inundación, Él deshonró al dios del río que adoraba la población local. En ese momento, Dios demostró a las naciones: "Yo soy Dios, y no hay ningún otro, yo soy Dios, y no hay nadie igual a mí (Isaías 46:9, NVI). "¡Grande es el Señor y digno de alabanza, más temible que todos los dioses!" (Salmos 96:4, NVI). El único Dios verdadero avergonzó a todos los falsos dioses cuando liberó a su pueblo.

Como embajadores del Rey Jesús, proclamamos una liberación aun más sorprendente: La liberación del pecado (Días 3 y 4). El poder de Dios al separar las aguas no fue nada comparado con el poder que Dios "ejerció en Cristo cuando lo resucitó de entre los muertos" (Efesios 1:20,

NVI). Hacer un camino para que la gente cruce un río es un milagro. Hacer un camino para que las personas pecadoras vuelvan a Dios es aun más increíble. Pero Dios lo hizo, y no solo por una sola nación, sino por *todas* las naciones, incluso las que adoran a dioses falsos. Debido a que Dios sacrificó a su Hijo por todas las naciones, nosotros les contamos a todas las naciones sobre el sacrificio de su Hijo.

Se lo decimos al mundo hasta que no quede ningún lugar que no haya oído (Mateo 24:14). "Porque tanto amó Dios *al mundo* que dio a su Hijo unigénito" (Juan 3:16, NVI). **Jesús vino por todo el mundo, no solo por Israel. Dios le dijo a Jesús**: "No es gran cosa que seas mi siervo, ni que restaures a las tribus de Jacob... Yo te pongo ahora como luz para las naciones, a fin de que lleves mi salvación hasta los confines de la tierra" (Isaías 49:6, NVI). Jesús vino a rescatar a todas las personas, por lo que todos, tanto hombres como mujeres, debemos ir a todas las personas. Vamos sin importar la nacionalidad, el género o la clase social. Todos fuimos hechos a la imagen de Dios, todos somos pecadores que necesitan gracia. No podemos permitir que los prejuicios, la vergüenza o la incomodidad social nos impidan hablar de Cristo. Piensa en las personas más difíciles de amar, las más diferentes a ti, Jesús las ama tanto como te ama a ti. Murió por ellos y anhela rescatarlos. *Así que compárteles. ¿Cómo? Escuchas, aprendes y amas.*

ESCUCHA

Escucha al *Espíritu Santo* para que te guíe. Puedes orar así:

- Señor, dame la oportunidad de compartir de tu amor con _____. Abre su corazón. Dame tus palabras (Lucas 12:12).
- Señor, ¿hay alguien buscándote cerca de mí? Ayúdanos a encontrarnos.

Escucha las *necesidades*.

- Las transiciones son a menudo momentos en la vida de las personas en los que buscan orientación y están dispuestas a escuchar la verdadera historia de Dios.
- Durante las pruebas, la gente suele ser más consciente de su necesidad de Dios. Escucha las dificultades, el dolor, el estrés, la preocupación, las grandes decisiones o la ansiedad.

APRENDE

Escuchaste y el Espíritu Santo te impulsó a compartir el amor de Jesús, ahora ¿qué deberías hacer? Hacer preguntas. Obtén más información sobre su historia y pide permiso para compartir la tuya.

1. Conoce de *su historia*, incluyendo en lo que creen.

La manera más eficaz de entender a alguien, o de iniciar conversaciones espirituales, es hacer preguntas. Tómate un tiempo para escuchar las respuestas que recibas. No corrijas lo que dicen cuando responden. Escuchar bien es una forma de amar bien. Haz una o varias de las siguientes preguntas:

- ¿Tienes alguna creencia espiritual?
- ¿Crees en Dios?
    - Si es así, pregunta: "¿Quién es Dios para ti?".
    - Si la respuesta es no, pregunta: "¿Alguna vez pensaste que podría haber un Dios?" (Incluso si dicen que no, puedes hacer la siguiente pregunta para continuar la conversación en una dirección espiritual).
- ¿Quién crees que es Jesús? Las respuestas factuales frente a las relacionales pueden dar una idea de la condición espiritual de una persona: ("Jesús es el Hijo de Dios" es diferente a "Jesús es *mi* Dios").
- ¿Alguien te ha compartido antes las buenas nuevas de Jesús?
- ¿Has tenido el deseo de ir al Cielo? ¿Sabes cómo llegar allí?

2. Busca una conexión y pide compartir *tu historia*.

Busca la forma de conectar tu historia con la de ellos. El objetivo no es hablar de ti mismo ni hacer que la conversación gire en torno a ti. El objetivo es encontrar una manera de decir: "Te entiendo" o "Yo también pensaba así". Luego, comparte cómo cambió tu vida cuando alguien compartió la historia de Dios contigo.

Puedes hacer una de las siguientes preguntas para determinar si deberías continuar:

- ¿Puedo compartirte algunas buenas noticias que cambiaron mi vida?
- ¿Puedo compartirte cómo encontré una relación personal con Dios?
- A alguien que esté pasando por dificultades, pregúntale: "¿Puedo compartir contigo algo que me hizo superar un momento difícil de mi vida?".

> **Comparte tu historia en segundos**
>
> ¿Sabes cómo compartir tu historia de Dios (también llamada tu testimonio)?
>
> Describe tu vida en dos palabras antes de seguir a Jesús, luego describe tu vida después en dos palabras o una frase. Ejemplo:
>
> "Hubo un tiempo en mi vida en el que tenía [miedo] y la vida me parecía [desesperante].
>
> Entonces fui perdonado por Jesús y decidí seguirlo. Mi vida cambió.
>
> Ahora tengo [paz] y [propósito] en mi vida. Lo mejor de todo es que tengo una amistad con Dios. ¿Tienes una historia como esa?
>
> Fuente: #NoPlaceLeft

Si no te dan permiso de continuar, no insistas en la conversación. Solo anímalos y hazles saber que estás disponible si quieren hablar en el futuro. No has fallado; has hecho lo que Dios te llamó a hacer. Ora en silencio por esa persona y espera el momento en que tus palabras puedan ser bienvenidas. Respira profundamente y recuerda que es responsabilidad de Dios atraerlos hacia Él (Juan 6:44). Tu responsabilidad es ser su testigo.

AMA

Compartir tu historia te lleva a compartir la historia de Dios, la mayor historia de amor. La forma más natural de hacerlo es compartiendo tu historia y la de Dios *juntas*. Dios te dio una historia única que puede ayudar a otros, así que no tengas miedo de contarla. Tu historia puede incluir la sanidad de un abuso, la alegría en el sufrimiento o el despertar a los propósitos de Dios para ti. Al compartir tu historia y la historia de salvación de Jesús, recuerda incluir cuatro componentes esenciales. El mensaje del evangelio es similar a las cuatro partes de la historia de Dios que aprendimos en la semana 1. Para recordarlos fácilmente, pensemos en ello como una receta. El **pan del evangelio** requiere cuatro ingredientes para que el significado completo del mensaje salga bien. Veamos más de cerca cada ingrediente:

1. **Dios nos ama:** Comparte cómo fuimos creados por Dios para glorificarlo y experimentar su amor perfecto. Dios desea que lo conozcamos y tengamos una relación cercana con Él, ahora y para siempre. "Pues Dios amó tanto al mundo que dio a su único Hijo, para que todo el que crea en él no se pierda, sino que tenga vida eterna" (Juan 3:16, NTV).

2. **El pecado nos separa:** Comparte cómo el pecado rompió nuestra relación de amor con Dios. El pecado significa apartarse de la voluntad de Dios con nuestra actitud o nuestras acciones. Vivir la vida a nuestra manera, en lugar de hacerlo a la manera de Dios, nos separa de Él y resulta en la muerte (Isaías 59:2; Romanos 6:23). Nadie está libre de pecado. "Pues todos han pecado y están privados de la gloria de Dios" (Romanos 3:23, NVI).

3. **Jesús nos salva:** Comparte cómo Dios nos ama tanto que no quería que nos quedáramos separados de su amor. Dios envió a su único Hijo, Jesús, para salvarnos de la pena del pecado y darnos vida nueva y eterna. "Pero Dios mostró el gran amor que nos tiene al enviar a Cristo a morir por nosotros cuando todavía éramos pecadores" (Romanos 5:8). La salvación es por la gracia de Dios a través de Jesucristo, no nuestros esfuerzos u obras buenas (Efesios 2:8-9).

4. **El arrepentimiento y la fe nos cambian:** Comparte que cuando nos apartamos de nuestros pecados y confiamos en Jesús como el único perdonador y líder de la vida, Él nos hace nuevos (2 Corintios 5:17). Dios restaura nuestra relación con Él, y un día estaremos con Él en el Cielo, nuestro hogar perfecto. "Si declaras abiertamente que Jesús es el Señor y crees en tu corazón que Dios lo levantó de los muertos, serás salvo. Pues es por creer en tu corazón que eres hecho

justo a los ojos de Dios y es por declarar abiertamente tu fe que eres salvo" (Romanos 10:9-10). La fe y el arrepentimiento van juntos.

Es similar al marco de cuatro partes de la historia de Dios de la semana 1. La mayor diferencia que podrás haber notado fue el cuarto ingrediente. El arrepentimiento y la fe son la opción para recibir el regalo gratuito de la salvación de Jesús, que conduce a una nueva vida (nueva creación). Como hacer pan sin harina, el evangelio sin estas cuatro partes sale mal (Piensa en eliminar un elemento para ver cómo afecta el mensaje). El Espíritu Santo puede llevarte a compartir el mensaje de Jesús de diferentes maneras con diferentes personas en diferentes lugares. Pero no importa cómo lo compartas, incluye todos los ingredientes (Recuerda las palabras clave: *amor, pecado, Jesús, arrepentimiento y fe*).

Herramientas para compartir tu fe
En el apéndice, encontrarás herramientas llamadas **3 Círculos** y **Escucha, Aprende, Ama, Señor** para ayudarte con estos pasos. Versiones similares de estas herramientas se utilizan en todo el mundo (Descarga copias digitales en allinmin.org).

Compartir el mensaje de Jesús requiere valor. Las primeras veces que tienes una conversación sobre el evangelio puede parecer un poco incómodo, pero cada vez que presentas a Jesús a otros, se vuelve más fácil. Si compartir tu fe te asusta, recuerda a los israelitas. Se metieron en un río embravecido para cruzarlo *antes* de que Dios abriera un camino seco en él. Dios cumplió con su paso de fe y hará lo mismo por ti. Así que no creas la mentira de que la gente no quiere escuchar sobre Jesús. Con muchas religiones del mundo impulsadas por el miedo, el mensaje de Jesús impulsado por el amor es realmente una buena noticia, la mejor noticia que puedes compartir con un mundo herido.

En el Cielo, veremos una "enorme multitud de todo pueblo y toda nación, tribu y lengua, estaban de pie delante del trono y delante del Cordero... y gritaban con gran estruendo: '¡La salvación viene de nuestro Dios que se sienta en el trono y del Cordero!'" (Apocalipsis 7:9-10). Invitemos a tantas personas como podamos para que se reúnan con nosotros ese día.

DÍA 18

Permite que la Biblia te hable:
Romanos 10:9-17 (Opcional: 1 Pedro 3:15)

Permite que tu mente piense:
1. Jesús vino para todos. ¿Hay alguna persona o grupo de personas que te resulte difícil de amar? Tómate un momento para confesar y arrepentirte de este prejuicio. ¿Cómo puedes mostrarles el amor de Dios?

2. Completa la herramienta "Escucha, Aprende, Ama, Señor" que se encuentra en el apéndice para preparar y practicar el compartir a Jesús con otros. Revisa esta herramienta en tus reuniones semanales para rendir cuentas, practicar y orar.

3. Practica compartir tu historia junto con la historia de Dios tres o más veces con un amigo.

Permite que tu alma ore:
Padre, Tú eres el Creador de los confines de la Tierra. Quieres rescatar a todas las naciones. Tu Palabra dice: "La cosecha es grande, pero los obreros son pocos. Así que oren al Señor que está a cargo de la cosecha; pídanle que envíe más obreros a sus campos" (Mateo 9:37-38). Por favor, envía más obreros para compartir tu amor, empezando por mí. Muéstrame dónde ir y qué decir. En el nombre de Jesús, amén.

Permite que tu corazón obedezca:
(¿Qué es lo que Dios te está llevando a conocer, valorar o hacer?)

Mira hacia arriba para glorificar a Dios

Con todo el corazón te alabaré, oh Señor mi Dios.
Daré gloria a tu nombre para siempre.
Salmos 86:12 (NTV)

Hoy descubriremos el propósito más grande de todos, el propósito final de las piedras conmemorativas de los israelitas, el propósito que nos motiva a alcanzar generaciones, vecinos y naciones,
el propósito de toda la creación,
el propósito de todas las criaturas, y
el propósito del propio Cristo Jesús:
Glorificar a Dios.

Como aprendimos al principio de este viaje de fe, **La historia de Dios y tu historia, tiene todo que ver con la *gloria de Dios*.** La devoción de Dios por su gloria puede sonar arrogante, egoísta o incluso tiránica, pero no lo es. Dios no es uno de nosotros; sus caminos y pensamientos son más altos que los nuestros (Isaías 55:9). Cuando nos dedicamos a nosotros mismos, somos arrogantes, pero cuando Dios se dedica a sí mismo, está en lo correcto. Él es lo más alejado a un tirano.

- Un tirano toma, pero Dios da (Hechos 17:25).
- Un tirano exige trabajo, pero Dios ofrece descanso (Mateo 11:28).
- Un tirano se aferra al poder, pero Dios renunció a su poder (Filipenses 2:5-11).

- Un tirano mata a sus enemigos, pero Dios (en la forma humana de Jesús) murió para salvar a sus enemigos (Romanos 5:10).

Dios no es un tirano, esa es una mentira del enemigo sobre Dios desde el principio. Él nos dice mentiras que son similares a esa. Por favor, no las creas. Dios no nos engaña, ni nos manipula, no nos oculta cosas buenas, ni se aprovecha de nosotros (Números 23:19).

Cuando miramos hacia arriba para glorificar a Dios, no nos inclinamos ante un tirano; nos deleitamos en un Padre bondadoso. Celebramos su amor, nos asombramos de su poder y descansamos en su paz. Él es tan bueno y tan digno de nuestra alabanza. Dediquemos un momento a pensar profundamente en quién es el único Dios verdadero. **Lee estos versículos en voz alta** para guiar tu pensamiento. Debajo de ellos, encontrarás un espacio para añadir tus descripciones bíblicas favoritas de Dios.

Mi Dios es...

- "*El Alfa y la Omega, el Primero y el Último, el Principio y el Fin*" (Apocalipsis 22:13, NTV).

- "*¡El Dios de compasión y misericordia! Soy lento para enojarme y estoy lleno de amor inagotable y fidelidad*" (Éxodo 34:6, NTV).

- "*Dios de dioses y Señor de señores, Él es gran Dios, poderoso e imponente*" (Deuteronomio 10:17, NTV).

- "*Consejero Maravilloso, Dios Poderoso, Padre Eterno, Príncipe de Paz*" (Isaías 9:6, NTV).

-

-

¿Te sientes humilde? ¿Agradecido? ¿Asombrado? Tómate un momento para sentarte en silencio y adorar a Dios. Él es el único digno de toda nuestra alabanza (Deuteronomio 10:21). Él es todo lo bueno, hermoso, sabio, puro, bello, heroico y verdadero. Como el salmista escribió: "Mi Señor eres tú. Fuera de ti, no poseo bien alguno" (Salmos 16:2, NVI).

¿Por qué glorificamos a Dios? Dios nos creó para su propia gloria (Isaías 43:7). Solo Él es digno de nuestra alabanza (Salmos 145:3).

¿Cómo glorificamos a Dios? Glorificamos a Dios amándolo, alabándolo, obedeciéndolo y *temiéndole*.

Quizás nos preguntemos cómo el temor a Dios lo glorifica. La palabra **temor** en la Biblia tiene muchos significados, pero en este contexto *temor* significa respeto y asombro por la persona, el poder y la posición de Dios. ¿Cómo podemos amar a alguien a quien tememos, o como podemos temer a alguien a quien amamos? Tanto amar a Dios como temerle van de la mano.

Considera el resultado cuando hacemos una cosa sin la otra. Piensa en lo que puede ocurrir si tememos a Dios pero no le amamos. Mantendremos nuestra distancia. Haremos lo que Dios requiere, pero puede que no busquemos una relación. Cuando oímos que Dios es majestuoso en santidad y asombroso en obras (Éxodo 15:11), podemos sentirnos indignos. Sabemos que la posición de Dios le permite juzgar el pecado, así que podríamos preocuparnos por lo que hará si cometemos un error.

Vemos en las páginas de las Escrituras que Dios no es glorificado en un temor sin amor. Un maestro de la ley confrontó a Jesús con la pregunta fundamental: "¿Cuál es el mandamiento más importante?". La ley judía contenía 613 mandamientos adicionales[1] que se agregaron a los Diez Mandamientos con el tiempo, y este maestro de la ley probablemente estaba cansado tratando de cumplirlos todos. Temía a Dios, pero ¿lo amaba? Considera la respuesta de Jesús:

> **Temor de Dios:** Respeto y admiración por la persona, el poder y la posición de Dios. Con auténtico afecto por Dios, los creyentes "temen" entristecerlo.

---

[1] "El número 613 fue dado por primera vez en el siglo III de nuestra era por el rabino Simlai, que dividió las 613 mitzvot en 248 mandamientos positivos (qué hacer) y 365 mandamientos negativos (qué no hacer). Desde que se dio a conocer esta cifra, muchos han emprendido la tarea de enumerar los 613 mandamientos. Sin duda, la que tiene un significado más duradero es la lista del siglo XII elaborada por Maimónides en su Libro de los mandamientos". "Mitzvot", ReligionFacts.com, 22 de junio de 2017, www.religionfacts.com/mitzvot.

—El más importante es: "Oye, Israel. El Señor nuestro Dios es el único Señor – contestó Jesús–. Ama al Señor tu Dios con todo tu corazón, con toda tu alma, con toda tu mente y con todas tus fuerzas" (Marcos 12:29-30, NVI).

Aunque este maestro temeroso de Dios seguía la ley, Jesús le dijo que amar a Dios era lo más importante. Él dijo esto porque el temor sin amor carece de relación. **Recuerda que el propósito de amar y temer a Dios no es entrar en el Cielo, sino entrar en una relación con tu Padre celestial**. El temor a una eternidad lejos de Dios puede haberte llevado a seguir a Jesús. Pero a medida que lo recibes y lo conoces, el amor crece y el temor cambia. Ya no le tienes miedo a Dios porque el amor perfecto echa fuera el temor (1 Juan 4:18). En su lugar, un temor reverencial a Dios brota en tu interior, haciendo que lo ames y lo adores con todo tu ser.

Consideremos lo que pasa si amamos a Dios pero no le tememos: tratamos a Dios con indiferencia, con poca consideración por su posición o sus mandamientos, y descartamos las consecuencias de las decisiones pecaminosas. Podríamos darlo por sentado. A menudo vemos esto en las relaciones humanas. A veces tratamos peor a quienes amamos de lo que tratamos a los extraños.

Esto explica por qué el último propósito de las piedras conmemorativas de los israelitas era "para que ustedes temieran al Señor su Dios para siempre" (Josué 4:24). Dios quería una relación correcta con su pueblo elegido y con las generaciones que vendrían después de ellos. Se prometieron grandes bendiciones, las cuales son tesoros, a los que temen a Dios (Isaías 33:6) tanto entonces como ahora:

- **Temer a Dios nos protege de complacer a la gente**. Jesús enfocó a sus discípulos en temer a Dios en lugar de temer a otras personas (Mateo 10:28). Temer a Dios puede salvarte de la peligrosa trampa de buscar la aprobación o la alabanza de la gente en lugar de la gloria de Dios (Proverbios 29:25; Juan 5:44).
- **Temer a Dios nos hace valientes**. Otros temores se desvanecen cuando realmente tememos a Dios (Mateo 10:28; Hebreos 13:6).
- **Temer a Dios nos hace sabios**. "El temor del Señor es la base de la sabiduría" (Proverbios 9:10, NTV).

- **Temer a Dios nos protege del pecado.** Si tememos a Dios, odiaremos el pecado porque viola su naturaleza y obstaculiza nuestra relación con Él. Cuando tememos a Dios, huimos del pecado (Proverbios 16:6). Temer a Dios y huir del pecado nos protegerá de las peligrosas consecuencias del pecado e incluso puede alargar nuestra vida (Proverbios 10:27).

Pero temer a Dios, reverenciarlo, no siempre nos resulta natural. Nuestra naturaleza pecaminosa nos lleva a ignorar la gloria de Dios y a inflar la nuestra. Entonces, ¿qué pasos podemos dar para desarrollar un temor amoroso a Dios?

- **Pide ayuda a Dios.** Pídele que te haga reverente enseñándote sus caminos (Salmos 86:11).
- **Piensa profundamente en la Palabra de Dios**, especialmente en los versículos, como los mencionados anteriormente, que describen su carácter. La revelación de Dios en su Palabra debería hacernos temblar (Salmos 119:120).
- **Disfruta de la belleza y el poder de la creación.** Lee el Salmo 19 y observa cómo la gloria de Dios en la creación mueve nuestro corazón a temerle.[1]
- **Recuerda las obras poderosas de Dios.** Como los israelitas, recuerda todo lo que Dios ha hecho por ti. Piensa en sus poderosas obras, en la creación, en la historia de la humanidad y en tu propia vida, diariamente (Salmos 77:11-12).

Amar a Dios y temer a Dios trabajan poderosamente juntos de la mano para glorificar y obedecer a Dios. Jesús dijo: "¿Quién es el que me ama? El que hace suyos mis mandamientos y los obedece. Y al que me ama, mi Padre lo amará, y yo también lo amaré y me manifestaré a él" (Juan 14:21, NVI). Al guardar los mandatos de Dios para llegar a las generaciones, a los vecinos y a las naciones con el amor de Dios...

La gloria de Dios es nuestra motivación.
La gloria de Dios es nuestro mensaje.
La gloria de Dios es nuestra meta, y
¡la gloria de Dios es nuestra recompensa!

---

[1] Para una mirada humilde a la majestad de Dios en el universo, lee la respuesta de Dios a Job, describiendo el diseño y la administración de la creación (Job 38-42).

DÍA 19

Permite que la Biblia te hable:
Salmos 19 (Opcional: Salmos 128)

Permite que tu mente piense:
1. Lee el Salmo 19 y observa dónde y cuándo se revela la gloria de Dios. Temer a Dios es algo puro (v. 9) y la respuesta correcta a su gloria. ¿Por qué crees que Dios merece gloria?

2. ¿Por qué es importante amar a Dios y temerle?

3. ¿Cómo te motiva amar y temer a Dios para cumplir tus propósitos?

Permite que tu alma ore:
Señor, Jesús te imploro: "¡Padre, glorifica tu nombre!" (Juan 12:28, NVI). Yo también quiero glorificarte. Enséñame a amarte con reverencia y a hacer tu obra... con tu fuerza... solo para tu gloria. "Exaltado seas, oh Dios, por encima de los cielos más altos. Que tu gloria brille sobre toda la tierra" (Salmos 108:5, NTV). En el nombre de Jesús, amén.

Permite que tu corazón obedezca:
(¿Qué es lo que Dios te está llevando a conocer, valorar o hacer?)

Glorifica a Dios en adoración

Todas las naciones que hiciste vendrán y se inclinarán
ante ti, Señor; alabarán tu santo nombre.
Salmos 86:9 (NTV)

Si has ido a un servicio de iglesia, probablemente has experimentado el llamado a la adoración. Alguien dice: "Vamos a adorar al Señor". En las reuniones de todo el mundo, la música comienza y todos se ponen de pie para cantar juntos. Aunque la adoración musical implica instrumentos y cantos, hay mucho más. No es un calentamiento para el sermón. No es un momento para entretenerse. Unimos nuestros corazones y nuestras voces como una ofrenda de alabanza por el valor infinito de Dios. Pero la adoración es más que una adoración *musical*. Es más que cantar una canción. Cuando adoramos a Dios, nos presentamos nosotros mismos a Dios; todo lo que somos; todo lo que hacemos. Lo ofrecemos todo a Dios para glorificarlo.

Ayer aprendimos cómo el amor y el temor a Dios van de la mano para glorificarlo. **Esta combinación de temor y amor a Dios, nuestro temor reverente y profundo amor por Él, se desborda en la adoración**. En el día 9, aprendimos:

- La adoración es la admiración de todo lo que gobierna nuestros corazones.
- La adoración es adorar a quien es Dios y lo que ha hecho.

- La adoración es ofrecernos a Dios. Todas las cosas como cantar, hablar, trabajar, jugar, servir e incluso sufrir, se convierten en actos de adoración cuando las hacemos para glorificar a Dios.
- La adoración está reservada solo a Dios.

Ahora que hemos definido la adoración, describamos cómo se ve en la práctica la *adoración que glorifica a Dios*. ¿Cómo puedes glorificar a Dios en adoración?

Adorar apasionadamente. Nuestra adoración fluye de nuestra relación íntima con Dios, abrazando tanto la verdad, lo que sabemos de Él, como el Espíritu, quien nos permite deleitarnos plenamente en Él (Juan 4:23-24). La Biblia nos invita a alabar a Dios con gozo y acción de gracias. Pero *cuando la Biblia menciona la adoración*, el tono cambia. "Vengan, adoremos e inclinémonos. Arrodillémonos delante del Señor nuestro creador, porque él es nuestro Dios" (Salmos 95:6-7). La adoración a menudo se describe con el acto de arrodillarse o inclinarse, una postura externa que representa el cambio interno del corazón de humildad y entrega. Nos humillamos al darnos cuenta de a quién adoramos: Aquel cuyas estrellas declaran Su gloria. Aquel ante quien tiemblan las montañas. Aquel en cuya presencia tiembla la tierra (Nehemías 1:5). Si toda la naturaleza adora con pasión, nosotros también podemos hacerlo. La adoración personal y apasionada es un reconocimiento sincero de Dios como el legítimo Señor de nuestras vidas.

Adorar atentamente. Podemos glorificar a Dios ignorando o silenciando las distracciones y dirigiendo toda nuestra atención a Aquel a quien adoramos. Cierra tus ojos. Inclina tu cabeza. Haz lo que tengas que hacer para concentrarte en Dios. Invita al Espíritu Santo a aumentar tu conciencia de su presencia. Aprende a reconocer sus pensamientos moldeando tus pensamientos mientras adoras y lees la Palabra de Dios. Permite que Dios te convenza, te anime y consuele a medida que creces en tu relación con Él. "La mirada en Jesús, el iniciador y perfeccionador de nuestra fe" (Hebreos 12:2, NVI) para que glorifiques a Dios en adoración.

Adorar generosamente. Adoramos lo que gobierna nuestro corazón, pero podemos influir en lo que gobierna nuestro corazón a través de nuestros recursos. "Porque donde esté tu tesoro, allí estará también tu corazón" (Mateo 6:21, NVI). Dar es un privilegio que abrazamos porque amamos al Señor y queremos ver avanzar Su reino. "Recuerden esto: El que siembra escasamente, escasamente cosechará, y el que siembra en abundancia, en abundancia cosechará. Cada uno debe dar según lo que haya decidido en su corazón, no de mala gana ni por obligación, porque Dios ama al que da con alegría" (2 Corintios 9:6–7, NVI).

Dios quiere que disfrutemos de las cosas buenas que nos da, pero también nos ordena a utilizar esos recursos para apoyar a quienes predican su Palabra.[1] Como aprendimos en el día 16, cuando satisfacemos las necesidades de los demás, servimos a Jesús mismo (Mateo 25:40). Usa tu dinero para hacer el bien y ayudar a los necesitados (2 Corintios 8-9; 1 Timoteo 6:17-19). Pero, ¿cuánto y con qué frecuencia? "El primer día de la semana, cada uno de ustedes aparte y guarde algún dinero conforme a sus ingresos" (1 Corintios 16:2, NVI). Da individualmente, con regularidad y de forma proporcional. Ten en cuenta que Dios es el dueño de todo (Salmos 24:1; 50:10).[2] **Debemos ser buenos administradores, responsables ante Él de cómo gastamos lo que nos ha confiado.** "¡Den tan gratuitamente como han recibido!" (Mateo 10:8). Dios entiende nuestras circunstancias y mira el corazón que hay detrás cuando damos.

El dinero no es nuestro único recurso. **También tenemos tiempo para dar y talentos para compartir.** "Deberían ser ricos en buenas acciones... generosos y estar siempre dispuestos a compartir... " (1 Timoteo 6:18, NTV). Como embajador de Dios, dedica tu tiempo a

---

[1] Mateo 10:10; Lucas 10:7; 1 Corintios 9:6-14; y 1 Timoteo 5:17-18.
[2] Blue, Ron. *"Never Enough? 3 Keys to Financial Contentment"* (¿Nunca es suficiente? 3 claves para la satisfacción financiera) Nashville, TN: B & H Publishing Group, 2017; p. 20.

Dar es un asunto entre tú y Dios. Él comprende tus circunstancias y mira el corazón detrás del dar. Jesús reconoció la generosidad de dos adoradores: uno dio poco y otro dio mucho, pero *ambos* dieron con sacrificio. La primera, una viuda pobre, le dio solo unos centavos, pero eso era todo lo que tenía para vivir. Jesús notó y alabó su regalo de sacrificio (Lucas 21:3-4). La segunda mujer derramó todo un frasco de perfume extremadamente caro como un acto de adoración a su Libertador (Juan 12:3-9). Algunos vieron su generosidad como un desperdicio extravagante, pero Jesús reconoció el corazón sacrificado detrás de su regalo. **Dios no se enfoca en el tamaño de tu regalo; se enfoca en tu corazón.**

invertir en relaciones. Cuando cuidamos a los enfermos, hablamos esperanza a las almas cansadas y compartimos a Jesús con los demás, estamos dando de maneras que edifican el Reino de Dios.

Adorar honestamente. Dios nos conoce mejor que nosotros mismos. Él sabe cuándo te sientes distante, apático o incluso molesto. Sé sincero con Él y expresa tus sentimientos por medio de la oración (Lee el libro de los Salmos para encontrar ejemplos que te conmuevan el alma). En nuestro camino de fe, experimentaremos diferentes etapas de vida que afectarán nuestra adoración. Considera cómo podrías adorar a Dios en las tres etapas que se enumeran a continuación:[1]

- **La temporada satisfactoria: ¿Te deleitas en Dios?** ¿Estás absolutamente satisfecho con Dios y lleno de gozo? Da gracias y regocíjate en Él por esto. "Tú me satisfaces más que un suculento banquete; te alabaré con cánticos de alegría" (Salmos 63:5). "¡Aun así me alegraré en el Señor! ¡Me gozaré en el Dios de mi salvación!" (Habacuc 3:18, NTV).
- **La temporada del anhelo: ¿Deseas a Dios?** ¿Lo anhelas pero sientes que falta un sentido profundo de gozo en su presencia porque tus circunstancias te consumen? "Como el ciervo anhela las corrientes de las aguas, así te anhelo a ti, oh Dios. Tengo sed de Dios, del Dios viviente" (Salmos 42:1-2, NTV). Ora para que Dios te llene de gozo en su presencia (Salmos 16:11) para que te deleites en adorarlo (Salmos 43:4).
- **La temporada más baja: ¿Te sientes distante?** ¿Te sientes espiritualmente estéril, aunque estás arrepentido? Admitir tus

---

[1] Adaptado del libro de Dr. Michael Sharp y Dr. Mike Miller "'Worship Leadership. Intensive Class Notes: Three Stages of Worship" (Liderazgo de adoración: Notas de la clase intensiva: tres etapas de la adoración. Nueva Orleans: Seminario Teológico Bautista de Nueva Orleans). Mayo de 2014.

En lo que nos enfocamos se expande (Día 9).
Observa lo que consume tus pensamientos para no perder tu tiempo, talentos y dinero en cosas que no importan. Puedes terminar adorando esas cosas en lugar de adorar a Dios. Si adoras algo, te vuelves como él (Salmos 115:8, NTV). Si adoras al dinero, te volverás codicioso. Si adoras la belleza, te volverás vanidoso. Por lo tanto, aléjate de los ídolos (1 Juan 5:21, NVI). No adores a dioses falsos (tanto las cosas como las enseñanzas falsas).

luchas y pedirle ayuda a Dios es una adoración honesta: "Entonces me di cuenta de que mi corazón se llenó de amargura, y yo estaba destrozado por dentro. Fui tan necio e ignorante; debo haberte parecido un animal sin entendimiento" (Salmos 73:21-22). Pídele a Dios que reavive tu amor por Él, que revitalice tu relación con Él y que te ayude a obedecerle: "Restaura en mí la alegría de tu salvación y haz que esté dispuesto a obedecerte" (Salmos 51:12).

Adorar juntos. Cuando nos encontramos en la temporada más baja, podemos estar tentados a alejarnos de los demás. La soledad y el silencio son buenas formas de adoración. Pero el aislamiento prolongado nos deja más vulnerables a los ataques del enemigo. Un enfoque extremadamente opuesto es la solución: adorar junto con los creyentes. Dios nos da el cuerpo local de creyentes para reunirnos para adorarlo y ayudarnos unos a otros. Dios nos instruye a que "Pensemos en maneras de motivarnos unos a otros a realizar actos de amor y buenas acciones. Y no dejemos de congregarnos, como lo hacen algunos, sino animémonos unos a otros..." (Hebreos 10:24-25, NTV). Cuando nos reunimos para adorar a Dios, nos ofrecemos a Dios y a los demás. La Iglesia primitiva modeló maravillosamente la adoración en conjunto, y el Señor aumentó su número (Hechos 2:42-47). El compromiso activo con una iglesia local es esencial para nuestra salud espiritual y una alta prioridad para Jesús.[1] "Cristo amó a la iglesia y se entregó por ella" (Efesios 5:25, NVI). Estamos diseñados para adorar juntos como parte de la familia de Dios, aquí y en el Cielo.

Amigo, no importa en qué etapa de adoración te encuentres hoy...
adora a Dios apasionadamente, sin retener nada;
adora a Dios atentamente, fijando tus ojos en Jesús;
adora a Dios generosamente, ofreciendo todo lo que tienes a su servicio;
adora a Dios con honestidad, expresando el verdadero estado de tu corazón;
adoren a Dios juntos, animándonos unos a otros a amar a Dios, amar a otros y hacer discípulos.
Esa es la adoración que glorifica a Dios.

---

[1] Lee "Cómo encontrar una buena iglesia" en el Día 12.

DÍA 20

Permite que la Biblia te hable:
Salmos 103 (Opcional: Salmos 100)

Permite que tu mente piense:
1. ¿Adoras con pasión, atención, generosidad y honestidad? ¿Cuál es la más fácil para ti? ¿Y la más difícil? Reflexiona sobre las razones de tu facilidad o dificultad.

2. Describe en qué etapa de adoración te encuentras en este momento: ¿Satisfactoria, de anhelo o temporada más baja?

3. ¿Adoras con otros creyentes como parte de una iglesia local? Si no es así, ora para que Dios te lleve a una iglesia que enseñe la Biblia (Día 12) o comienza una reunión semanal (Día 17).

Permite que tu alma ore:
Padre, mientras te adoro, haz que todo lo demás, todas las personas que me rodean, todos los problemas a los que me enfrento, se desvanezcan. Mantén mis ojos fijos en ti, mi corazón leal a ti, y mis recursos dedicados a ti, sólo para tu gloria. En el nombre de Jesús, amén.

Permite que tu corazón obedezca:
(¿Qué es lo que Dios te está llevando a conocer, valorar o hacer?)

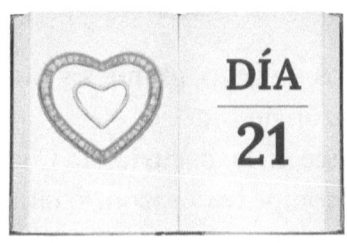

Adora a Dios cuando pases por dolor

¿Por qué voy a inquietarme? ¿Por qué me voy a
angustiar? En Dios pondré mi esperanza y todavía
lo alabaré. ¡Él es mi Salvador y mi Dios!
Salmos 42:5–6 (NVI)

Adorar puede parecer fácil cuando la vida es tranquila y va bien, pero cuando la vida se torna dura, adorar también puede ser difícil. Cuando sufrimos, puede que no sintamos la bondad de Dios. A veces, todo lo que sentimos es dolor. Pero ese mismo dolor hace que la alabanza de los corazones que sufren sea pura, porque muestra una feroz lealtad a Dios, una lealtad solo a Él y no simplemente a lo que Él puede hacer por nosotros. La adoración a pesar de la incomodidad, a menudo está libre de motivos egoístas, y hace correr al enemigo.

Satanás lucha contra la adoración. Fue desterrado del Cielo porque trató de robar la gloria de Dios, como si eso fuera posible. Ha estado tomando represalias desde entonces (Día 3). Continúa en guerra contra la gloria de Dios al tratar de robar nuestra adoración. El sufrimiento nos coloca en la primera línea de esta batalla por la gloria; el enemigo trata de sacar provecho de nuestra debilidad (1 Pedro 5:8). Nos miente acerca de quién es Dios para evitar que lo adoremos (Juan 8:44). Cuestiona la bondad de Dios, calumnia los motivos de Dios e ignora la gloria de Dios (2 Corintios 4:4). Satanás conoce el corazón de amor que Dios tiene por la raza humana, por lo que quiere frustrar el propósito de Dios de convertirlos en adoradores de Él llenos de gozo, grandes y buenos. Quiere frustrar el gran deseo del corazón de Dios.[1]

La adoración vence a la oscuridad. Cuando las tinieblas te ensombrecen y el mal rompe tu corazón, lo último que querrás hacer es adorar. Pero adorar a Dios es exactamente lo que debes hacer.

Le estás diciendo a Dios que le crees por lo que Él dice ser:

> Tu Protector (Salmos 91).
> Tu Consolador (2 Corintios 1:3-4).
> Tu Proveedor (Filipenses 4:19).
> Tu Sanador (Salmos 103:2-4).
> Tu Juez fiel y verdadero (Apocalipsis 19:11).
> Tu Buen pastor (Juan 10:11).
> Tu Señor y tu Dios (Juan 20:28).

Si el enemigo te asfixia con ansiedad, adora a Dios agradeciéndole, pidiéndole ayuda y confiando en Él para el resultado. Ora: "Jesús, tú decides lo que es mejor", y entrégale todas tus cargas porque Él se preocupa por ti (1 Pedro 5:7). "No se preocupen por nada; en cambio, *oren por todo. Díganle a Dios lo que necesitan y denle gracias por todo lo que él ha hecho*" (Filipenses 4:6, NTV). **Este versículo contiene la clave para superar la ansiedad, la preocupación y el estrés: las oraciones de agradecimiento.** La gratitud nos recuerda quién es Dios y lo que ha hecho. El siguiente versículo continúa: "Entonces experimentarán la paz de Dios, que supera todo lo que podemos entender" (v. 7). Cuando respondemos con adoración, agradecidos por la grandeza de Dios, nuestros problemas parecen más pequeños en comparación.

Si el enemigo te asfixia con depresión, adora a Dios alzando tu voz hacia Él. Tu enfoque se desplazará de ti mismo al Dios todopoderoso y amoroso. Confía en que Dios te levantará de las tinieblas y cambiará tu "espíritu de desesperación" por "un vestido de alabanza" (Isaías 61:3, PDT). "Me sacó del foso de desesperación, del lodo y del fango. Puso mis pies sobre suelo firme y a medida que

---

[1] Keller, Timothy (2013) "*Walking with God through Pain and Suffering*" (*Caminando con Dios a través del dolor y el sufrimiento*), Nueva York: Dutton, Publicado por el Grupo Penguin; p. 273.

yo caminaba, me estabilizó" (Salmos 40:2). Cuando te sientas mal, lee el libro de los Salmos. Subraya cada versículo que alivie tu alma con sus palabras de esperanza. Los versículos ponen en palabras nuestras penas y las envuelven en el amor y la fidelidad de Dios. **La adoración declara la bondad inquebrantable de Dios, la victoria que Él ya ha obtenido** (1 Corintios 15:57).

Alabar a Dios a través del dolor no significa ignorar tu dolor. Alabar en el dolor significa que lidias con el dolor derramándolo sobre Aquel que te conoce, te ama y se acerca a ti. Los salmos frecuentemente se llenan de arrebatos emocionales. Estos pueden ser tanto negativos como positivos, pero siempre están dirigidos a Dios.

Ser honestos con Dios acerca de nuestro dolor también nos ayuda a protegernos de cualquier amargura que intente echar raíces en nuestro corazón (Hebreos 12:15). Hay una gran diferencia entre la amargura, que maldice a Dios y aquellos que consideramos responsables de nuestro dolor, y el dolor conforme a la voluntad de Dios, que lo honra. La amargura nos *aleja* de Dios; el dolor conforme a la voluntad de Dios nos vuelve *hacia* Él. Es mucho mejor clamar a Dios y decirle todo que alejarse de Él. Dar la espalda generalmente conduce a una mentalidad egocéntrica y comportamientos negativos; tomamos el asunto en nuestras propias manos y damos lugar a la amargura. Si te sientes confundido y herido, está bien preguntarle a Dios: "¿Por qué?", Jesús lo hizo. En la cruz, gritó: "Dios mío, Dios mío, ¿por qué me has abandonado?" (Mateo 27:46).

Jesús hizo preguntas, pero nunca cuestionó la bondad de Dios. Sabía que la voluntad de su Padre era lo mejor, aunque eso significara un sufrimiento temporal, y nunca vaciló en esa confianza. Hasta su último aliento, confió su dolor a Dios (Lucas 23:46).

Si Dios parece guardar silencio, no significa que esté ausente. Adorar a través del dolor elevará tu enfoque hacia Él y te hará más consciente de su presencia. Hay una intimidad con Dios que se experimenta a través del sufrimiento. "El Señor está cerca de los que tienen quebrantado el corazón; él rescata a los de espíritu destrozado" (Salmos 34:18). Alabar a Dios a través del dolor nos acerca a Él y nos trae bendiciones que solo llegan en esos momentos en que nuestra fe es puesta a prueba. El pecado y el sufrimiento que causa nunca formaron parte del plan original de Dios. Sin embargo, en su perfecto amor, estuvo dispuesto a venir a la Tierra y experimentar el dolor personalmente, sufriendo en nuestro lugar para acabar con él de una vez por todas. Cuando Cristo regrese, su victoria sobre el pecado y el sufrimiento triunfará plenamente. Hasta entonces, Dios nos da la fuerza para soportar, e incluso encontrar contentamiento (Santiago 1:2), en nuestro dolor actual mientras esperamos ese día en el que Él eliminará nuestro dolor para siempre (Apocalipsis 21:4).

¿Has experimentado una pérdida? En lo que se cree que es el libro más antiguo de la Biblia, un hombre llamado Job perdió todas sus posesiones, sus hijos y su salud, pero aun así Job expresó su dolor inclinándose y alabando a Dios: "Se dejó caer al suelo en actitud de adoración. Entonces dijo: «Desnudo salí del vientre de mi madre, y desnudo he de partir. El Señor ha dado; el Señor ha quitado. ¡Bendito sea el nombre delSeñor!»" (Job 1:20-21, NVI). La adoración a pesar del dolor demostró la lealtad de Job hacia Dios.

¿Has sido traicionado? Uno de los doce discípulos, Judas, traicionó a Jesús entregándolo a la gente que lo crucificaría. Jesús sabía que sería traicionado, pero aun así alabó a Dios (Mateo 26:14-30). Cuando un querido amigo traicionó a David, él oró y le contó a Dios sus sentimientos. Escribió: "Si un enemigo me insultara, yo lo podría soportar; si un adversario me humillara, de él me podría yo esconder. Pero lo has hecho tú, un hombre como yo, mi compañero, mi mejor amigo... Pero yo clamaré a Dios, y el Señor me salvará" (Salmos 55:12-13, 16, NVI). Adorar a pesar de la traición demostró la confianza de David en Dios.

¿Estás siendo perseguido? El apóstol Pablo sufrió persecución, pero Pablo incluso así alababa a Dios. Encadenado, escribió: "Estén siempre llenos de alegría en el Señor. Lo repito, ¡alégrense!" (Filipenses 4:4, NTV). Adorar a pesar de la persecución demostró la confianza de Pablo en Dios.

¿Eres pobre? Dios advirtió a Habacuc que la pobreza pronto afligiría a su pueblo, pero aun así Habacuc alabó a Dios. "Aunque las higueras no florezcan y no haya uvas en las vides, aunque se pierda la cosecha de oliva y los campos queden vacíos y no den fruto, aunque los rebaños mueran en los campos y los establos estén vacíos, ¡aun así me alegraré en el Señor! ¡Me gozaré en el Dios de mi salvación!" (Habacuc 3:17-18, NTV). Adorar a pesar de la pobreza demostró la fe de Habacuc en Dios.

No estás solo en tu dolor y sufrimiento. Muchos en generaciones pasadas han alabado a Dios a través del dolor (Hebreos 11). Muchos en esta generación adoran a través del sufrimiento también. Acércate a otros que siguen a Jesús. Ten cuidado de no aislarte; la soledad solo abre la puerta a la tentación y al desánimo. Cuando sufras, sigue en contacto con tus amigos creyentes de tu familia de la iglesia (Hebreos 10:25). Cuando Dios te restaure, ofrece el consuelo que recibiste de Él para consolar a otros (2 Corintios 1:3-7).

Adora a Dios a través del dolor, y confía en que Él te sostendrá a través de tus días más difíciles. Él está obrando, aunque no lo veamos ni lo sintamos. Él siempre es digno de tu adoración.

DÍA 21

Permite que la Biblia te hable:
Salmos 42 (Opcional: Romanos 8:18-39)

Permite que tu mente piense:
1. ¿Estás sufriendo actualmente? Si es así, ¿qué significa para ti adorar a Dios a través de tu dolor? Si no es así, ¿cómo una experiencia de sufrimiento pasada hubiera sido diferente si hubieras adorado a Dios a través de ella?

2. Responde las preguntas de conversación para la semana 3.

Permite que tu alma ore:
"Tú llevas la cuenta de todas mis angustias y has juntado todas mis lágrimas en tu frasco" (Salmos 56:8). Traigo mi dolor ante ti. Ayúdame a adorarte a través del sufrimiento, sabiendo que tú eres mi Sanador, mi Consolador y mi Libertador. Afianza mis amistades con otros creyentes para que podamos compartir el consuelo que recibimos de ti. En el nombre de Jesús, amén.

Permite que tu corazón obedezca:
(¿Qué es lo que Dios te está llevando a conocer, valorar o hacer?)

PREGUNTAS DE CONVERSACIÓN PARA LA SEMANA 3:

Repasa las lecciones de esta semana y responde a las preguntas que aparecen a continuación. Comparte tus respuestas con tus amigos cuando se reúnan esta semana.

1. ¿Eres embajador de Jesús? ¿Qué significa eso para ti?

2. Los patriarcas bíblicos compartieron nuestro mismo propósito, pero cada uno lo cumplió de manera diferente. ¿Qué dones, habilidades o talentos te ha dado Dios? ¿Te está llamando a hacer algún trabajo en particular o a alcanzar algún grupo de personas en particular? ¿Cuáles son tus próximos pasos para cumplir tu propósito específico?

3. Jesús nos manda a hacer discípulos. Revisa y practica cada paso de la herramienta "Escucha, Aprende, Ama, Señor" que se encuentra en el apéndice (Si no la has completado, hazlo ahora). ¿Cuándo puedes compartir a Jesús con los que están en tu mapa de relaciones? Ora por una oportunidad. Practica la narración de tu historia de Dios.

4. Lee Mateo 6:19-21. ¿Por qué crees que Dios nos dice que acumulemos tesoros en el Cielo? ¿Cómo puedes dejar de lado las recompensas terrenales y trabajar por las celestiales?

PARTE II:
VIVE TU HISTORIA CON DIOS

Las historias reales de la Biblia nos inspiran a medida que aprendemos sobre la historia de Dios. Vemos el plan de rescate de Dios a través de los padres de la fe. Leemos que Dios separó el mar por Moisés (Éxodo 14) y el río embravecido por Josué (Josué 3). Descubrimos cómo Dios ve a Agar y la llama por su nombre (Génesis 16) y rescata a Daniel del foso de los leones (Daniel 6). Estos son solo algunos de los muchos relatos milagrosos que podemos leer con los ojos bien abiertos mientras reflexionamos sobre el poderoso Dios al que servimos.

Aunque estas historias nos inspiran, solemos olvidar los días comunes entre los momentos de Dios. A menudo la gente piensa que, a menos que Dios se manifieste de manera extraordinaria cada día, cada semana o al menos cada mes, algo debe estar mal.

Entonces, ¿qué hacemos con esos días *comunes* que se convierten en meses y en años comunes? ¿Qué hacían los hombres y mujeres de los tiempos bíblicos? ¿Te has preguntado alguna vez cómo era la vida cotidiana de Moisés durante los cuarenta largos años que pasó como pastor en Madián antes de que Dios lo llamara para volver a Egipto?[1] ¿Cómo era la vida de la hermana de Moisés, Miriam, que llevaba décadas orando para que Dios liberara a su pueblo de la esclavitud? Moisés y Miriam vivieron sus historias con Dios un día común tras otro. Pasaron gran parte de sus vidas esperando y confiando en Dios. Lo mismo ocurre con nosotros. Puede que las zarzas en llamas y los mares abiertos no sean parte de nuestras vidas, pero **nuestros días comunes pueden glorificar a nuestro extraordinario Dios cuando confiamos en Él**. El rey David nos ofrece un ejemplo similar.

---

1 Hechos 7:23-30.

David fue un pastor que Dios eligió a una edad temprana para que se convirtiera en el futuro rey de Israel. Imagina que retrocedes en el tiempo y que hablas con este joven a quien se ungió como gobernante muchos años antes de que llegara al poder. La conversación podría ser algo así:[1]

"¿Qué estás haciendo, David?".

"Cuidando ovejas".

"Sí, ya lo veo".

"Mis padres me dieron este trabajo. Es el peor trabajo de la casa. Normalmente los esclavos cuidan de las ovejas, pero soy el menor de entre mis hermanos, así que quizá por eso sea yo el que está aquí fuera, día tras día, vigilando a los animales".

"¿Qué haces para entretenerte?".

"Bueno, hablo mucho con Dios. Aquí no hay nadie más con quien hablar. Y me gusta tocar el arpa, así que he estado componiendo algunos cantos de oración".

"¿Cantos de oración?".

"Sí, mis conversaciones con Dios musicalizadas. Las he estado escribiendo porque me parecen especiales. Parece como si Dios me diera las palabras para responderle".

"¿De verdad?".

"Sí, pero eso no es todo lo que hago. Tengo que estar alerta porque hay muchos animales salvajes por aquí a los que les encantaría comerse una de estas ovejas. He estado practicando con mi honda. Cada día que pasa, mi puntería mejora".

"¿Así que cantas mientras practicas con tu honda entre las ovejas?".

"Bueno, sí. Esa es mi vida. Un poco común, pero no siempre estaré pastoreando. En realidad, soy un rey".

"¿Eres un rey? ¿En serio?".

"Sí, he sido ungido como futuro rey de Israel".

"¿Dónde está tu túnica o tus sirvientes o tu trono?".

"Todavía no tengo ningún privilegio de rey".

"¿Cuándo los tendrás y dónde los conseguirás?".

---

[1] Adaptado de una ilustración de un sermón de James MacDonald en Walk in the Word Radio, AM 550, Jacksonville, FL, 2009.

"No lo sé".

"¿No lo sabes?".

"No".

"¿Y qué vas a hacer mientras tanto?".

"Bueno, supongo que cantaré oraciones, practicaré con mi honda y cuidaré ovejas".

¿Crees que David sabía que su habilidad con la honda derrotaría un día al gigante guerrero llamado Goliat (1 Samuel 17)? ¿Crees que sabía que sus canciones de oración (muchas de las cuales están en el libro de los Salmos) consolarían a millones de personas durante miles de años? Incluso el rey David, al que llamaron "un hombre según el corazón de Dios" (1 Samuel 13:14), tuvo días comunes, muchos.

Puede que no seas un rey terrenal, pero en el Rey Jesús, eres parte de la familia real de Dios. **Él quiere hacer cosas extraordinarias a través de ti siempre que le entregues tus días comunes**.

Pero, ¿cómo podemos glorificar a Dios, día a día, durante toda la vida?

Debemos empezar por desarrollar hábitos diarios que nos ayuden a hacer crecer nuestra relación con Dios y nos mantengan enfocados en sus propósitos. Tenemos que aprender a prestar atención a Dios a lo largo del día como lo hizo David y confiar en el Espíritu Santo para que nos ayude a mantener nuestros ojos en Él. Obedecer a Dios, día tras día, durante años, produce resultados extraordinarios.

Entre la cuarta y la séptima semana, aprenderás sobre las disciplinas espirituales diarias que te ayudarán a conectarte con el Autor de tu verdadera historia. Durante las próximas semanas, entenderás lo que significa vivir tu historia con Dios, en su fuerza y para su gloria, día a día.

No nos basta con saber *de* Dios. Debemos conocer a Dios *personalmente*. Las lecciones de las próximas semanas te enseñarán a acercarte a Dios permaneciendo en Él y reservando un tiempo intencionado para estar en comunión con Él. Aprenderás y practicarás lo que dice la Biblia y te comunicarás con Dios a través de la oración. También aprenderás sobre tu relación con el Espíritu Santo y cómo Él te equipa para servir a otros y compartir el amor de Jesús. El

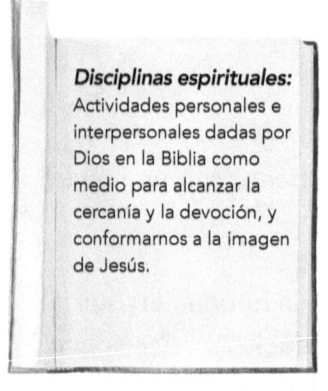

Disciplinas espirituales: Actividades personales e interpersonales dadas por Dios en la Biblia como medio para alcanzar la cercanía y la devoción, y conformarnos a la imagen de Jesús.

final de este viaje será el comienzo de otro cuando salgas al mundo, en tu comunidad, y quizás incluso más allá, para invitar a otros a la verdadera historia de Dios.

Como seguidor de Jesús, no necesitas practicar estas disciplinas para forjar tu propia justicia. Recuerda que la posición correcta ante Dios es el resultado de la salvación a través de Jesucristo *solamente*. No puedes añadir nada a la obra terminada de Jesús en la cruz.

Tampoco necesitas practicar estas disciplinas espirituales para ganarte el amor de Dios. Él *ya* te ama. De hecho, Dios te está amando ahora mismo. No puede amarte más de lo que ya lo hace.

En cambio, piensa en las disciplinas espirituales como rutinas diarias para caminar con Dios mientras Él trabaja en ti y a través de ti. **No se trata de esforzarse, sino de permanecer**. Practícalas para fortalecer tu relación con Dios. Utiliza las disciplinas para reconocer su voz, seguir sus indicaciones, confiar en Él en las pruebas y disfrutar de Él a medida que aprendes a vivir tu historia con su fuerza.

Demos un paso más juntos en nuestro viaje de fe...

SEMANA CUATRO

PERMANECE,
CONÉCTATE CON DIOS

Conoce a Dios como tu amigo

Nadie tiene amor más grande que el dar la vida por sus amigos.
Ustedes son mis amigos si hacen lo que yo les mando. Ya no
los llamo siervos, porque el siervo no está al tanto de lo que
hace su amo; los he llamado amigos, porque todo lo que a
mi Padre le oí decir se lo he dado a conocer a ustedes.
Juan 15:13-15 (NVI)

Jesús sabía que solo le quedaban unos momentos sin interrupciones con sus discípulos antes de que lo arrestaran. Las temidas profecías de su traición y brutal ejecución estaban a punto de cumplirse. Sabía que sus seguidores y amigos más cercanos estaban por verlo acusado, golpeado y colgado en una cruz hasta morir. Y que no haría nada para evitarlo. Había tratado de prepararlos para este momento (Lucas 22:31-37). Les recordó a los discípulos que habían sido elegidos para una misión y que el Padre respondería a sus oraciones para cumplirla (Juan 15:7-8). Pero había algo más. Era necesario que se produjera un cambio en su relación con Él. Que pasaran de ser seguidores a ser amigos. Debían pasar de la mera obediencia de los mandamientos a la comprensión del verdadero propósito de Jesús y de su participación en él. Jesús explicó cómo esta unión íntima con Él sería *el único enfoque eficaz para el ministerio y la vida*. A medida que las horas se reducían a minutos con sus discípulos, Jesús les indicó reiteradamente que **permanecieran en Él**.

Esta semana aprenderemos lo que significa permanecer en Cristo. Por ahora, piensa en "permanecer" como la unión o la unidad con Jesús. Es la idea de que vivimos en Él y moramos con Él a lo largo de toda la vida. Compartimos los pensamientos, las emociones, las intenciones y el poder de Jesús.[1]

Al igual que el cambio en la relación de los discípulos con Jesús, es necesario que se produzca un cambio en *tu* relación con Él. En la primera semana, aprendimos la historia de Dios y que tenemos la opción de ser parte de ella. En la segunda y tercera semana, conocimos nuestra identidad y propósito en Cristo. Ahora que sabemos *por qué* Dios nos creó, es hora de aprender a vivir de manera diferente para *cumplir* nuestro propósito. Comienza con el desarrollo de una *amistad íntima* con Dios.

Tu historia con Dios es una historia de amistad. Detente por un momento y piensa en esto. Dios te creó para que fueras su amigo. El hecho de que Jesús llamara a sus discípulos "amigos" (Juan 15:15) pudo haberlos sorprendido.[2] El único caso precedente en las Escrituras en el que una persona fuera llamada amiga de Dios fue el de Abraham.[3] Pero Jesús sabía lo que iba a ocurrir al día siguiente, y en las próximas semanas y años, así que los invitó (nos invita) a acercarse a Él.

Sí, el Dios del universo, que dio origen a las galaxias, quiere ser tu amigo. Ninguna otra religión describe la relación con Dios como una amistad.

La amistad con Dios no es una amistad común. No tratamos a Jesús de forma irrespetuosa, como si fuera nuestro igual. El resto del Nuevo Testamento se refiere a Jesús como Señor, Dios, Salvador y Rey. Somos nosotros los que obedecemos a Jesús, no al revés. Lo que Jesús nos invita a experimentar es la intimidad: conocerlo a Él, su corazón, su misión y su compañía. Se espera que los siervos obedezcan sin pedir explicaciones. Pero Jesús nos llama amigos. Dice: "...todo lo que a mi Padre le oí decir se lo he dado a conocer a ustedes" (Juan 15:15, NVI).

Jesús comparte no solo su mente y voluntad, sino también su propia vida. Dice: "Nadie tiene amor más grande que el dar la vida por

---

1 Whitacre, Rodney A. (1999). "John , vol. 4, *The IVP New Testament Commentary Series*" (Juan, volumen 4 - Serie de comentarios del Nuevo Testamento de la IVP) Westmont, IL: IVP Academic; p. 376.
2 Gangel, Kenneth O. (2000). "John" (Juan)vol. 4; Holman New Testament Commentary" (Comentario del Nuevo Testamento de Holman). Nashville, TN: Broadman & Holman Publishers; p. 285.
3 2 Crónicas 20:7; Isaías 41:8; Santiago 2:23.

sus amigos. Ustedes son mis amigos si hacen lo que yo les mando" (Juan 15:13-14). Obedecer sus mandatos demuestra nuestra amistad con Dios, lo cual empieza por permanecer en Él.

El secreto de esta intimidad es el tiempo de calidad: cuanto más tiempo pasemos en contacto con Jesús, más lo conoceremos a Él, sus caminos y sus pensamientos. Así como el tiempo que pasamos juntos hace crecer las relaciones humanas, el tiempo de calidad con Dios también hace crecer tu relación con Él. Reserva un tiempo cada día para estar en silencio ante Él, como lo hizo Jesús.

Jesús dejaba a menudo su ajetreada vida para pasar tiempo a solas con su Padre, normalmente por la mañana, cuando todavía estaba oscuro (Marcos 1:35). Podemos seguir su ejemplo. Al igual que los músicos que afinan sus instrumentos antes de un concierto, necesitamos afinarnos a nosotros mismos —corazón, alma, mente y fuerza— para ser guiados por el Espíritu y centrados en Jesús antes de comenzar nuestras actividades diarias.

Verás que cuanto más tiempo pases a solas con Él, más tiempo querrás estar con Él. **Para materializar un tiempo devocional diario, es bueno tener un plan.** Escoge una hora (temprano, si es posible) y un lugar (tranquilo, si es posible). Si te cuesta levantarte por la mañana, trata de acostarte más temprano o busca un momento antes o después de las prisas matutinas. Empieza con quince minutos y aumenta progresivamente el tiempo. Aquí tienes algunos recordatorios de cómo enfocar tu tiempo con Él:

1. **Guarda silencio.** La Biblia describe esto como aguardar en el Señor con esperanza y sosiego (Salmos 62:1, 5). Invita a Dios a reunirse contigo y a guiar el tiempo que pasan juntos como Él desee. "Ábreme

---

¿Tienes una Biblia de estudio?
Si tu Biblia tiene una concordancia (ver págs. 74) o un índice temático, busca un atributo de Dios que se relacione con una necesidad o una palabra clave que se corresponda con una preocupación en tu vida. Lee el pasaje lentamente. Si una palabra o frase te parece importante, anota el versículo. Si la Biblia tiene referencias cruzadas, lee los pasajes sugeridos. Anota lo que aprendes. Sigue las sugerencias de la Biblia para encontrar otros versículos que exploren la misma idea. Ora en torno a lo que estás aprendiendo y escucha las indicaciones de Dios. El Espíritu Santo nunca te impulsará a hacer algo contrario a la Palabra de Dios.

los ojos, para que contemple las maravillas de tu ley" (Salmos 119:18, NVI). Al estar con Él, pídele que te haga más consciente de su voz.

2. **Escucha la Palabra de Dios.** Lee pasajes de la Biblia lentamente para asimilar lo que lees. Prueba el método 10-1-1. Empieza leyendo *diez versículos* y concéntrate en lo que Dios te dice a través de estos. Baja la velocidad y sigue leyendo hasta que *un versículo o frase* te llame la atención. Concéntrate en *una palabra* de ese versículo para recordarla ese día. Así comienza tu conversación con Dios. Él te mostrará su voluntad a través de su Palabra (aunque Dios rara vez habla de forma audible, a menudo habla a nuestro corazón a través de su Palabra). Lo que lees puede hacer que recuerdes una circunstancia o una relación de tu propia vida. Puede que sientas la necesidad de obedecer un mandato bíblico. Si Dios te habla, escucha y responde. Deja que el versículo o la palabra clave sean el alimento espiritual de tu día. Medita en ello a lo largo del día. Cada palabra de la Biblia es infundida o "inspirada por Dios" (2 de Timoteo 3:16, NVI). Incluso las genealogías y la historia tienen significados que podemos explorar y de los que podemos aprender sobre Dios, su voluntad y sus propósitos.

3. **Ora.** Respóndele a Dios mediante la oración. Habla con Él sobre lo que lees en su Palabra y escucha sus pensamientos en tu mente. A partir de lo que lees, pregúntale a Dios:
- ¿Qué quieres que sepa *de ti* hoy?
- ¿Qué quieres que *hagamos* juntos hoy?

Estas preguntas te ayudarán a asimilar y aplicar lo que lees. A medida que pienses en tus respuestas, puedes orar usando la Palabra de Dios (la palabra o frase clave). Cuando pronuncias su Palabra en la oración, tu mente se renueva conforme a la suya. Mientras oras, agradécele y pídele ayuda.

4. **Diario.** Anota los versículos bíblicos clave, las oraciones y cualquier idea que Dios te transmita. Escribir lo que aprendes te ayudará a recordar lo que Dios te ha dicho para que puedas aplicarlo y compartirlo con los demás. Si te viene a la mente un pensamiento

que te distraiga (por ejemplo, si piensas en algo que tengas que hacer más tarde ese día), escríbelo y déjalo para que puedas volver a concentrarte en tu conversación con Dios.

Tu tiempo devocional diario (tiempo en silencio) hace crecer tu amistad con Dios. Como tu amigo más confiable, Dios siempre está ahí para ti. Se alegra contigo cuando te alegras y te consuela cuando sufres. Jesús caminó sobre la Tierra como un "varón de dolores, hecho para el sufrimiento" (Isaías 53:3, NVI), por lo que puede comprender tu dolor. Experimentas el gozo de Dios, aunque la vida sea dura, porque nunca caminas solo.

Permite que la Biblia te hable:
Juan 10:11-18 y Salmos 23 (Opcional: Salmos 27)

Permite que tu mente piense:
1. Todas las relaciones necesitan tiempo para crecer y debemos cuidar del tiempo que dedicamos a las relaciones que más valoramos. ¿Qué pasos tienes que dar para reservar un tiempo diario con Dios?

2. Jesús se describe a sí mismo como nuestro buen pastor, y nosotros somos las ovejas que escuchan su voz (Juan 10). Con esto en mente **lee despacio Salmos 23**. ¿Cómo dependes de Él para que te guíe hoy?

3. ¿Cómo demuestra tu obediencia a los mandamientos de Jesús que eres su amigo (Juan 14:21)?

Permite que tu alma ore:
Dios, gracias por llamarme tu amigo. Haz más profunda mi relación contigo mientras aprendo a permanecer en ti. Ayúdame a discernir tus pensamientos dentro de los míos, para que pueda obedecer tus mandamientos. Dame un tiempo de calidad contigo cada día para restaurar mi alma... En el nombre de Jesús, amén.

Permite que tu corazón obedezca:
(¿Qué es lo que Dios te está llevando a conocer, valorar o hacer?)

Descansa, confía, entrega todo a Dios

> Ciertamente, yo soy la vid; ustedes son las ramas. Los que permanecen en mí y yo en ellos producirán mucho fruto porque, separados de mí, no pueden hacer nada.
> Juan 15:5 (NTV)

Imagina que subes a un autobús vacío con Jesús como conductor. Puedes elegir dónde sentarte. Puede ser delante, cerca de Jesús y disfrutar de una estrecha relación con Él mientras te guía por la vida, o puedes distanciarte de Él y tomar un asiento en la parte trasera del autobús, donde el viaje está lleno de baches y hay una visión limitada de la dirección a la que vas. No puedes ver las acciones de Jesús o escuchar claramente su voz desde el asiento trasero. Una vez que subas, independientemente de donde elijas sentarte, Jesús te llevará a donde Él quiere que vayas. La elección consiste en qué tipo de relación quieres con Él en el viaje. ¿Decidirás permanecer en Él o sentarte en la parte de atrás y no tener una conexión cercana con el conductor?

Ayer aprendimos cómo hacer crecer nuestra amistad con Jesús durante un tiempo devocional diario. Pero, ¿cómo podemos permanecer en Él durante el resto del día?

Permanecer en Jesús es más que el simple hecho de pasar tiempo con Él. Permanecer **en Jesús es soltar el control y permanecer conectado para descansar y recibir**. Como un pasajero que viaja en un autobús, no tenemos el control de nuestras vidas. Pero permanecer significa que ya no estamos solos, ahora estamos con Jesús. La palabra *permanecer* se traduce como "mantenerse", "quedarse", "vivir" o "morar". ¹ Permanecer en Jesús es una combinación de fe, obediencia, confianza, descanso, gracia y vida guiada por el Espíritu. Esta armonía −comunión− con Jesús es una misteriosa unidad con Dios y el único camino hacia la vida abundante (Juan 10:10).

> **Permanecer** también se traduce como "mantenerse" o "morar". Para los efectos de este estudio, permanecer en Jesús significa:
> - descansar en Dios,
> - confiar en Dios,
> - entregárselo todo a Dios,
> - recibir todo lo que necesitas de Dios.

Jesús dice: "Permanezcan en mí, y yo permaneceré en ustedes" (Juan 15:4, NTV). Pone el ejemplo de una vid: "Ciertamente, yo soy la vid; ustedes son las ramas" (Juan 15:5, NTV). Jesús es la vid, fuente de vida abundante, arraigada en la tierra y que alimenta a toda la planta. Nosotros somos las ramas débiles y dependientes, incapaces de producir fruto por nosotros mismos. Pero cuando recibimos el alimento lleno de gracia de la vid, esta da un fruto que transforma la vida por medio de nosotros.

Piensa en lo mucho que una pequeña y débil rama depende de la vid para todo lo que necesita a fin de sobrevivir y crecer. De hecho, Jesús dijo: "Mi poder actúa mejor en la debilidad" (2 Corintios 12:9). **Nuestra debilidad puede ayudarnos a reconocer nuestra dependencia de Dios**. Ese es el objetivo. Por eso Pablo escribió: "Así que ahora me alegra jactarme de mis debilidades, para que el poder de Cristo pueda actuar a través de mí" (2 Corintios 12:9). Así que nos mantenemos conectados a la vid, creyendo en Jesús, confiando en Él y sabiendo que todo lo que tenemos y todo lo que necesitamos proviene de Él. Si nos mantenemos conectados a Él, el Espíritu Santo fluirá como la savia a través de nosotros y Dios producirá mucho fruto en nuestras vidas.² Jesús dice en Juan 15:5: "El que permanece en mí, como yo en él, dará mucho fruto" (NVI). Esa es una buena noticia. Pero la segunda parte de ese versículo

---

1 William Arndt et al. (2000). "A *Greek-English Lexicon of the New Testament and Other Early Christian Literature*" (*Un léxico griego-inglés del Nuevo Testamento y otra literatura cristiana primitiva*). Chicago: University of Chicago Press; p. 630.
2 Hughes, R. Kent (1999). *John: That You May Believe Preaching the Word* (*Juan: para que ustedes crean [Predicando la Palabra]*),Wheaton, IL: Crossway Books; p. 357.

menciona la consecuencia de perder esa conexión: "Separados de mí no pueden ustedes hacer nada".

Si permanecer en Jesús significa dar buen fruto, entonces no permanecer en Él significa lo contrario: **nada**. No producir nada de importancia eterna. Ninguna cantidad de buenas obras, si se hacen al margen de Dios, califican como el buen "fruto" del que habla Jesús en este pasaje. Él nos llama a su obra para que realicemos, con amor, lo que ha planeado que hagamos (Juan 15:9; Efesios 2:10). Las obras hechas sin amor, para complacernos a nosotros mismos, para recibir reconocimiento y para alimentar nuestro orgullo no tendrán ningún valor duradero (1 Corintios 13:1-3).

Estamos diseñados para ser ramas fuertes a través de las cuales fluya la vida de Dios. La vida fluye de Dios, no de nosotros. Por eso **Jesús no nos manda que demos fruto, sino que *permanezcamos* en Él. La producción de fruto es obra** del Espíritu Santo, así que si dependemos de Jesús, la vid, como fuente de nuestro alimento, el fruto de Dios se *producirá* y glorificaremos a Dios con él (Juan 15:8). Pero si ponemos nuestro corazón en las cosas del mundo para que nos infundan vida, nos volvemos vacíos e inertes, como madera muerta y seca (Juan 15:6, NVI).

Dios no quiere que nos marchitemos, sin fruto y sin vida, desligados de Jesús, nuestra fuente de vida. Él es el jardinero que nos cuida (Juan 15:1). En primer lugar, nos limpia y nos conecta a la vid.

Cristianismo mundano

Permanecer en Dios separa a los cristianos mundanos de los seguidores guiados por el Espíritu y totalmente consagrados a Jesús. Los cristianos mundanos piensan y actúan en conformidad con el mundo. El apóstol Pablo llamó a los creyentes de Corinto "inmaduros" o "carnales" (1 Corintios 3:1-4 NVI y RV60, respectivamente).

Los cristianos mundanos entristecen continuamente al Espíritu Santo al no hacer lo que dice la Biblia. Se ofenden con facilidad, se preocupan, se irritan, no perdonan, no oran, se enojan a menudo, son egoístas o se concentran demasiado en lo que piensan los demás. No luchan agresivamente contra el pecado; en cambio, permiten que su vieja naturaleza pecaminosa influya en sus vidas más que el Espíritu Santo (Romanos 8:5-8, 13). Debido a su débil fe e inmadurez espiritual, se dejan llevar principalmente por sus propios deseos y pensamientos mundanos en vez de por los deseos de Dios y la verdad bíblica.

Si lo anterior te describe, confiesa tu debilidad y dale a Jesús la debida posición de supremacía en tu vida.

En Cristo, estamos limpios y tenemos el potencial de dar fruto (Juan 15:3). Pero de vez en cuando necesitamos que nos poden, al igual que cualquier árbol que da fruto. Por ejemplo, los pecados como el chisme, la falta de perdón, la preocupación, el egoísmo y la adicción son como la madera muerta. Bloquean el flujo del alimento vital de Jesús. Nos quitan energía y nos impiden dar fruto, por lo que el jardinero los corta (Juan 15:2). Él quiere vernos sanos, fructíferos y conectados a la vid, pero tenemos que poner de nuestra parte. **¿Cómo permanecemos en Dios? Debemos *descansar* en Él, *confiar* en Él y *entregarle* todo. Al hacerlo, *recibimos* todo lo que necesitamos de Dios.**

1. **Descansa en Dios**. Cree *en* Dios, pero también *cree* en Dios para descansar en Él (Hebreos 4:9-11). Cree en quién es Él, en lo que ha hecho y en quién eres tú en Él.

    - Descansa en el amor de Jesús por ti. Él dice: "Yo los he amado a ustedes tanto como el Padre me ha amado a mí. Permanezcan en mi amor" (Juan 15:9, NTV).
    - Descansa en la provisión de Jesús para ti. Dios es plenamente consciente de tus necesidades, afanes y preocupaciones. "Y este mismo Dios quien me cuida suplirá todo lo que necesiten, de las gloriosas riquezas que nos ha dado por medio de Cristo Jesús" (Filipenses 4:19, NTV).
    - Descansa en lo que Dios ha hecho por ti a través de Cristo. No te preocupes por lo que debas hacer para Dios. En cambio, sírvele porque lo amas, no por obligación. No trabajes más para obtener el favor de Dios. No te definas más por tus circunstancias. No te aferres más al control. Recibe su consuelo. ¿Descansarás en Jesús?

2. **Confía en Dios**. Cree en que Dios dice la verdad. Confía en su Palabra y depende del Espíritu Santo. La pregunta no es si la vid proveerá todo lo que necesitamos, sino si lo recibiremos. ¿Buscarás otras fuentes de alimento del mundo bloqueando su provisión? No te alejes de Dios. Recibe todo lo que la vid tiene para darte cada día. Ten fe y déjale entrar completamente en tu vida para que Él

pueda fluir a través de ti. Él siempre es digno de nuestra confianza y siempre está listo para suplir las necesidades. ¿Confiarás en Jesús?

3. **Entrégale todo a Dios**. Acepta que Dios está a cargo de los resultados y las consecuencias. Entrégale tu pasado, presente y futuro. Hay libertad, sanación y plenitud cuando dejas de lado el control. La razón es que es Dios quien cambia los corazones y las vidas, *no nosotros*. Así que olvídate de tu voluntad, tus emociones y tus circunstancias, y permite que la gracia inunde tu vida. Entrega tu vida por los demás, como lo hizo Jesús (Juan 15:12-13), y entrega también tus planes. Dios nunca te pedirá que le sigas sin darte su gracia para cada paso del camino. Jesús promete: "Cuando obedecen mis mandamientos, permanecen en mi amor" (Juan 15:10, NTV). Para permanecer en Jesús, tienes que rendirte y obedecer. ¿Quieres entregarle todo a Jesús?

Descansar en Jesús, confiar en Él y entregárselo todo, puede parecer un paso de fe riesgoso. Pero considera las bendiciones prometidas que recibimos si permanecemos conectados a Él. En Juan 15 Jesús dijo que si permaneces en Él y sus palabras permanecen en ti...

- producirás mucho fruto (v. 5),
- tus oraciones serán contestadas (vv. 7, 16),
- le obedecerás (vv. 10, 14),
- experimentarás su amor (vv. 9-10),
- experimentarás su gozo (v. 11),
- demostrarás que eres su discípulo (v. 8) y
- serás su amigo (v. 14).

Parece demasiado bueno para ser verdad, pero es así. Y tú tienes una decisión que tomar cada día, cada momento. Amigo, ¿vivirás dependiendo de Jesús?

Permite que la Biblia te hable:
Juan 15:1-17 (Opcional: 1 Juan 3:11-24)

Permite que tu mente piense:
1. ¿De qué manera las metáforas del autobús o de la vid cambian la forma en que ves tu relación con Dios?

2. Vuelve a leer la definición de un cristiano mundano. ¿En qué aspectos dependes de las cosas del mundo en lugar de Dios? Tómate un tiempo para pedirle a Dios ayuda en esos aspectos.

3. ¿Qué pasos puedes dar para descansar en Dios, confiar en Dios y entregarle todo a Dios? Comienza hoy dando el primer paso.

Permite que tu alma ore:
Señor Jesús, eres mi fuente de vida. Quiero permanecer en ti. Ayúdame a descansar en ti, a confiar en ti, a entregarte todas las cosas y a recibir todo lo que necesito de ti. Produce mucho fruto en mi vida para tu gloria. En el nombre de Jesús, amén.

Permite que tu corazón obedezca:
(¿Qué es lo que Dios te está llevando a conocer, valorar o hacer?)

Recibe de Dios: profundiza tus raíces

> Pero benditos son los que confían en el Señor y han hecho que el Señor sea su esperanza y confianza. Son como árboles plantados junto a la ribera de un río con raíces que se hunden en las aguas. A esos árboles no les afecta el calor ni temen los largos meses de sequía. Sus hojas están siempre verdes y nunca dejan de producir fruto.
> Jeremías 17:7-8

En tu camino de fe, habrá pasajes bíblicos que se volverán predilectos. En los momentos de desánimo, descubrirás pasajes que refresquen constantemente tu alma. Y en los momentos de gozo y adoración, encontrarás versículos que declaren la majestuosidad y el esplendor de Dios. Es normal que los creyentes vuelvan a pasajes muy queridos en busca de esperanza y ánimo. Por ejemplo, Isaías 55. Citamos el versículo 11 para recordar que la Palabra de Dios "no volverá a (Él) vacía" (Isaías 55:11, NVI); pero no seguimos leyendo. Extraemos nuestras partes favoritas del capítulo, pero dejamos de lado el contexto. Si te fijas bien, el pasaje revela una increíble transformación: "Donde antes había espinos, crecerán cipreses; donde crecía la ortiga, brotarán mirtos" (Isaías 55:13, NTV). La Palabra de Dios cumplirá su propósito de tomar los espinos y la ortiga, la consecuencia del pecado (día 3), y transformarlos en árboles frondosos: vida nueva. Este pasaje simboliza no solo la cuarta parte de la historia de Dios, sino también que somos como esos espinos y árboles.

La obra de salvación de Dios nos cambia completamente. No pasaremos de ser como un débil arbusto de espinas a un mejor arbusto de espinas. Cuando recibimos a Jesús, nos volvemos esencialmente diferentes.[1] La nueva vida en Jesús nos hace como árboles maravillosos: fuertes y fructíferos, "grandes robles que el Señor ha plantado para su propia gloria" (Isaías 61:3). Pero los árboles crecen lentamente, al igual que nosotros. Se necesita tiempo para desarrollar raíces espirituales profundas en Dios, totalmente arraigadas y listas para aprovechar su poder a medida que vivimos nuestras historias con Él cada día. **La fuerza y la fecundidad de nuestras vidas dependen de nuestras raíces.**

Las raíces son lo más importante. Las ramas rotas pueden volver a crecer, pero las raíces rotas pueden matar a todo un árbol. Por eso "los justos tienen raíces profundas" (Proverbios 12:3). **Las raíces invisibles dan frutos visibles.** Nosotros "echaremos raíces abajo, y arriba daremos fruto" (2 Reyes 19:30, NVI). Del mismo modo, el tiempo que pasamos a solas con Dios no se ve, pero sustenta nuestra fe y proporciona una evidencia externa de la misma. Al igual que las raíces beben sin cesar el agua y los nutrientes, nosotros necesitamos recurrir constantemente a la fuerza, la sabiduría, la gracia y el amor de Dios. No podemos ganarnos estos dones. Únicamente Dios puede darlos de forma gratuita, pero nosotros debemos recibirlos.

Permanecer en Jesús tiene que ver con el desarrollo de raíces profundas y sanas en Él, las cuales riegan el agua viva del Espíritu Santo (Juan 4:10; 7:38-39). Mediante el tiempo devocional diario, echamos raíces en la Palabra de Dios, en la oración, en la gracia y en el amor. Recibir todo lo que necesitamos de Dios requiere fe y confianza para que crezcan raíces espirituales listas para absorber la provisión de Dios.

¿Qué alimento necesitas recibir de Dios hoy?
Echa raíces en la Palabra de Dios para recibir su SABIDURÍA.

La sabiduría es un don divino de Dios que se ofrece generosamente a quienes la piden (Santiago 1:5). Pero a menudo no la pedimos,

---

[1] Tripp, Paul. (2019) "Why Do I Need the Bible?" (¿Por qué necesito la Biblia?) Paul Tripp Ministries, Inc; 13 de mayo de 2019: https://www.paultripp.com/app-read-bible-study/posts/001-why-do-i-need-the-bible

por lo que no la recibimos (Santiago 4:2). Pasar tiempo con Dios, leer o escuchar su Palabra, se convierte en una oportunidad para aprovechar su sabiduría y su fuerza. Él guía nuestros caminos, nuestras conversaciones y nuestras relaciones.

> Qué alegría para los que no siguen el consejo de malos, ni andan con pecadores, ni se juntan con burlones, sino que se deleitan en la ley del Señor meditando en ella día y noche. Son como árboles plantados a la orilla de un río, que siempre dan fruto en su tiempo. Sus hojas nunca se marchitan, y prosperan en todo lo que hacen (Salmos 1:1-3).

Aférrate a la Palabra de Dios como los árboles se aferran firmemente a las raíces en la tierra. Comienza leyendo un versículo cada día del libro de Proverbios, uno de los libros sapienciales del Antiguo Testamento. Si pasas tiempo leyendo la Palabra de Dios, conocerás la voluntad de Dios y tus cimientos se mantendrán firmes a través de las tormentas más feroces de la vida (Mateo 7:24-25). Permanece en su Palabra.

Echa raíces en la oración para recibir su PAZ.

La oración, especialmente la privada, echa profundas raíces espirituales. Al igual que las raíces de las plantas beben agua sin cesar, nosotros "oramos sin cesar", bebiendo el refrigerio y la fuerza del Espíritu Santo (1 Tesalonicenses 5:17, NVI). No importa lo que ocurra en el mundo que nos rodea, cuando oramos *con gratitud*, Dios nos da su paz sobrenatural (Filipenses 4:6-7). Su paz es mayor que cualquier cosa que podamos entender o tratar de generar por nuestra cuenta. **Nuestra paz se alimenta de nuestra vida de oración.** La paz de Dios es la forma mediante la cual los creyentes que experimentan una pérdida o soportan una enfermedad crónica pueden decir: "Estoy bien, Dios está conmigo". La paz que reciben a través de la oración se convierte en un poderoso testimonio de la provisión y el cuidado de Dios. Reciben todo lo que necesitan de Dios cuando ponen su confianza en Él por medio de la oración.

> ¡Tú guardarás en perfecta paz a todos los que confían en ti, a todos los que concentran en ti sus pensamientos! (Isaías 26:3).

Jesús conocía el valor de vivir en este estado de paz continua y dependencia de su Padre, por lo que nos ofreció un modelo de tiempo de oración personal. Él "por su parte, solía retirarse a lugares solitarios para orar" (Lucas 5:16, NVI). También nos enseñó explícitamente sobre la oración: "Pero tú, cuando ores, apártate a solas, cierra la puerta detrás de ti y ora a tu Padre en privado. Entonces, tu Padre, quien todo lo ve, te recompensará" (Mateo 6:6, NTV). Quizá el padrenuestro sea el modelo de oración más detallado y frecuentemente memorizado.[1] Independientemente de cómo sea nuestra vida de oración personal, debemos tomar en cuenta que cuanto más tiempo pasemos hablando con Dios, más profundas serán nuestras raíces en su paciencia y paz. Permanece en oración.

Echa raíces en la gracia de Dios para recibir SU AMOR. Es difícil dar amor si uno mismo no lo ha recibido. Permanecer en Cristo es absorber intencionalmente el amor incondicional de Dios cada día. Cuando recordamos que no hay nada que podamos hacer para ganar o perder el amor de Dios, echamos raíces en su gracia. En lugar de suponer lo peor de los demás, creemos lo mejor. Nos volvemos menos críticos y difundimos el amor más rápidamente. Por medio de la fe, echaremos "raíces profundas en el amor de Dios, y ellas nos mantendrán fuertes" (Efesios 3:17). El apóstol Pablo conocía el poder del amor de Dios. Pedía en oración:

> Espero que puedan comprender, como corresponde a todo el pueblo de Dios, cuán ancho, cuán largo, cuán alto y cuán profundo es su amor. Es mi deseo que experimenten el amor de Cristo, aun cuando es demasiado grande para comprenderlo todo. Entonces serán completos con toda la plenitud de la vida y el poder que proviene de Dios (Efesios 3:18-19).

Cuando recibimos el inconmensurable amor de Dios, nos sentimos más seguros de lo que somos en Cristo. Esta experiencia nos cambia, por lo que nos convertimos en un conducto del amor

---

[1] El padrenuestro se basa en Mateo 6:9-13: "Padre nuestro que estás en el cielo, que sea siempre santo tu nombre. Que tu reino venga pronto. Que se cumpla tu voluntad en la tierra como se cumple en el cielo. Danos hoy el alimento que necesitamos, y perdónanos nuestros pecados, así como hemos perdonado a los que pecan contra nosotros. No permitas que cedamos ante la tentación, sino rescátanos del maligno" (NTV).

de Dios hacia los demás. Echando raíces profundas en el amor de Cristo es como cumplimos nuestro propósito de amar a los demás (día 16). Conoce quién eres *tú*, conociéndole bien a *Él*. Permanece en su amor (Juan 15:9).

Dios no tiene límites. Cuando permanecemos en Cristo, Él nos proporciona todo lo que necesitamos en el momento adecuado y de la manera correcta. "Por eso, de la manera que recibieron a Cristo Jesús como Señor, vivan ahora en él, arraigados y edificados en él, confirmados en la fe como se les enseñó, y llenos de gratitud" (Colosenses 2:6-7, NVI). Nuestro tiempo con Dios hace que profundicemos raíces en Él y que nos empapemos de su fuerza, a pesar de los desafíos cotidianos que enfrentemos. **A medida que echemos raíces abajo, crecerán también ramas arriba**; las cuales crecerán anchas y fuertes, cobijando a otros, sobreviviendo a las tormentas y dando mucho fruto. Mañana aprenderemos más sobre los frutos, pero por ahora, recuerda que tu tiempo diario con Dios es una obra que tiene que ver con las raíces, y las raíces son la clave para permanecer en Dios.

Permite que la Biblia te hable:
Salmos 1 (Opcional: Isaías 55)

Permite que tu mente piense:
1. ¿De qué manera la confianza en que Dios proveerá todo lo que necesitas cambia la forma en que soportas las dificultades?

2. ¿Qué hace que te distraigas de pasar tiempo con Dios cada día? ¿Qué cambios puedes hacer para echar raíces en Dios y en su Palabra?

3. ¿Qué necesitas recibir de Dios hoy?, ¿gozo?, ¿consuelo?, ¿discernimiento? Pídele a Dios que te ayude. Lo hará.

Permite que tu alma ore:
Padre, deseo crecer con raíces sanas en ti. Conforme pase tiempo contigo cada día, ayúdame a crecer en tu Palabra, en la oración y en tu amor. Haz que me aferre a ti para recibir todo lo que necesito y ser fuerte en los momentos difíciles. En el nombre de Jesús, amén.

Permite que tu corazón obedezca:
(¿Qué es lo que Dios te está llevando a conocer, valorar o hacer?)

DÍA 25

Da fruto mientras permaneces

> En cambio, la clase de fruto que el Espíritu Santo produce en nuestra vida es amor, alegría, paz, paciencia, gentileza, bondad, fidelidad, humildad y control propio.
> Gálatas 5:22-23 (NTV)

Si hubiera una palabra que describiera lo que ocurre en la vida de un creyente en el periodo comprendido entre el presente y el Cielo, sería *cambio*. Tener fe en Jesús nos coloca en un proceso de transformación que dura toda la vida. Somos hechos nuevos por completo en un sentido espiritual, pero la evidencia del cambio puede tardar en manifestarse. Es como una semilla que necesita tiempo para crecer antes de producir frutos. Nuestras vidas cambian genuinamente con el tiempo y, en algún punto, producen frutos espirituales. En ambos casos, Dios es el que produce el crecimiento. El apóstol Pablo lo dijo de esta manera: "Yo planté la semilla en sus corazones, y Apolos la regó, pero fue Dios quien la hizo crecer" (1 Corintios 3:6).

La hermosa realidad es que alguien plantó la semilla del evangelio en tu vida, ya sea hace días o años. Pero Dios hace crecer la semilla (Marcos 4:26-28). Él quiere que experimentes el verdadero amor, la libertad de las adicciones, la confianza pacífica, la emoción por el futuro y mucho más. No importa lo que hayas hecho o lo que te hayan hecho, Dios completará la obra que empezó en tu vida (Filipenses 1:6). Él transformará *cada parte de ti*:[1]

1. Tu **mente** en la mente de Cristo conforme lees la Palabra de Dios.
2. Tu **afecto** por Dios al recibir su amor incondicional.
3. Tu **voluntad** a medida que aprendas a permanecer, confiar y obedecer a Dios.
4. Tus **relaciones** en la medida en que amas a los demás, incluso a quienes son difíciles o diferentes a ti.
5. Tu **propósito** conforme aprendas a vivir para la gloria de Dios, no para la tuya.

¿Estás empezando a ver algunos de estos cambios? Anímate y agradece la buena obra de Dios en tu vida. Recuerda que lo importante no es lo que te queda por recorrer, sino lo que has recorrido. Aprenderemos más sobre este proceso de cambio (llamado santificación) en la semana 7. Pero, por hoy, recuerda que dar fruto es la evidencia del cambio y el resultado de la fe permanente.

Dar fruto es un precioso regalo que Dios nos da para que sepamos que le pertenecemos. No es necesario esperar hasta ver a Jesús para saber que tenemos una auténtica relación con Él. Recuerda que la salvación es solo por la fe, "pero la fe que salva no viene sola".[2] Jesús les dijo a sus discípulos:

> Ciertamente, yo soy la vid; ustedes son las ramas. Los que permanecen en mí y yo en ellos producirán mucho fruto porque, separados de mí, no pueden hacer nada. El que no permanece en mí es desechado como rama inútil y se seca. Todas esas ramas se juntan en un montón para quemarlas en el fuego. Si ustedes permanecen en mí y mis palabras permanecen en ustedes, pueden pedir lo que quieran, ¡y les será concedido! Cuando producen mucho fruto, demuestran que son mis verdaderos discípulos. Eso le da mucha gloria a mi Padre (Juan 15:5-8, NTV).

---

1 Pratt, Zane. "Making Disciples in Another Culture" (Haciendo discípulos en otra cultura); Conferencia Send (Breakout); 26 de julio de 2017; Orlando, FL.
2 Geisler, Norman L. (2011). "*Systematic Theology: In One Volume*" (Teología sistemática: en un tomo); Minneapolis, MN: Bethany House Publishers; p. 890.

Tú y yo podríamos leer este pasaje y pensar que el mandato es dar fruto. Pero en el idioma griego original del Nuevo Testamento, vemos que el mandato es permanecer en Jesús. Dar fruto es la evidencia de nuestra estrecha amistad con Él. Podemos descansar sabiendo que somos responsables no de la *cantidad* de frutos, sino de la *calidad* de nuestra relación con Dios.

Todos los creyentes pueden dar fruto en abundancia. Una viuda pobre puede dar tanto fruto como un pastor experimentado si permanece en Cristo y utiliza lo que Dios le ha dado para su gloria (Lucas 16:10). Dios nos transforma conforme a su naturaleza en la medida en que cooperamos (día 5): "Deshágansede su vieja naturaleza pecaminosa y de su antigua manera de vivir, que está corrompida por la sensualidad y el engaño. En cambio, dejen que el Espíritu les renueve los pensamientos y las actitudes. Pónganse la nueva naturaleza, creada para ser a la semejanza de Dios, quien es verdaderamente justo y santo" (Efesios 4:22-24, NTV). Cooperar no es una cuestión de autosuperación o **legalismo**. Se trata de revestirse del nuevo yo que Dios creó. No importa dónde vivamos o cuántos años hayamos vivido, Dios produce abundantes frutos en nosotros cuando permanecemos en Jesús.

Ahora que hemos aprendido el significado de dar fruto, es hora de definir lo que es. La Biblia describe el fruto de diferentes maneras: carácter semejante al de Cristo (Gálatas 5:22-23), conducta justa (Filipenses 1:11), alabanza (Hebreos 13:15) y guiar a otras personas a la fe en Cristo (Romanos 1:13-16). Jesús habló de dar fruto mediante *nuestro amor* a Dios y a los demás (Juan 15:9-17).

Hoy, centrémonos en el fruto de nuestro carácter conforme a Cristo, que brota primero en nuestros corazones y luego florece

> **Legalismo:**
> Seguir reglas obsesivamente. La gente cae en el legalismo cuando se esfuerza por ganar el favor de Dios o impresionar a los demás mediante una buena conducta externa o buenas obras. Jesús condena el legalismo. No podemos servirle si seguimos tratando de impresionar a otras personas (Gálatas 1:10) y no podemos ganar el favor de Dios a través de cualquier cosa que hagamos. En cambio, recibimos el favor de Dios por medio de lo que Jesús hizo por nosotros (Efesios 2:8-9). La obediencia piadosa no fluye del legalismo, sino de la gratitud y el amor por Dios y por todo lo que ha hecho por nosotros.

en nuestras acciones. El amor, la alegría, la paz, la paciencia, la amabilidad, la bondad, la fidelidad, la mansedumbre y el control propio están relacionados entre sí: son diferentes aspectos de un mismo fruto, cultivado por el Espíritu, en ti. Si tenemos amor, tendremos alegría. Si tenemos alegría, tendremos paz. Lo mismo ocurre cuando carecemos de fruto. Sin paz, no podemos tener paciencia. Sin paciencia, no podemos tener control propio y así sucesivamente. El fruto del Espíritu aumentará o disminuirá de la misma manera que aumenta o disminuye nuestra relación con Dios.

A veces estamos tentados a pensar que podemos cultivar algunos aspectos de este fruto y otros no. Alguien puede decir: "Nunca he sido una persona paciente, pero puedo crecer en otros aspectos". O: "Mi padre era hostil, así que nunca aprendí a ser amable". Pero no podemos renunciar a crecer en algunos aspectos del carácter piadoso porque sean difíciles. Tampoco debemos limitar la obra de Dios en nuestras vidas por causa de nuestras personalidades, nuestros pasados o nuestras culturas. *Todos* los aspectos del fruto espiritual son *esenciales*. Afortunadamente, si crecemos de manera auténtica en alguno de estos aspectos, creceremos también en los otros.

Si queremos saber si la fe es auténtica, miremos el fruto. Jesús dice: "Un buen árbol produce frutos buenos y un árbol malo produce frutos malos... Así es, de la misma manera que puedes identificar un árbol por su fruto, puedes identificar a la gente por sus acciones" (Mateo 7:17, 20). Pídele a Jesús que te ayude a librarte de los malos frutos. Él puede ayudarte a producir el buen fruto que demuestra que le perteneces. "Líbrense de toda amargura, furia, enojo, palabras ásperas, calumnias y toda clase de mala conducta. Por el contrario, sean amables unos con otros, sean de buen corazón, y perdónense unos a otros, tal como Dios los ha perdonado a ustedes por medio de Cristo" (Efesios 4:31-32). Sí, perdónense unos a otros.

El perdón es inherente a todo buen fruto. Como aprendimos en el día 10, si Dios nos perdona, podemos perdonar a quienes nos hacen daño. Este es un paso esencial en nuestro camino de fe y por eso queremos mencionarlo nuevamente. Porque recibir el perdón de Dios y transmitir el perdón a los demás suaviza nuestro corazón y nos permite cultivar el fruto del Espíritu. El perdón no condona ni excusa las ofensas, pero nos libera del rencor que envenena el buen fruto. Al recordar que *somos* perdonados, ya no nos ofendemos fácilmente. Un corazón que perdona es paciente, amable y leal.

En cambio, la mala hierba de la falta de perdón ahoga los buenos frutos. Bloquea el amor, mata la alegría y roba la paz. Puede conducir a la amargura que hace que seamos impacientes, desconsiderados e incluso odiosos. Puede hacer que perdamos la fe en la gente y que nos volvamos duros y negligentes con nuestras palabras y acciones. Cuando nos negamos a perdonar a los demás, suele ser porque no entendemos o no recordamos cuánto nos ha perdonado Dios (Lucas 7:47). La dura verdad es que cuando nos negamos a perdonar, permanecemos en esclavitud y traicionamos la gracia de Dios (lee Mateo 18:21-35, una parábola sobre el deudor incapaz de perdonar). Amigo, el **perdón no libera al ofensor; nos libera a nosotros y nos pone en un camino que nos saca del dolor**. Este difícil paso trae sanación y salud para dar buenos frutos.

El buen fruto revela la verdadera fe. Llevar fruto no es solo una evidencia del cambio interno del corazón, sino que también se revela en las acciones externas. Santiago dice que la fe real produce buenas obras, buenos frutos (Santiago 2:26). "Nos salvamos *por* fe, no *por* obras" (Efesios 2:8-10; Tito 3:3-8).[1] Dios también está obrando en tu vida en este momento, transformándote para que produzcas frutos espirituales. No te desanimes si el cambio no se produce rápidamente; eso es parte de la obra profunda que es necesaria para tu verdadera historia (día 24). "Así que no nos cansemos de hacer el bien. A su debido tiempo, cosecharemos numerosas bendiciones si no nos damos por vencidos" (Gálatas 6:9, NVI). Sigue alimentándote de la vid. No te rindas. Dios producirá una cosecha a través de ti cuando sea el momento adecuado, y será deliciosa.

Ibíd., 1041.

Permite que la Biblia te hable:
Gálatas 5:13-6:10 (Opcional: Santiago 2:14-26)

Permite que tu mente piense:
1. ¿Qué te dicen los frutos que ves en tu vida sobre tu fe?

2. Piensa en quién ha sembrado semillas del evangelio en tu vida y agradece a Dios por ello. ¿Hay alguien en tu vida que esté alejado de Dios y en el que puedas sembrar con amor las semillas del evangelio?

3. ¿Hay alguien a quien necesites perdonar? Haz una lista de las personas o las heridas que tengas que perdonar. Pídele ayuda al Espíritu Santo para perdonar y liberar cada ofensa o persona que te venga a la mente. El **perdón es un paso necesario en tu camino de fe**. Si no puedes perdonar, busca un pastor de confianza o un amigo cristiano maduro para que te ayude.

Permite que tu alma ore:
Padre, produce buenos frutos en mi vida para tu gloria. Te ruego que cuando otros pasen tiempo conmigo, prueben tu bondad. Muéstrame cualquier fruto en mi vida que no te complazca; quítalo y limpia mi corazón para que pueda cultivar buenos frutos: el fruto del amor, la alegría, la paz, la paciencia, la amabilidad, la bondad, la gentileza, la fidelidad y el control propio. Ayúdame a perdonar a los demás como tú me has perdonado. Gracias por todo lo que estás haciendo en mí y a través de mí. En el nombre de Jesús, amén.

Permite que tu corazón obedezca:
(¿Qué es lo que Dios te está llevando a conocer, valorar o hacer?)

Resiste a la tentación

¡Hagan lo bueno y huyan del mal para que vivan!
Amós 5:14

Resistir a la tentación es más complicado de lo que pensamos. La mayoría de las personas no saben cómo prever el poder de los impulsos y se exponen involuntariamente a la tentación. Al igual que el paso de ayer sobre perdonar, lo cual a veces es complicado pero necesario, hoy damos un paso difícil para protegernos del pecado, porque el pecado es grave.

Nunca comprenderemos del todo los efectos nocivos del pecado en la creación. Pero podemos darnos cuenta de lo grave que es cuando entendemos la dura respuesta de Dios a este. El precio que pagó Jesús, su unigénito, por nuestros pecados, fue la crucifixión. Estuvo desnudo, ensangrentado, escarnecido y abandonado para que se nos pudiera perdonar, sanar, favorecer y adoptar. Jesús no solo pagó el precio de nuestro pecado, sino que también suprimió su *poder* sobre nosotros. Antes éramos esclavos del pecado, pero ahora somos libres (Romanos 6:22). Podemos vivir *para* Dios, *con* Dios y *en* Dios. **Nada nos separará del amor de Dios** (Romanos 8:38). Ni siquiera el pecado.

Pero el pecado sigue haciendo daño. Nos hace daño a nosotros y a todas nuestras relaciones, especialmente a nuestra relación con Dios. **El pecado bloquea nuestra conexión con la vid**. Si nos separamos de nuestra fuente de vida, se marchitarán nuestra paz, fuerza y gozo. No produciremos ningún fruto bueno. Sentirás que Dios está distante, que la oración es inerte y que su Palabra es aburrida. El pecado quiebra nuestro permanecer y hace que suframos las consecuencias de esa separación.

Si sigues tratando de ocultar el pecado, no has entendido nada. El pecado siempre tiene consecuencias, consecuencias terribles, que obstruyen la vida abundante (las bendiciones) por la que murió Jesús con el fin de dártela.

La preocupación te quita el reposo. Los celos aplastan la paz. Los chismes dañan las amistades. El miedo asfixia la fe. Las quejas matan el gozo. La mentira rompe la confianza. La infidelidad destruye las relaciones.

Todos deseamos tener reposo, paz, amistad, fe y gozo. Todos queremos relaciones fidedignas. Por lo tanto, comprendamos los hechos y pongamos en marcha un plan.

La realidad es que nuestros deseos enfermizos pueden conducirnos al pecado (Santiago 1:14), y nuestro enemigo conoce nuestras debilidades: " [nuestro] intenso deseo por el placer físico, [nuestro] deseo insaciable por todo lo que vemos, y [nuestro] orgullo de nuestros logros y posesiones" (1 Juan 2:16). Satanás también tentó a Jesús en cada una de estas áreas, pero Él se mantuvo fiel. Aprendamos del ejemplo perfecto de Jesús.[1]

En primer lugar, Satanás utilizó la tentación física para instar a Jesús a hacer lo que parecía correcto (Lucas 4:3-4). Cuando Jesús ayunó durante cuarenta días, Satanás lo tentó a convertir las piedras en pan. "Jesús le respondió: 'Escrito está: No solo de pan vive el hombre'" (Lucas 4:4, NVI). Jesús confió en que Dios satisfaría sus necesidades *en el momento oportuno*. Amigo, el enemigo susurra: "Te lo estás perdiendo; nadie lo sabrá; solo será una vez" o "Todo el mundo peca y todos los pecados son iguales; además, Dios quiere que seas feliz". No escuches estas mentiras. Sin Dios, no tenemos nada bueno (Salmos 16:2). Confía en que Dios te satisfará. "Si Dios no se guardó ni a su propio Hijo, sino que lo entregó por todos nosotros, ¿no nos dará también todo lo demás?" (Romanos 8:32). Dios proveerá de la manera adecuada.

---

[1] Lee en Lucas 4:1-13 el relato completo de cómo Satanás tentó a Jesús en el desierto. Toma en cuenta que, aunque Jesús estaba libre de pecado, aun así experimentó la tentación. Este hecho demuestra que la tentación de pecar no es el pecado en sí mismo.

Luego, Satanás utilizó la tentación emocional para que Jesús cuestionara el amor de Dios (Lucas 4:5-8). Satanás le mostró a Jesús todos los reinos del mundo y se los ofreció. Todo lo que tenía que hacer era adorarlo, pero Jesús se rehusó. Confió en que Dios le daría lo que era legítimamente suyo *en el momento oportuno*. Amigo, el enemigo te mostrará la riqueza, la belleza y el poder terrenal. Te dirá: "Eres insignificante. No eres lo suficientemente inteligente. No tienes suficiente dinero. No eres atractivo". Tratará de convencerte de que te sentirás pleno y satisfecho si te enfocas en todas esas cosas. No lo escuches, resístete a él. Está tratando de dirigir tu adoración lejos de Dios y hacer que vivas en un constante frenesí. Si no estás satisfecho no teniendo esas cosas, tampoco te sentirás satisfecho teniéndolas. El enemigo rompe las promesas y roba las bendiciones. Dios cumple sus promesas y da verdaderas bendiciones: no siempre son riquezas terrenales efímeras, sino riquezas celestiales eternas; no necesariamente es belleza física que se desvanece, sino belleza interior que no se desvanece; no es poder mundano, sino influencia piadosa.[1] Sé fiel con lo poco y Dios te confiará muchas cosas más (Mateo 25:23).

Finalmente, Satanás utilizó la tentación del orgullo para cuestionar la identidad de Jesús (Lucas 4:9-12). Quería que Jesús saltara desde el techo del templo para probar su identidad como el Mesías, sabiendo que los ángeles lo atraparían. Jesús se rehusó. No necesitaba probarse a sí mismo. Confiaba en que Dios revelaría su verdadera identidad *en el momento oportuno*. Satanás cuestionará tu identidad en Cristo y te tentará para que busques la aprobación de los demás. Te susurrará: "¿Eres realmente hijo de Dios? ¿Realmente te ama? Entonces demuéstralo. Trabaja más duro. Actúa. Esfuérzate". No lo escuches, resiste. Por supuesto que eres hijo de Dios. No hace falta que les demuestres tu identidad a los demás o a ti mismo.

Satanás nos tienta como tentó a Jesús. Es el padre de todas las mentiras y tiene una misión: robar, matar y destruir (Juan 8:44; 10:10). Odia a Dios y odia nuestra conexión permanente con Dios. Quiere que cedamos a la tentación para poder romper esa conexión.

---

1 Mateo 5:13-14; 6:19-20; 1 Pedro 3:3-4.

La tentación en sí misma no es pecado; es un llamado a la batalla. He aquí cómo luchar y ganar:

1. **Confía en el Espíritu Santo, no en tu fuerza de voluntad.**[1] Nunca estás solo. Dios está contigo, está *en* ti y "puede evitar que caigas" (Judas v. 24, NTV). "Y Dios es fiel; no permitirá que la tentación sea mayor de lo que puedan soportar. Cuando sean tentados, Él les mostrará una salida, para que puedan resistir" (1 Corintios 10:13). Gracias al poder del Espíritu Santo, podemos tomar *siempre* la decisión correcta. Ya no somos esclavos del pecado, y ahora tenemos el poder y la autoridad para tomar mejores decisiones. Confía en el Espíritu Santo y activa la promesa: "Resistan al diablo, y él huirá de ustedes" (Santiago 4:7, NTV).

2. **Habla la Palabra de Dios.** Las palabras son poderosas (Proverbios 18:21; Mateo 12:37). Cada vez que Satanás tentaba a Jesús, Jesús citaba la Escritura en respuesta. Jesús conocía versículos para cada tentación específica. Él estaba preparado *antes del* ataque; nosotros también podemos estarlo. Jesús te ha dado ya la victoria, así que habla de esa verdad en voz alta: "Soy un hijo de Dios con victoria sobre _____" (ver 1 Corintios 15:57). Ejerce autoridad sobre la tentación. Puede que no tengas control sobre un primer pensamiento impío, pero sí lo tienes sobre el segundo pensamiento y la potencial acción equivocada a través del poder del Espíritu Santo.

3. **Evita las tentaciones.** Jesús oró: "No permitas que cedamos ante la tentación" (Mateo 6:13, NTV). También enseñó que debemos deshacernos de nuestros ojos, manos y pies si nos hacen pecar (Marcos 9:43-48). No hablaba de una amputación, pero sí quería transmitir la seriedad con la que debemos evitar la tentación. ¿Qué te tienta? No lo mires, no lo toques y no te acerques a eso. "Y no se permitan pensar en formas de complacer los

> Cuando **CONFIESAS**, admites el pecado y concuerdas con Dios en que es malo. Cuando te **ARREPIENTES**, te alejas del pecado y obedeces a Dios, haciendo lo que es correcto.

---
[1] En la semana 7, aprenderás más sobre el Espíritu Santo y cómo trabajar con él.

malos deseos" (Romanos 13:14). Los placeres efímeros del pecado no justifican las consecuencias.

4. **Pide ayuda.** Satanás tiene como objetivo a los solitarios del mismo modo que los depredadores tienen como objetivo a las presas aisladas. Busca amigos; conéctate con los creyentes locales en una iglesia. Ayúdense mutuamente a prestar atención a Dios y a rendir cuentas a fin de resistir las tentaciones que todos enfrentamos. Comparte tus luchas contra el pecado. Memoricen juntos pasajes bíblicos que les den fuerza. Anímense unos a otros y reúnanse con frecuencia. "Confiésense los pecados unos a otros y oren los unos por los otros, para que sean sanados" (Santiago 5:16).

El pecado es peligroso. No permitas que Satanás te diga lo contrario. Ningún placer físico, posesión o logro en esta vida vale la pena como para romper la comunión con Dios.

Pero si pecas (como todos lo hacemos), confiesa el pecado y arrepiéntete de inmediato. "Si afirmamos que no tenemos pecado, lo único que hacemos es engañarnos a nosotros mismos y no vivimos en la verdad; pero si confesamos nuestros pecados a Dios, él es fiel y justo para perdonarnos nuestros pecados y limpiarnos de toda maldad" (1 Juan 1:8-9).

Jesús no solo nos rescata del castigo del pecado, sino que también nos rescata de la tentación. Permanece en Él.

DÍA 26

Permite que la Biblia te hable:
Colosenses 3:1-17 (Opcional: Santiago 4).

Permite que tu mente piense:
1. ¿Qué personas, lugares y cosas te tientan? ¿Cómo puedes evitarlos?

2. Identifica, escribe y memoriza pasajes bíblicos específicos que te ayuden a resistir las tentaciones que enfrentas con más frecuencia.

Permite que tu alma ore:
Señor, gracias por pagar el precio máximo para rescatarme del pecado. Oh, Dios, que nunca use tu gracia como excusa para pecar. Líbrame de los hábitos pecaminosos, y líbrame de la tentación para que pueda disfrutar de una estrecha amistad contigo. En el nombre de Jesús, amén.

Permite que tu corazón obedezca:
(¿Qué es lo que Dios te está llevando a conocer, valorar o hacer?)

Pelea con la armadura de Dios

Guíame por el camino correcto, oh Señor, o mis enemigos
me conquistarán; allana tu camino para que yo lo siga.
Salmos 5:8

Imagínate un camino que conduzca a Dios, subiendo colinas, atravesando valles y cruzando ríos. Al seguir a Jesús, tenemos que permanecer en este camino aunque sea estrecho y difícil (Mateo 7:14) –estrecho porque Jesús es el único camino al Padre (Juan 14:6) y difícil porque nuestra vieja naturaleza pecaminosa obstaculiza a nuestros cuerpos. Vivimos en un mundo lleno de tentaciones, distracciones, falsas religiones y pecado. Todo lo cual utiliza el enemigo para apartarnos del camino en el que estamos con Jesús. Afortunadamente, hay una manera de mantenerse en el camino, una manera de seguir el buen camino que se estableció para nosotros.

Permanecer en la fe.

Como hemos estado aprendiendo durante toda la semana, permanecer en Jesús nos conecta con Él, el único camino al Padre. Cuando permanecemos en Él, nos mantenemos en su camino porque somos uno con Él. Satanás conoce el increíble poder de permanecer en Jesús y hará cualquier cosa para romper nuestra unidad con Dios. Pero nosotros conocemos su estrategia ancestral y sabemos cómo resistir a sus tentaciones. Hoy aprenderemos más sobre su forma de actuar y cómo mantenernos firmes en nuestra fe:

Porque nuestra lucha no es contra seres humanos, sino contra poderes, contra autoridades, contra potestades que dominan este mundo de tinieblas, contra fuerzas espirituales malignas en las regiones celestiales (Efesios 6:12, NVI).

El enemigo no es el hombre, sino Satanás. Puesto que estamos en Cristo, Satanás no puede controlarnos, pero eso no le impide acechar a lo largo del camino de Dios. A veces susurra mentiras o grita insultos y acusaciones. Otras veces, actúa a través de prácticas prohibidas, como el ocultismo o la brujería (Gálatas 5:19-21). Trata de interrumpir nuestra comunicación con Dios y envía distracciones para alejarnos. Envía gente para dividirnos y sembrar dudas en nuestras mentes. *Satanás es el perpetrador de la confusión y la división.* Presta atención, pues su forma de proceder no siempre parece maligna de inmediato (2 Corintios 11:14). Jesús lo llamó padre de la mentira (Juan 8:44). Pero no tengas miedo, porque Satanás no es rival para Dios: "Porque el Espíritu que vive en ustedes es más poderoso que el espíritu que vive en el mundo" (1 Juan 4:4, NTV). Satanás *no* es omnipresente (que está en todas partes, todo el tiempo), ni omnisciente (que todo lo sabe) ni omnipotente (que todo lo puede). No puede leer nuestras mentes y no tiene autoridad sobre nosotros. Podemos caminar en total paz, disfrutando plenamente de Dios en el camino, porque Dios no solo está *con* nosotros, sino que también nos *equipa* para la victoria con una armadura especial:

> Por lo tanto, pónganse toda la armadura de Dios, para que cuando llegue el día malo puedan resistir hasta el fin con firmeza. Manténganse firmes, ceñidos con el cinturón de la verdad, protegidos por la coraza de justicia, y calzados con la disposición de proclamar el evangelio de la paz. Además de todo esto, tomen el escudo de la fe, con el cual pueden apagar todas las flechas encendidas del maligno. Tomen el casco de la salvación y la espada del Espíritu, que es la palabra de Dios. Oren en el Espíritu en todo momento, con peticiones y ruegos. Manténganse alerta y perseveren en oración por todos los santos (Efesios 6:13-18, NVI).

Dios está dispuesto a luchar por su pueblo y nos da su armadura (Isaías 59:17). Cada pieza de la armadura simboliza una característica importante de su protección hacia nosotros. En el libro de Efesios (cap. 6), el apóstol Pablo utilizó la imagen de la armadura de un soldado romano para ilustrar nuestra armadura espiritual. Veamos cómo nos protege cada pieza conforme permanecemos en Cristo:

1. **El cinturón de la verdad:** este te sostiene cuando caminas por el camino de Dios. Los antiguos romanos creían que el área de la cintura era donde se encontraban las emociones. Algunas culturas aún tienen este punto de vista. Ceñir (rodear y asegurar) esta área significa mantener las emociones bajo control alineándolas con la verdad. Cuando nos ponemos el cinturón de la verdad, alineamos nuestros pensamientos, actitudes y acciones con la verdad de la Palabra de Dios (Juan 17:17). Satanás miente en todo. Él distorsiona la Palabra de Dios y manipula nuestras emociones. Envía falsos maestros para apartarnos del camino de Dios. Utiliza el miedo y la autocompasión para hacernos caer. Sin embargo, cuanto más nos ceñimos el cinturón de la verdad de Dios, menos probable es que caigamos en el engaño del enemigo. "Y conocerán la verdad, y la verdad los hará libres" (Juan 8:32, NTV). Ponte el cinturón de la verdad.

2. **La coraza de la justicia:** esta cubre el pecho, que los romanos consideraban como el lugar en el que habita el alma, con la justicia de Jesús (su perfecta obediencia y virtud). También te defiende contra dos de los enemigos más feroces del alma, la justicia propia y la autocondenación:
    - *La justicia propia rechaza la justicia de Cristo por considerarla innecesaria,* pues dice: "No necesito un salvador. Soy lo suficientemente bueno. Dios me debe su favor".
    - *La autocondenación, el otro extremo, rechaza la justicia de Cristo por considerarla insuficiente,* pues dice: "La obra de Cristo en la cruz no fue suficiente. Soy demasiado pecador. Debo esforzarme más para ganar el favor de Dios".

    Ambas son formas peligrosas de orgullo, que evidencian nuestra creencia en la autosuficiencia, en la capacidad de ganarnos el favor de Dios por nuestra cuenta. Ambas ignoran la realidad de la gracia de Dios (Gálatas 2:21). En su gracia, **Dios le transfirió nuestros pecados a Jesús en la cruz y nos transfirió su justicia a nosotros (2 Corintios 5:21; 1 Pedro 2:24). ¡El intercambio más grande!** Ahora la justicia de Cristo —que es necesaria y suficiente— nos cubre. Pon tu fe en la justicia de Jesús. Confía en que *ya* eres justo en Él, y *vive* de una manera que honre tu llamado. El pecado le da al enemigo un punto de apoyo en tu vida, una oportunidad para sacarte del camino de Dios (Efesios 4:27). Protege tu corazón poniéndote continuamente la coraza de la justicia.

3. **El calzado de la paz:** durante el primer siglo de nuestra era, los soldados romanos usaban sandalias con clavos atadas con gruesas correas de cuero. Ofrecían una base sólida para la batalla incesante. El calzado estabiliza los pies. Satanás trata de desequilibrarte causando divisiones relacionales, especialmente dentro de la iglesia. No se lo permitas. Dios nos ha dado un cimiento de paz (Lucas 21:26; Juan 16:33). Sé un pacificador. Jesús dijo que la unidad entre sus seguidores mostraría al mundo que Dios lo envió (Juan 17:21). Vive en paz con Dios y con los demás, y cuando los demás te pregunten por la paz que ven en tu vida, "estate siempre preparado para dar una explicación" (1 Pedro 3:15). "¡Qué hermoso es recibir al mensajero que trae buenas nuevas!" (Romanos 10:15, NVI). Ponte el calzado de la paz.

4. **El escudo de la fe:** los soldados romanos empapaban primero sus escudos en agua para protegerse de los dardos de fuego de sus enemigos. El escudo de la fe apaga las flechas de fuego de nuestro enemigo: la duda, la vergüenza, el miedo y la culpa. Puede gritar: "¡No debes confiar en Dios! ¡Dios no te ama realmente! No vales nada". Pero puedes detener estas flechas con fe en la bondad de Dios, en el amor de Dios y en Jesús. "Y logramos esa victoria por medio de nuestra fe" (1 Juan 5:4). La fe viene por oír la Palabra de Dios, así que escucha a Dios (Romanos 10:17). Medita en su Palabra a medida que camines con Él. "Pues vivimos por lo que creemos y no por lo que vemos" (2 Corintios 5:7, NTV).

5. **El casco de la salvación:** este protege tus pensamientos. Es la seguridad de la salvación que protege tu mente de los engaños de Satanás. Saber que eres salvo es una fuerte defensa contra la duda, el miedo, la confusión y la inseguridad (1 Juan 5:11-13). El enemigo no puede robarte la salvación (Juan 10:28). Dios te ha rescatado del pecado y te ha adoptado como su propio hijo. Eres suyo para siempre. Has sido perdonado para siempre. Eres amado para siempre. Él te cubre y te protege. "Oh Señor Soberano, tú eres el poderoso que me rescató. Tú me protegiste en el día de la batalla" (Salmos 140:7, NTV). No tienes nada que temer.

6. **La espada del Espíritu:** es la Palabra de Dios. En Efesios 6:17, "palabra" se refiere a lo que Dios dice.[1] Tenemos que apoderarnos de las palabras que se encuentran en la Biblia y utilizarlas para luchar contra el enemigo. La Palabra de Dios permanece en ti mientras tú permanezcas en Él (Juan 15:7). La **Escritura nos ayuda a discernir lo que es casi verdadero de lo que es realmente verdadero. Lo casi verdadero sigue siendo falso**, y peligroso. A veces Satanás se muestra con un aspecto atractivo (2 Corintios 11:14), pero no te dejes engañar. Si el enemigo te presenta alternativas atractivas al camino de Dios, la Palabra de Dios te indicará el camino correcto para que puedas seguirlo (Salmos 119:105). La espada del Espíritu es la única arma ofensiva de nuestra armadura. Es "viva y poderosa. Es más cortante que cualquier espada de dos filos; penetra entre el alma y el espíritu, entre la articulación y la médula del hueso. Deja al descubierto nuestros pensamientos y deseos más íntimos" (Hebreos 4:12, NTV). Úsala para acabar con las mentiras del enemigo, como hizo Jesús.

La espada del Espíritu siempre está afilada y es eficaz en la batalla. Pero, ¿con cuánta firmeza la empuñamos? ¿Iríamos a la batalla sosteniendo un arma mortal con solo dos dedos? Claro que no. Si lo hiciéramos, nos derrotarían fácilmente. Del mismo modo, sostener la espada del Espíritu sin firmeza (es decir, no abrir ni leer la Biblia al enfrentar el mundo cada día), es una opción peligrosa.

---

1 Vine E. William (1984) "Diccionario expositivo de palabras del Antiguo y Nuevo Testamento exhaustivo". Nashville: Thomas Nelson; p. 683.

¿Por qué iríamos a la batalla ignorando nuestra arma más efectiva? Amigo, tenemos que aprender a manejar bien esta arma (2 Timoteo 2:15). Mantén la Palabra de Dios a la mano y sostenla con fuerza.

7. **Oración constante:** ningún soldado va a la batalla sin alguna forma de comunicarse con sus líderes. Tampoco debemos hacerlo nosotros. Necesitamos estar en constante comunicación con nuestro líder para recibir dirección. "Te guiaré por el mejor sendero para tu vida; te aconsejaré y velaré por ti" (Salmos 32:8, NTV). Ora siempre por ti y por los demás, para que te mantengas firme en la fe y para que proclames con valentía el mensaje de Jesús (Efesios 6:19). Habla con Dios y escucha sus instrucciones.

Pensar en la vida como una batalla constante puede parecer intenso, agotador e incluso aterrador. Pero no lo es. Batallar no consiste en desangrarse o rendirse ante el enemigo. Se trata de permanecer en Jesús. Él ya se desangró por nosotros y ganó la victoria (1 Juan 5:4). Descansa en su capacidad para luchar por ti (Éxodo 14:14). **La batalla le pertenece a Dios** (2 Crónicas 20:15).

DÍA 27

Permite que la Biblia te hable:
Salmos 91 (Opcional: Isaías 59:17-19).

Permite que tu mente piense:
1. ¿De qué manera saber que Dios está contigo cambia la forma en que ves tu viaje?

2. ¿Qué piezas de la armadura te serían más útiles para resistir al enemigo?

3. ¿Cómo podemos estar seguros de que la victoria es nuestra? (Salmos 91; Efesios 1:19-23).

Permite que tu alma ore:
Señor, ayúdame a permanecer en ti y a confiar en que tú me guías. Recuérdame que debo ponerme la armadura de tu fuerza para poder resistir al diablo y animar a otros creyentes que caminan conmigo. Ayúdame a disfrutar de este viaje contigo y a crecer más cerca de ti con cada paso que doy. En el nombre de Jesús, amén.

Permite que tu corazón obedezca:
(¿Qué es lo que Dios te está llevando a conocer, valorar o hacer?)

Entra en el descanso de Dios a través de su Palabra

Así que todavía hay un descanso especial en espera para el pueblo de Dios. Pues todos los que han entrado en el descanso de Dios han descansado de su trabajo, tal como Dios descansó del suyo después de crear el mundo. Entonces, hagamos todo lo posible por entrar en ese descanso.
Hebreos 4:9-11 (NTV)

En el principio, Dios creó los cielos y la tierra (Génesis 1). Él confirió poderosamente la existencia a toda la creación y sopló vida en el cuerpo modelado de Adán. Cuando todo estaba dicho y hecho, Dios volvió a crear: creó un día de descanso. Desde las primeras páginas de la Biblia, vemos un ritmo de trabajo y descanso que continúa a lo largo de la historia de Dios:

- "Tienes seis días en la semana para hacer tu trabajo habitual, pero el séptimo día dejarás de trabajar" (Éxodo 23:12).
- "Trabaja durante seis días, pero descansa el séptimo. Ese día deberás descansar, incluso en el tiempo de arar y cosechar" (Éxodo 34:21, NVI).
- "Quédate quieto en la presencia del Señor, y espera con paciencia a que él actúe" (Salmos 37:7, NTV).
- "¡Quédense quietos y sepan que yo soy Dios!" (Salmos 46:10, NTV).

- "Vayamos solos a un lugar tranquilo para descansar un rato" (Marcos 6:31, NTV).

Puede parecer extraño que Dios tenga que ordenarnos que descansemos, pero los seres humanos tienen una larga historia de resistencia al descanso. ¿Por qué nos resistimos a él? Quizá porque no lo entendemos. Como vemos en Génesis, Dios fue el primero en descansar. "Cuando llegó el séptimo día, Dios ya había terminado su obra de creación, y descansó de toda su labor. Dios bendijo el séptimo día y lo declaró santo, porque ese fue el día en que descansó de toda su obra de creación" (Génesis 2:2-3). Lo primero que Dios declara santo no es a una persona o un objeto, sino a un día. Descansó después de terminar su obra y llamó a su día de descanso "santo" o separado. Basándonos en estos versículos, podríamos definir el descanso como un tiempo separado para disfrutar de la obra de Dios.

Pero este concepto de descanso es más que una pausa en el trabajo. Otro versículo ofrece más información: "Ustedes se salvarán solo si regresan a mí y descansan en mí. En la tranquilidad y en la confianza está su fortaleza" (Isaías 30:15). En este caso, descansar es volver a Dios, aquietar nuestro corazón en su presencia y poner nuestra confianza en Él. **Descansar es demostrar nuestra confianza en Dios**. Si bien Dios

---

Un día de descanso

Para los creyentes, el descanso espiritual en Jesús es una forma de vida. Sin embargo, además del descanso espiritual, Dios hizo que nuestros cuerpos necesitaran descanso físico. Es sabio tomar un día de descanso cada semana si es posible. Conforme nos agotamos en el servicio, debemos tomar un tiempo para recargarnos.

Después de que Dios usó a Elías para demostrar su gran poder en el monte Carmelo, Elías quedó exhausto y deprimido (ver día 12). Dios sabía que la depresión espiritual de Elías provenía del agotamiento físico, así que satisfizo sus necesidades físicas. Después de que Dios le dio descanso y comida, pudo volver a hacer su obra (1 Reyes 18-19).

¿Qué es lo que te restaura? Si tu trabajo implica un esfuerzo físico, es posible que necesites descansar físicamente leyendo un libro o pasando un rato con los amigos. Si tu trabajo no es físicamente activo, puedes necesitar descansar saliendo al exterior para disfrutar de la creación de Dios. Jesús dijo: "El día de descanso se hizo para satisfacer las necesidades de la gente, y no para que la gente satisfaga los requisitos del día de descanso" (Marcos 2:27). No hay necesidad de ser legalista con respecto al día de descanso semanal. Solo recuerda que Dios te dio un cuerpo físico con limitaciones físicas. Descansa.

mandó a los israelitas que hicieran una pausa en el trabajo físico con un día de descanso con el fin de que recordaran su liberación (Deuteronomio 5:15), vemos que el descanso de Dios no es solo inactividad física.

Durante la época de Jesús, los líderes religiosos entendían mal el descanso. Cuando acusaron a los discípulos de Jesús de quebrantar el sabbat, Jesús les respondió diciendo: "El día de descanso se hizo para satisfacer las necesidades de la gente, y no para que la gente satisfaga los requisitos del día de descanso" (Marcos 2:27, NTV). Posteriormente lo atacaron por romper las reglas del sabbat hechas por el hombre. Pero el descanso del sabbat estaba destinado a ayudarlos, no a agobiarlos. Su obsesión con las reglas del descanso no les permitió ver la esencia del descanso (y la única fuente real de este): Jesús, el Señor del sabbat (Mateo 12:8).

Por medio de Jesús, disfrutamos del descanso definitivo: la paz con Dios. Podemos confiar en Él y entregarle todo para encontrar descanso en Él. Él nos invita a acompañarlo en el verdadero descanso que solo Él puede proporcionar:

> **Yugo:**
> Un armazón ajustado que se lleva sobre los hombros para ayudar a una persona o a un animal a llevar una carga en partes equitativas.

"Luego dijo Jesús: 'Vengan a mí todos los que están cansados y llevan cargas pesadas, y yo les daré descanso. Pónganse mi **yugo**. Déjenme enseñarles, porque yo soy humilde y tierno de corazón, y encontrarán descanso para el alma. Pues mi yugo es fácil de llevar y la carga que les doy es liviana'" (Mateo 11:28-30, énfasis añadido).

El descanso, en el sentido más amplio de la palabra, fluye de nuestra relación con Dios, una relación que solo es posible a través de Cristo. Por lo tanto, **descansar significa algo más que un día libre de trabajo a la semana; significa también permanecer en Jesús como forma de vida.** El descanso físico, mental, emocional y espiritual es un regalo de Dios que no tiene precio.

Descansamos físicamente de nuestro trabajo.
Descansamos de nuestra ansiedad, miedo o preocupación.
Descansamos en la salvación de Dios.

La gracia de Dios hace posible trabajar y descansar. Pero si buscamos nuestra valía en el trabajo, descansar será difícil. Si encontramos nuestra valía en Jesús, ya no pondremos nuestra confianza en lo que *hacemos*, sino en lo que *Él* ha hecho. Descansamos en Él. Y cuando trabajamos, no lo hacemos para ganar el amor de Dios, sino en respuesta a su amor. El trabajo y el descanso se mantienen en equilibrio cuando permanecemos en Él.

Entonces, ¿por qué nos resistimos al descanso? Podemos aprender de los israelitas cuando se negaron a entrar en el descanso de Dios al rehusarse a entrar en la tierra prometida (Hebreos 3:17-19). No creyeron que Él cuidaría de ellos y, como resultado, se preocuparon y vagaron sin descanso por el desierto. A mayor escala, todo pecado sigue este mismo patrón. Dudamos de que Dios nos pueda satisfacer, así que buscamos satisfacción fuera de su voluntad. Y dudamos de que Dios tenga el control, así que nos aferramos a nuestros problemas. Entonces nos preocupamos y vagamos sin descanso, alejados de Dios. Es como andar de un lado a otro, agotándonos y sin llegar a ningún lado. Nos quedamos en el desierto.

Hoy, Dios nos invita a entrar en su descanso, no a través de la tierra prometida, sino a través del prometido: Jesús. Cuando la gente no confía en Cristo, rechaza el regalo del descanso. Dudan de Él, le desobedecen y vagan *sin descanso* por la vida. Incluso como creyentes, podemos incurrir en un patrón similar. Cuando dudamos de las promesas de Dios y desobedecemos sus mandatos, bloqueamos nuestra conexión permanente con Él y no entramos en su descanso.

¿Estás descansando *menos*? Ya sea que nunca le hayas confiado tu vida a Jesús o que hayas confiado en Él pero te hayas alejado, la solución es la misma: vuelve a Dios y descansa en Él. "Ustedes se salvarán solo si regresan a mí y descansan en mí" (Isaías 30:15, NTV). Pídele a Dios que pode (o corte) cualquier madera muerta que te impida permanecer en Él. Cree en Dios y cree en lo que Él dice. Hebreos 4:3 lo dice de esta manera: "Pues solo los que creemos podemos entrar en su descanso". Puedes descansar y relajarte en el cálido abrazo de Dios, sabiendo que siempre está contigo, siempre te ama y siempre es digno. Así que cuando la vida parezca abrumadora y las preocupaciones traten de absorberte, respira profundamente. Inhala el amor de Dios, exhala la ansiedad. Vuelve a enfocarte en Dios (Colosenses 3) y entra en su descanso una vez más.

Permite que la Biblia te hable:
Hebreos 3:7-4:12 (Opcional: Mateo 12:1-14)

Permite que tu mente piense:
1. ¿Cómo definirías el descanso de Dios? ¿De qué manera necesitas entrar en su descanso?

2. Responde las preguntas de conversación para la semana 4.

Permite que tu alma ore:
Padre, eres mi refugio. Tú dices: "Vengan a mí todos ustedes que están cansados y agobiados, y yo les daré descanso" (Mateo 11:28, NVI). Estoy cansado y agobiado. Dame tu descanso. Apacigua mi corazón y líbrame de todo lo que bloquea mi conexión contigo. En el nombre de Jesús, amén.

Permite que tu corazón obedezca:
(¿Qué es lo que Dios te está llevando a conocer, valorar o hacer?)

PREGUNTAS DE CONVERSACIÓN PARA LA SEMANA 4:

Repasa las lecciones de esta semana y contesta las preguntas que aparecen a continuación. Comparte tus respuestas con tus amigos cuando se reúnan esta semana.

1. ¿De qué manera el permanecer en Jesús hace crecer tu relación con Dios y te ayuda a vivir tu historia en su fuerza?

2. ¿Cómo te ha podado Dios en el pasado? ¿De qué obstáculos que te impiden permanecer en Cristo quiere librarte Dios?

3. "En cambio, la clase de fruto que el Espíritu Santo produce en nuestra vida es: amor, alegría, paz, paciencia, gentileza, bondad, fidelidad, humildad y control propio" (Gálatas 5:22-23, NTV). ¿Cuál de estos aspectos crees poseer en abundancia? ¿Cuál de estos aspectos quieres cultivar más plenamente?

4. ¿Cómo es que el pecado produce sufrimiento? ¿Por qué el pecado bloquea tu conexión con Jesús? ¿Qué medidas prácticas puedes tomar para resistir a la tentación?

5. ¿Cómo puedes ponerte la armadura de Dios cada día? ¿Qué pieza de la armadura te reconforta especialmente? ¿Cuáles podrías dejar de ponerte frecuentemente?

SEMANA CINCO

LA PALABRA DE DIOS, ESCUCHA AL AUTOR DE LA VIDA

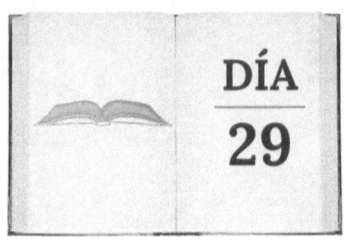

Valora la Palabra de Dios

Porque no son palabras vanas para ustedes,
sino que de ellas depende su vida.
Deuteronomio 32:47 (NVI)

Si realmente queremos conocer a Dios, si de verdad queremos entender cómo podemos cambiar nuestras vidas y el mundo, la Biblia tiene que ser nuestra máxima prioridad. Pero no basta con conocer las verdades de la Biblia; necesitamos vivirlas *con* Dios. Las vidas se transforman y las comunidades cambian cuando aplicamos con amor la verdad bíblica mediante el poder del Espíritu Santo. Esta semana la dedicaremos a la Biblia, nuestra posesión terrenal más preciada. Haremos un recorrido por la Biblia, aprenderemos a estudiarla y a memorizarla, descubriremos por qué podemos confiar en ella y mucho más. Comencemos.

La Biblia es diferente a cualquier otro libro en toda la historia. Dios inspiró a más de cuarenta autores de diferentes procedencias para que la escribieran. Eran pastores, líderes religiosos, reyes, funcionarios del gobierno y pescadores. Escribieron durante un periodo de más de 1,600 años en tres continentes diferentes: Asia, Europa y África.[1] Pero esto es lo maravilloso: todos estos autores tan diversos apuntan al mismo tema. ¿Por qué? Porque *Dios mismo* los guió para contar *su* historia. ¿Quién más podría entrelazar un mensaje unificado de verdad a través de diferentes épocas, personalidades y culturas? ¿Quién más podría escribir un libro que

---

1 Hendricks, Howard G. y William Hendricks, "*Living by the Book: The Art and Science of Reading the Bible*" (Cómo vivir de acuerdo con el Libro: El arte y la ciencia de leer la Biblia). Chicago: Moody Press, 2007; 26.

transforma vidas y que es tan coherente en sí mismo? Nadie más que Dios. Es su Libro, su verdadera historia.

¿Cómo lo sabemos? Su Palabra nos lo dice, y su vida fluye a través de ella.[1] "Toda la Escritura es inspirada por Dios" (2 Timoteo 3:16), porque "ninguna profecía de la Escritura jamás surgió de la comprensión personal de los profetas ni por iniciativa humana. Al contrario, fue el Espíritu Santo quien impulsó a los profetas y ellos hablaron de parte de Dios" (2 Pedro 1:20-21). A través de su Palabra, Dios nos habla, nos enseña, nos corrige y nos prepara para lo que nos espera (2 Timoteo 3:16-17). En cada página de las Escrituras, Dios se nos revela, lo que hace que nuestro amor por Él se haga más profundo. **Para amar más a Dios, debemos conocerlo en su Palabra.**

Por eso es tan importante aceptar *la totalidad* de la Biblia, y por eso es tan peligroso alterar las Escrituras. Elegir qué partes de la Biblia creemos y descartar las partes con las que no estamos de acuerdo es como crear nuestra religión particular o esculpir un falso dios. Así como la medicación pensada para salvar vidas puede volverse ineficaz o peligrosa si se altera, lo mismo puede ocurrir con la Escritura que da vida. Jesús nos advirtió del peligro de ignorar las secciones de la Biblia que no nos gustan:

> No desaparecerá ni el más mínimo detalle de la ley de Dios hasta que su propósito se cumpla. De manera que, cualquiera que quebrante uno de estos mandamientos muy pequeños, y así enseñe a los demás, será considerado muy pequeño en el reino de los cielos; pero cualquiera que los practique y los enseñe, será considerado grande en el reino de los cielos. (Mateo 5:18-19)

No edites la Palabra de Dios.

No añadas nada a la Palabra de Dios. "Toda palabra de Dios es digna de crédito... No añadas nada a sus palabras, no sea que te reprenda y te exponga como a un mentiroso" (Proverbios 30:5-6, NVI). En Apocalipsis vemos una advertencia aún más fuerte contra la alteración de la Palabra de Dios:

> Yo advierto a todo el que oye las palabras de la profecía de este libro: Si alguno añade a estas cosas, Dios le añadirá las plagas que están

---
[1] El Día 31 aborda la validez de la Palabra de Dios.

escritas en este libro; y si alguno quita de las palabras del libro de esta profecía, Dios le quitará su parte del árbol de la vida y de la santa ciudad, de los cuales se ha escrito en este libro. (Apocalipsis 22:18-19, RVA-2015).

Las consecuencias de cambiar o tergiversar la Palabra de Dios son graves, así que "No tratamos de engañar a nadie ni de distorsionar la palabra de Dios" (2 Corintios 4:2, NTV).

Incluso con estas advertencias, la gente sigue añadiendo o quitando cosas de la Biblia para justificar sus creencias o evitar ofender a los demás. Por eso, estudiar la Biblia por nosotros mismos es de vital importancia. Podemos conocer a Dios y su Palabra. No hace falta que nos sorprendamos de los eventos futuros que la Biblia revela, como nuestro juicio (día 6). Podemos protegernos de las falsas enseñanzas y aprender la sabiduría de Dios estudiando la Biblia.

El tiempo de estudio bíblico puede ser distinto del tiempo devocional. En el tiempo devocional (día 22), puedes meditar algunos versículos bíblicos, orar y escuchar las indicaciones del Espíritu Santo (Gálatas 5:16). **En el estudio bíblico, nuestra lectura de la Biblia es más intensa: la investigamos, la memorizamos y la estudiamos minuciosamente para aprender más sobre Dios.** Ya sea que estudies la Biblia en tu tiempo devocional o lo hagas como una actividad aparte, el punto es ser intencional y constante.

A veces nos cuesta estudiar la Biblia. Los horarios cambian. Los miembros de la familia se enferman. La vida se complica. Como resultado, nos distraemos y el estudio de la Biblia se vuelve una carga. Conozcamos algunas de las bendiciones que solo vienen cuando perseveramos en conocer la Palabra de Dios:

Traducciones de la Biblia

Las traducciones actuales de la Biblia son magníficas. Los manuscritos originales de la Biblia fueron copiados a mano cuidadosamente por generaciones. Se han encontrado pequeños errores de copiado (por ejemplo, palabras mal escritas, letras faltantes o duplicadas). De la parte de las Escrituras que se copió incorrectamente, menos del 1%, no se comprometió ninguna enseñanza o mandato doctrinal.

Fuente: Geisler, Norman L. "Bible, Evidence For" (Evidencia a favor de la Biblia), *Baker Encyclopedia of Christian Apologetics* (Enciclopedia Baker de apologética cristiana, Biblioteca de referencia Baker (Grand Rapids, MI: Baker Books, 1999).

1. **Conocer a Dios**: las Escrituras presentan la persona, la posición y el poder de Dios en todas las páginas para que conozcas, adores y ames a Dios. Si no pasamos tiempo con la Palabra de Dios, tendremos a olvidarlo. Y tal como lo vimos en el día 17, olvidarlo es peligroso.

2. **Conocerte a ti mismo**: la Palabra de Dios es como un espejo donde se refleja la realidad de nuestros corazones. Vemos lo que Dios quiere que veamos de nosotros mismos y cómo nos bendice cuando caminamos en sus caminos (Santiago 1:22-25).

3. **Conocer el plan de Dios**: la Biblia revela una perspectiva de principio a fin del mundo (semana 1) y nuestro papel en él. Viviendo solo en el aquí y el ahora sin entender la más grande y verdadera historia de Dios, podemos desanimarnos y desviarnos.

4. **Saber vivir bien todos los días**: hoy decidiste leer este viaje de fe. En unos minutos, elegirás aplicar lo que has aprendido. Después, tomarás otra decisión y luego otra. Cada día tomas miles de decisiones, y la Palabra de Dios te guía como una luz en el camino para ayudarte a tomar decisiones sabias (Salmos 119:105).

Al igual que tener una rutina diaria de ejercicio y comer de forma saludable nos cambia poco a poco físicamente, el estudio habitual de la Biblia nos transforma de manera gradual en lo espiritual. Estemos o no conscientes del cambio, fortalecemos nuestros músculos espirituales. Pero a diferencia de lo que ocurre con la comida física, cuando estamos llenos de la Palabra de Dios, nunca nos llenamos demasiado. Nuestra capacidad para la Palabra de Dios se expande, y anhelamos más de ella. Este es el único banquete que puede satisfacer de verdad el hambre de nuestras almas. A medida que aprendas esta semana a estudiar la Biblia, descubrirás su inconmensurable valor, a menudo descrito con una figura:

- La Palabra de Dios te hace crecer como una **semilla o simiente** (1 Pedro 1:23).

- La Palabra de Dios te guía como una **lámpara** (Salmos 119:105).
- La Palabra de Dios te lava como el **agua** (Efesios 5:25-26).
- La Palabra de Dios te ancla como un **lecho de roca** (Mateo 7:24-25).
- La Palabra de Dios **llueve** sobre ti, dando un crecimiento que produce frutos (Isaías 55:10-11).
- La Palabra de Dios te poda y te protege como una **espada** afilada (Efesios 6:17; Hebreos 4:12).
- La Palabra de Dios te **enseña, reprende, corrige** y **entrena** (2 Timoteo 3:16-17).
- La Palabra de Dios es tu **vida misma** (Deuteronomio 32:47).

La Palabra de Dios da vida y cambia el corazón. No es de extrañar que el enemigo la ataque sin descanso. Hacer que cuestionemos las Escrituras es su truco más antiguo. Recuerda que cuando tentó a Eva en el jardín, le preguntó: "¿De veras Dios les dijo...?" (Génesis 3:1). Si logra sembrar la duda, puede iniciar una reacción en cadena que nos aleje de Dios:

- Satanás sabe que si no confiamos en la Palabra de Dios, no la leeremos.
- Si no leemos la Palabra de Dios, no descubriremos la historia de Dios y la historia que ha escrito para nosotros.
- Si no descubrimos la historia de Dios, no sabremos en qué momento nos engaña el enemigo.
- Y si nos engaña, no resistiremos la tentación ni adoraremos a Dios.

Sí, el enemigo quiere desesperadamente que dudemos de la Palabra de Dios. Pero como aprendimos, podemos detener estas flechas encendidas de duda con nuestros escudos de fe. *Cree* en la Palabra de Dios. Toma con confianza la espada del Espíritu y "destruye las obras del diablo" (1 Juan 3:8, NVI). Para esto vino Jesús y por eso estamos aquí. Destruimos las obras del diablo cuando liberamos generaciones, vecinos y naciones con la verdad de la Palabra de Dios. Manejemos bien nuestras espadas.

DÍA 29

Permite que la Biblia te hable:
Salmos 19:7-11 (Opcional: 2 Pedro 1)

Permite que tu mente piense:
1. ¿Qué figura de la Biblia significa más para ti en este momento? ¿Por qué?

2. ¿Cuál es la diferencia entre el tiempo devocional y el estudio de la Biblia? ¿Cómo puedes dedicar tiempo a ambos?

3. En el día 19, leímos Salmos 19. Vuelve a leer los versículos 7 al 11 y haz una lista de las diferentes descripciones y propósitos de la Palabra de Dios. ¿De qué manera específica te ha cambiado la Palabra de Dios?

Permite que tu alma ore:
Padre, tú eres el autor de la vida, el autor de la Biblia y el autor de mi historia. Al leer tu Palabra, revélate a mí. Dame sabiduría y comprensión. Muéstrame cómo aplicar tu Palabra a mi vida diaria al vivir la historia que has escrito para mí. "Abre mis ojos para que vean las maravillas de tu ley". (Salmos 119:18, NBV). En el nombre de Jesús, amén.

Permite que tu corazón obedezca:
(¿Qué es lo que Dios te está llevando a conocer, valorar o hacer?)

DÍA 30

Recibe la Palabra de Dios: la parábola del sembrador

El sembrador salió a sembrar su semilla...
La semilla es la Palabra de Dios.
Lucas 8:5,11 (RVC)

Entre el momento en que recibes a Jesús y el instante en que recibes tu nueva residencia en el Cielo, pocas cosas son más edificantes y satisfactorias para tu alma que deleitarse en recibir la Palabra de Dios. Cuanto más la leemos, más deseamos leerla. Esto se debe a que, a medida que absorbemos y aplicamos las verdades de las Escrituras a nuestras vidas, cambiamos radicalmente (Romanos 12:2). La presencia del pecado pierde su poder. La gracia de Dios penetra en nuestros corazones. **Pero para desatar el poder de la Palabra de Dios en nuestras vidas, necesitamos leerla y *recibirla*.**

Jesús ilustra cómo recibimos la Palabra de Dios en una parábola sobre semillas y tipos de tierra. Al leerla, *recuerda que la Palabra de Dios es la semilla* (Lucas 8:11):

"El sembrador salió a sembrar su semilla. A medida que esparcía las semillas por el campo, algunas cayeron sobre el camino, donde las pisotearon y los pájaros se las comieron. Otras cayeron entre las rocas. Comenzaron a crecer, pero la planta pronto se marchitó y murió por falta de humedad. Otras semillas cayeron entre espinos, los cuales crecieron junto con ellas y ahogaron los brotes. Pero otras semillas cayeron en tierra fértil. Estas semillas crecieron, ¡y produjeron una cosecha que fue cien veces más numerosa de lo que se había sembrado!" (Lucas 8:5-8, RVC/NTV).

Date cuenta de que toda la semilla era buena. La semilla en esta parábola es perfecta. La condición del corazón de una persona y la forma en que recibe la Palabra de Dios es lo que hace la diferencia entre una vida con frutos y una vida estancada y sin crecimiento en la fe. La condición de la tierra limita o promueve el crecimiento. La Palabra de Dios es verdadera y poderosa y está lista para dar fruto, pero *nosotros* determinamos cuán fructífera será en nuestras vidas. Al leer la explicación de Jesús sobre los cuatro tipos de tierra, piensa en la condición de tu propio corazón. ¿Cómo es tu tierra?

1. **¿Eres un camino endurecido y expuesto al enemigo?** "Las semillas que cayeron en el camino representan a los que oyen el mensaje, pero viene el diablo, se lo quita del corazón e impide que crean y sean salvos" (Lucas 8:12).

¿Es tu vida una vía endurecida por las heridas del pasado, las dudas emocionales o la vida pecaminosa? Si es así, el mundo puede aplastar la semilla de la Palabra de Dios tan pronto como cae sobre ti. El enemigo te puede arrebatar lo que queda. Si endurecemos nuestros corazones, albergando rencor o permitiéndonos un comportamiento pecaminoso, nos exponemos al enemigo y dificultamos el crecimiento de la Palabra de Dios. El profeta del Antiguo Testamento, Oseas, dio estas instrucciones a los israelitas cuyas vidas se habían endurecido por el pecado:

> ¡Siembren para ustedes justicia! ¡Cosechen el fruto del amor, y *pónganse a labrar el barbecho*! ¡Ya es tiempo de buscar al Señor!, hasta que él venga y les envíe lluvias de justicia (Oseas 10:12, NVI, énfasis añadido).

La vida de los israelitas era como la tierra sin arar, inutilizada e inservible. Por tanto, la solución era preparar sus corazones para recibir la justicia de Dios, como si se tratara de un terreno sin arar y se preparara la tierra. Lo mismo ocurre ahora con nosotros. Si Dios te está hablando ahora mismo, no endurezcas tu corazón (Hebreos 4:7). Pídele a Dios que sane las heridas emocionales o que elimine los hábitos dañinos que endurecen tu vida. No importa cuán descuidadas o duras sean esas áreas de nuestra vida, Dios aún puede producir una cosecha. Él nos dará de su gracia en cada paso de cambio y sanidad que demos en el camino.

2. **¿Eres como la tierra rocosa con raíces poco profundas?** "Las semillas sobre la tierra rocosa representan a los que oyen el mensaje y lo reciben con alegría; pero como no tienen raíces profundas, creen por un tiempo y luego se apartan cuando enfrentan la tentación" (Lucas 8:13).

¿Esto te describe? ¿Te sientes bien cuando escuchas las buenas nuevas de Jesús pero pierdes la determinación de seguirle cuando te parece que vivir en la fe es difícil y que es más fácil tomar otro camino? El entusiasmo momentáneo por Jesús no es lo mismo que permanecer en Él (ver la semana 4). Algunas personas parecieran ser espiritualmente apasionadas por un tiempo, pero en su interior no permanecen en Jesús. Los sentimientos espirituales no son las raíces espirituales que necesitamos para sostenernos durante el sufrimiento y la tentación. La fe superficial se desvanece con el tiempo.

Como humanos, somos a menudo superficiales, viviendo conforme a lo que sentimos. La superficialidad es vivir de acuerdo a lo que pensamos y sentimos en lugar de ser guiados por el Espíritu Santo. Debemos decir: "Yo lo creo, y nadie puede impedírmelo". Si nuestra tierra es rocosa, necesitamos desenterrar las rocas de la apatía o la pereza. Son rocas que suponen un peso que nos impide crecer espiritualmente. En cambio, deja que tus raíces crezcan profundamente en Dios. "...de sus gloriosos e inagotables recursos, los fortalezca con poder en el ser interior por medio de su Espíritu. Entonces Cristo habitará en el corazón de ustedes a medida que confíen en él. Echarán raíces profundas en el amor de Dios, y ellas los mantendrán fuertes" (Efesios 3:16-17). Lee nuevamente el día 24 para repasar cómo echar raíces profundas.

3. **¿Eres como la tierra con espinos, enredado en preocupaciones, riquezas y placeres?** "Las semillas que cayeron entre los espinos representan a los que oyen el mensaje, pero muy pronto este queda desplazado por las preocupaciones, las riquezas y los placeres de esta vida. Así que nunca crecen hasta la madurez" (Lucas 8:14).

¿Te consume la preocupación por tu vida, la vida, la apariencia o el éxito? ¿Piensas con frecuencia en el dinero, siempre queriendo más? ¿Deseas la felicidad, el entretenimiento o el ocio más que a Dios? Si es así, estas cosas insignificantes crecerán como espinos y estrangularán tu crecimiento espiritual. Nos perdemos mucho de lo que Dios tiene para nosotros cuando nos distraemos con el placer, el falso glamur, el dinero y cosas insignificantes.

Jesús nos dijo que no nos preocupáramos: "Esas cosas dominan el pensamiento de los incrédulos, pero su Padre celestial ya conoce todas sus necesidades. Busquen el reino de Dios por encima de todo lo demás y lleven una vida justa, y él les dará todo lo que necesiten" (Mateo 6:32-33).

4. **¿Eres la buena tierra?** "Pero otras semillas cayeron en tierra fértil. Estas semillas crecieron, ¡y produjeron una cosecha que fue cien veces más numerosa de lo que se había sembrado!... Y las semillas que cayeron en la buena tierra representan a las personas sinceras, de buen corazón, que oyen la palabra de Dios, se aferran a ella y con paciencia producen una cosecha enorme" (Lucas 8:8,15).

Llegamos a la tierra deseada. La "tierra fértil" que produce una cosecha de la Palabra de Dios. Pero como hicimos con los otros tipos de tierra, pongamos nuestro corazón a prueba: ¿amas la Palabra de Dios y la aplicas a tu vida? ¿Dependes de ella para obtener sabiduría y fortaleza? ¿Confías en Dios más que en tu propio entendimiento (Proverbios 3:5)? Si es así, la Palabra de Dios florecerá en ti y dará mucho fruto (día 25).

Jesús nos invita a orar por la cosecha: "Si permanecen en mí y mis palabras permanecen en ustedes, pidan lo que quieran, y se les concederá. Mi Padre es glorificado cuando ustedes dan mucho fruto y muestran así que son mis discípulos" (Juan 15:7-8, NVI). Presta atención al contexto en el que se hacen discípulos en estos versículos. Jesús promete darnos lo que le pidamos, si *permanecemos conectados con Él y con su Palabra*. Cuando lo hacemos, deseamos lo que Él quiere y pedimos según su voluntad.

Revisa la parábola del sembrador para recordar lo que se necesita para convertirse en una buena tierra: "Escuchen la palabra de Dios, aférrense a ella y produzcan con paciencia una gran cosecha" (Lucas 8:15). Si encuentras algún aspecto de tu vida que sea tierra sin arar, entrégalo al Señor para que lo cultive. Dios es el gran labrador (Juan 15:1), y su voluntad es dar fruto en tu vida.

Permite que esta parábola también te anime mientras siembras la semilla de la Palabra de Dios en la vida de otras personas. Cuando compartes la Palabra de Dios, las semillas que plantas son buenas. Si no echan raíces ni crecen en la vida de alguien, el problema puede ser la tierra (la condición de su corazón). **Dios medirá nuestras vidas no por la cosecha, sino por las semillas que sembramos en amor.** Nuestro trabajo es sembrar la Palabra de Dios con amor y regarla conforme discipulamos a los nuevos creyentes, sin embargo, *solo Dios* la hace crecer (1 Corintios 3:6-8).

DÍA 30

Permite que la Biblia te hable:
Lucas 8:4-15 (Opcional: Jeremías 4:1-4)

Permite que tu mente piense:
1. La mayoría de nosotros nos identificamos con más de un tipo de tierra en nuestro corazón. ¿Qué tipo de tierra encuentras en tu corazón?

2. ¿Qué terreno sin arar o qué distracciones espinosas amenazan tu crecimiento y tu capacidad de dar fruto?

3. ¿Dónde ves a Dios dando fruto en tu vida ahora? Dedica un momento para celebrar su fidelidad y compromiso con tu crecimiento en Él. Escribe dónde estás experimentando el fruto para que puedas recordarlo (haz un acto conmemorativo –lee el día 17–).

Permite que tu alma ore:
Padre, gracias por la buena semilla de tu Palabra. Por favor, no permitas que el enemigo me la arrebate. Ayúdame a echar raíces profundas para aprovechar tus infinitas reservas de sustento y fortaleza. Haz que mi corazón sea tierra fértil para que tu Palabra crezca y dé fruto. En el nombre de Jesús, amén.

Permite que tu corazón obedezca:
(¿Qué es lo que Dios te está llevando a conocer, valorar o hacer?)

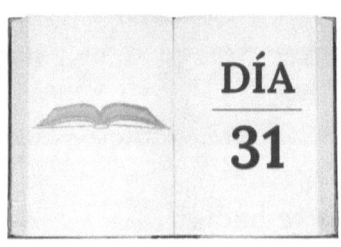

Confía en la Palabra de Dios: razones para creer

Tu palabra es verdad.
Juan 17:17 (NBLA)

¿Cómo sabes que la Biblia no es una historia inventada? ¿Te lo han preguntado alguna vez? Tal vez tú mismo te hayas preguntado si la Palabra de Dios es el Libro de Dios. Como descubrirás hoy, podemos confiar en la autoridad de las Escrituras.

La Biblia no solo afirma ser la Palabra de Dios miles de veces.

Dios no solo nos dice que inspiró a los hombres a escribir los libros de la Biblia.

Los autores no solo atribuyen a Dios las palabras que estaban escribiendo.

Además, hay muchas otras razones para confiar en la Biblia. Por ahora, solo analizaremos ocho:

1. **Jesús confió en la Palabra de Dios y dio testimonio personal de su veracidad.** Jesús comenzó su ministerio leyendo Isaías 61:1-2, donde se describe al Salvador que Dios prometió enviar. Luego declaró: "Hoy se cumple esta Escritura en presencia de ustedes" (Lucas 4:21, NVI). Jesús enseñó la Palabra de Dios, la Ley, y la vivió. Él dijo: "No piensen que he venido a anular la ley o los profetas; no he venido a anularlos, sino a darles cumplimiento" (Mateo 5:17, NVI). Como aprendimos en el día 26, Jesús también resistió la tentación citando las Escrituras, empezando cada respuesta a Satanás con "Escrito está" (Mateo 4:4, 7, 10, NVI). El día de la resurrección de Jesús, el

primer domingo de resurrección, dirigió a dos discípulos a través de la Biblia, explicándoles "lo que se refería a él en todas las Escrituras" (Lucas 24:27, NVI). Si Jesús, el perfecto Hijo de Dios, confió en la Palabra de Dios, ¿cuánto más deberíamos hacerlo nosotros?

2. La Biblia está llena de referencias históricas y geográficas. Una obra imaginaria no incluiría probablemente tantos detalles históricos. Los libros históricos del Antiguo Testamento están llenos de detalles específicos sobre lugares, fechas, tiempos, personas y la cultura del antiguo Medio Oriente. En su relato de Jesús, Lucas incluyó todos los detalles necesarios para proporcionar el contexto completo del nacimiento de Jesús. ¿Qué detalles puedes encontrar en estos versículos?

> En esos días, Augusto, el emperador de Roma, decretó que se hiciera un censo en todo el Imperio romano. (Este fue el primer censo que se hizo cuando Cirenio era gobernador de Siria). Todos regresaron a los pueblos de sus antepasados a fin de inscribirse para el censo. Como José era descendiente del rey David, tuvo que ir a Belén de Judea, el antiguo hogar de David. Viajó hacia allí desde la aldea de Nazaret de Galilea. Llevó consigo a María, su prometida, quien estaba embarazada (Lucas 2:1-5).

En estos versículos, Lucas enumera los nombres de dos gobernantes, un acontecimiento histórico concreto, tres lugares geográficos, el nombre y la historia familiar de José, y la razón por la que José tenía a María con él. Lucas no le teme a quienes les gusta verificar los hechos. De hecho, este nivel de detalle invita a la gente a examinar los hechos para comprobar su exactitud.

3. Los documentos históricos y la arqueología confirman que la Biblia es precisa. La Biblia no solo incluye contenido espiritual veraz, sino que también registra detalles históricos y geográficos con notable precisión. Por ejemplo, los arqueólogos descubrieron evidencia de la destrucción de Jericó que se correlaciona con el relato bíblico narrado en el libro de Josué.[1] En Tell Dan se descubrieron inscripciones en arameo que registran la "casa de David".[2] Se desenterró una rampa de asalto y una fosa común que coinciden con la invasión asiria durante el reinado de Ezequías.[3] Se ha encontrado mucha más evidencia arqueológica que esta.

También hay documentos históricos antiguos que registran detalles de los acontecimientos descritos en las Escrituras. Por ejemplo, tanto Mateo como Marcos describen una oscuridad inusual y un terremoto que ocurrieron cuando Jesús fue crucificado:

"Al mediodía, la tierra se llenó de oscuridad hasta las tres de la tarde... Entonces Jesús volvió a gritar con fuerza, y entregó su espíritu. En ese momento la cortina del santuario del templo se rasgó en dos, de arriba abajo. La tierra tembló y se partieron las rocas. Se abrieron los sepulcros" (Mateo 27:45, 50-52, NVI).

Los historiadores seculares describieron eventos similares. El historiador griego Flegón escribió que durante el reinado de Tiberio César, alrededor de la época en que Jesús fue ejecutado, se hizo de noche al mediodía y se produjeron terremotos que sacudieron la región.[4] Otro historiador llamado Talo escribió que una terrible oscuridad cubrió la Tierra y que terremotos partieron las rocas en Judea.[5] Estos registros seculares coinciden con el reporte bíblico de la oscuridad y terremotos en el momento de la muerte de Jesús.

4. **Las profecías bíblicas predijeron con exactitud acontecimientos históricos mucho antes de que sucedieran**. La Biblia contiene cientos de profecías, la mayoría de las cuales ya se han cumplido (las que aún no se han cumplido se refieren al final de los tiempos, cuando

---

1 Elwell, Walter A. "*Evangelical Dictionary of Biblical Theology*" (Diccionario Evangélico de Teología Bíblica): Segunda edición Grand Rapids, MI: Baker Books, 2001.
2 Ibídem.
3 Werse, Nicholas R. "Ezequías, rey de Judá", ed. John D. Barry, David Bomar, Derek R. Brown, Rachel Klippenstein, Douglas Mangum, Carrie Sinclair Wolcott, Lazarus Wentz, Elliot Ritzema y Wendy Widder, *Diccionario Bíblico Lexham* (Bellingham, WA: Lexham Press, 2016).
4 Habermas, Gary R. "*The Historical Jesus: Ancient Evidence for the Life of Christ*" (El Jesús histórico: Pruebas antiguas de la vida de Cristo), Joplin MO: College Press, 1996; p. 218.
5 Ibídem, 196-197.

Jesús regrese). Los eventos predichos en el Antiguo Testamento y descritos en el Nuevo Testamento son algunas de las profecías más específicas que se han hecho realidad. Estas son solo algunas:

- Aproximadamente 700 años antes del nacimiento de Jesús, Miqueas escribió que el Mesías nacería en Belén (Miqueas 5:2; Mateo 2:1-6).
- Zacarías predijo que Jesús sería traicionado por treinta piezas de plata (Zacarías 11:12; Mateo 26:14-15).
- David profetizó que las manos y los pies de Jesús serían traspasados (Salmos 22:16; Juan 20:24-28).
- Isaías predijo que el cuerpo de Jesús descansaría en la tumba de un hombre rico (Isaías 53:9; Mateo 27:57-60).
- La resurrección de Jesús también fue predicha en múltiples ocasiones (Salmos 16:8-11; Hechos 2:24-31).

Alguien podría tratar de manipular algunos detalles de la vida para que coincidieran con las Escrituras, pero nadie puede cambiar dónde nació, cómo murió o qué le ocurrió a su cuerpo después de la muerte. La gente no puede conocer ni controlar el futuro, *pero Dios sí puede y lo hace*. La Biblia predice con exactitud los eventos futuros porque su Autor conoce "el fin desde el principio" (Isaías 46:10).

5. **La Biblia incluye información vergonzosa sobre sus "héroes".** Muchos historiadores antiguos exageraron las victorias de los líderes y minimizaron o eliminaron los fracasos en un intento de promover ideologías o causas. Pero los escritores de la Biblia no hicieron tales ajustes. Las Escrituras informan abiertamente de que Abraham engendró un hijo con la sirvienta de su mujer y mintió sobre su esposa, diciendo que era su hermana. Jacob mintió y robó. Moisés cometió un asesinato. David cometió asesinato y adulterio. Jonás huyó de Dios y luego odió que el pueblo de Nínive se arrepintiera. Pedro negó a Cristo tres veces. Pablo arrestó y condonó el asesinato de los seguidores de Jesús. Si el hombre hubiera escrito la Biblia, probablemente no expondría los defectos de sus héroes, pero afortunadamente, la Biblia fue inspirada divinamente para glorificar a Dios, no a las personas.

6. **La Biblia incluye múltiples relatos de testigos oculares**. Cuatro personas diferentes, Mateo, Marcos (bajo la dirección de Pedro), Lucas y Juan, escribieron relatos de la vida de Jesús. Si sus relatos fueran totalmente diferentes, no podríamos confiar en ellos. Pero sus relatos son muy similares, con solo pequeñas variaciones que parecen estar basadas en sus personalidades, los detalles que notaron y las personas con las que hablaron. Las variaciones que algunos llaman "incoherencias" son otra razón por la que *deberíamos* confiar en la autenticidad de estos relatos.[1] Historias idénticas de cuatro hombres tan distintos sugerirían claramente que se trata de una copia o de una edición excesiva. Al leer los Evangelios de Mateo, Marcos, Lucas y Juan, podemos ver que son similares, pero no idénticos. Es precisamente lo que se esperaría de múltiples relatos reales de los mismos eventos.

7. **La Biblia valora a las mujeres y confía en su testimonio**. Las culturas donde se escribió la Biblia no respetaban a las mujeres. Sin embargo, la Biblia alaba, premia y celebra a las mujeres una y otra vez. La Biblia relata que las mujeres fueron las primeras en descubrir la tumba vacía de Jesús mientras los hombres se escondían atemorizados con las puertas cerradas. Si los autores bíblicos masculinos hubieran inventado la historia de la resurrección, no se habrían descrito a sí mismos como cobardes, y mucho menos habrían elegido a mujeres como testigos de la resurrección de Jesús, ya que el testimonio de una mujer en su cultura se consideraba sin valor. Los evangelios también informan de que Jesús no solo habló con mujeres (incluidas algunas prostitutas), sino también con extranjeros, niños, leprosos y recaudadores de impuestos. Habló abiertamente con todo tipo de personas que la cultura consideraba ofensivas o sin valor. Aunque estas interacciones eran escandalosas, los seguidores de Jesús, divinamente inspirados para escribir la historia de Dios con una precisión infalible, las registraron de todos modos. La Biblia no es un producto de su cultura. Es un producto de Dios.

---

1 Wallace, J. Warner. "Cold-Case Christianity: a Homicide Detective Investigates the Claims of the Gospels" (Cristianismo al descubierto: un detective de homicidios investiga las afirmaciones de los evangelios) Colorado Springs, CO: David C Cook, 2013.

8. **Finalmente, puedes conocer la verdad de la Biblia de manera personal a través de tu propia experiencia.** Al leer la Biblia todos los días, las verdades surgirán en el momento justo. Comenzarás a notar la profundidad, la claridad y la belleza de la Palabra de Dios. El Espíritu Santo te ayudará a ver las conexiones entre las diferentes porciones de las Escrituras, dándote una comprensión más completa de las verdades espirituales. Con frecuencia, la lectura de la Biblia te proporcionará paz aunque lo que estés leyendo no describa de manera directa las fuentes de tu estrés. Es así porque cada vez que la lees, te encuentras con el Autor, y el encuentro con Dios te da paz.

¿Pero qué ocurre cuando no *sientes* la paz de Dios? ¿Qué sucede cuando experimentas incertidumbre? Es normal tener preguntas y dudas, especialmente cuando sufrimos. Incluso Juan el Bautista dudó de Jesús. Este hombre que Dios envió para preparar el camino de Jesús, que se enfrentó con valentía a la hipocresía, que predicó el arrepentimiento y declaró: "¡Aquí tienen al Cordero de Dios, que quita el pecado del mundo!" (Juan 1:29, NVI), fue el mismo hombre que dudó de Jesús desde una celda en la cárcel. Juan el Bautista envió a sus discípulos a preguntarle a Jesús: "¿Eres tú el Mesías a quien hemos esperado o debemos seguir buscando a otro?" (Lucas 7:19). Solo, hambriento y encarcelado por el malvado rey Herodes, Juan se preguntaba si Jesús establecería el Reino, ya que no había sucedido.

> **¿Tienes dudas?**
> **Considera Lucas 11:9-10:**
> "Así que pidan, y se les dará. Busquen, y encontrarán. Llamen, y se les abrirá. Porque todo aquel que pide, recibe; y el que busca, encuentra; y al que llama, se le abre" (RVC).

Como respuesta, Jesús le presentó pruebas a *través de las Escrituras*: "Vayan y cuéntenle a Juan lo que han visto y oído: Los ciegos ven, los cojos andan, los que tienen lepra son sanados, los sordos oyen, los muertos resucitan y a los pobres se les anuncian las buenas nuevas" (Lucas 7:22, NVI). Jesús les dijo que estaba haciendo todo lo que las Escrituras decían que Él, el Mesías, haría (Isaías 35:5-6).

Si la duda te hace cuestionar la verdad, vuelve a la evidencia, como Jesús animó a Juan el Bautista que hiciera. Recuerda cómo has experimentado la presencia de Dios. Deja que la creación te vuelva a convencer de la existencia de Dios. Profundiza en la Palabra de Dios. Ora como el hombre que clamó a Jesús: "¡Sí, creo, pero ayúdame a superar mi incredulidad!" (Marcos 9:24, NVI).

Pero las dudas no tienen por qué ser parte de tu historia. Otro hombre de Dios, Pablo, se encontraba también en una celda de la prisión mientras se acercaba rápidamente el momento de su ejecución. Aun así, no vaciló en su fe. ¿Por qué estaba tan confiado? Por la fe. La evidencia de los hechos es esencial, pero se queda corta en comparación con la confianza que nace de la fe, que crece a través de una relación permanente con Dios. Pablo escribió: "Pero no me avergüenzo, porque sé en quién he creído" (2 Timoteo 1:12, NVI). En *quien* creía, tranquilizaba su corazón, no en *lo que creía*. Cuando sufras o tengas dudas, recuerda en *quién* has creído. Permanece en Él.

Permite que la Biblia te hable:
2 Timoteo 3:14–4:8 (Opcional: Éxodo 24:4)

Permite que tu mente piense:
1. ¿Cuál cree que es la razón más convincente para confiar en la Biblia?

2. ¿Por qué piensas que la gente cree que la Biblia no es exacta o relevante? ¿Crees que la Biblia es exacta y relevante?, ¿por qué sí o por qué no? Dedica tiempo para permitir que la Biblia te ayude en cualquier área de incredulidad.

3. ¿Cómo el permanecer en Jesús podría ayudar a alguien a crecer en su confianza en la Palabra de Dios?

Permite que tu alma ore:
Padre, tu Palabra es verdad. Toda ella. Ayúdame a creerla y seguirla por completo. Te pido que sepa, que conozca en realidad la verdad. Solo tu verdad me hará libre (Juan 8:32). Tu Palabra es verdad (Juan 17:17). Señor, haz que nuestra relación personal sea tan real, tan cercana, tan plena, que no deje lugar a dudas. En el nombre de Jesús, amén.

Permite que tu corazón obedezca:
(¿Qué es lo que Dios te está llevando a conocer, valorar o hacer?)

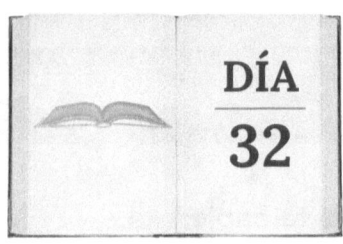

DÍA 32

Recorrido por la Biblia, libro por libro

Tus promesas han superado muchas
pruebas, por eso tu siervo las ama.
Salmos 119:140 (NVI)

Si tu Biblia pudiera hablar, ¿qué te diría? ¿Compartiría contigo el inicio de tu viaje a través de sus páginas? ¿Te daría la bienvenida después de un largo tiempo de ausencia? Tal vez te diría cómo se deleita en los momentos diarios que pasan juntos. Pero si la tienes abandonada, hoy podemos ayudarte a familiarizarte con ella. Si te sientes un poco intimidado con la biblioteca de la Biblia, compuesta por sesenta y seis libros, no eres el único. ¿Por dónde empezar? Una excelente manera de sentirse más seguro en un territorio desconocido es realizar una visita guiada.

Sí, nuestro viaje de fe de hoy incluye un recorrido por la Biblia. Al repasar su contexto y contenido básicos, descubriremos cómo encaja la historia de Dios. También obtendremos una mejor idea de dónde leer para encontrar la ayuda que necesitamos. Terminaremos el recorrido con sugerencias sobre qué partes puedes leer primero. Sigamos.

Comenzaremos donde empieza la Biblia: el **Antiguo Testamento**. Escrito originalmente en su mayor parte en hebreo, el Antiguo Testamento se compiló a lo largo de un período de mil años.[1] Puede dividirse en cuatro partes:

---

[1] Los libros del Antiguo Testamento se escribieron originalmente en hebreo, excepto algunas partes del libro de Daniel, que se escribieron en arameo.

1. **La Torá (de Génesis a Deuteronomio):** La Torá o ley escrita judía, está formada por los cinco primeros libros de la Biblia. Dios dio estos libros a Moisés, los cuales incluyen las historias de la creación, el diluvio, los patriarcas y la peregrinación de la nación hebrea antes de entrar en la tierra prometida. También incluyen las leyes bíblicas del judaísmo, que comienzan con los diez mandamientos. La Torá también se conoce como el Pentateuco o los Cinco Libros de Moisés.

2. **La historia del pueblo de Dios (de Josué a Ester):** los siguientes doce libros de la Biblia siguen contando la historia del pueblo de Dios en orden cronológico. Hasta el momento hemos recorrido su historia desde el instante de la creación hasta el paso del río Jordán a la tierra prometida (de Génesis a Josué). Volvamos al punto donde nos quedamos en la historia.

En **Josué**, leemos que Dios llevó a los israelitas a conquistar la tierra prometida. Al principio, ellos no tenían un rey, sino jueces. En el libro de **Jueces**, vemos ciclos de pecado desenfrenado y arrepentimiento de corta duración, pues "no había rey [terrenal] en Israel; cada uno hacía lo que le parecía bien ante sus propios ojos" (Jueces 21:25, NBLA). Como sucede con frecuencia, el pecado del pueblo lo condujo al sufrimiento. Dios permaneció fiel y liberó continuamente a su pueblo por medio de los líderes, los jueces, pero por desgracia, los israelitas volvieron repetidamente a hacer lo malo.[1] Ignoraron a Dios y adoraron ídolos. Con este trasfondo de pecado, llegamos al libro de **Rut**. Algunos expertos creen que Rut está escrito desde la perspectiva de las mujeres. Este libro nos enseña cómo Dios incluye a una mujer que no es de Israel en su plan de salvación, haciéndola parte del linaje de Jesús.

Finalmente, los israelitas exigieron un rey para poder ser como las demás naciones. Dios les dio lo que pidieron y, en **1 Samuel**, encontramos al primer rey de Israel, Saúl. Este rey se desvió rápidamente del camino de Dios y perdió su bendición. En 1 Samuel 13 conocemos a David, cuyo reinado como rey de Israel

---

1 Jueces 2:2-3, 11-13, 17, 19; 3:6, 7, 12; 4:1; 6:1, 10; 8:24-27, 33; 10:6; 13:1; 17:6; 21:25.

está documentado en **2 Samuel**. David fue un hombre conforme al corazón de Dios (1 Samuel 13:14). Este escribió aproximadamente la mitad de lo que leemos en Salmos. También fue un hombre de guerra, con muchos defectos. A diferencia de Saúl, David se arrepintió y volvió a Dios cuando pecó. Dios bendijo a David, estableciendo su trono para siempre, con el Mesías proveniente de su linaje (2 Samuel 7:8-17). En **1 Reyes**, leemos sobre el hijo de David, Salomón, quien llegó al poder como su sucesor. Fue el más sabio de los hombres, pero no lo suficiente como para evitar casarse con muchas mujeres que adoraban a otros dioses.

En **2 Reyes**, vemos una y otra vez que el pecado arruinó a los reyes humanos. Muchos de ellos influyeron en su pueblo para que adorara a otros dioses, y todos sufrieron las consecuencias. Primero, la nación de Israel se dividió en dos reinos distintos: Judá al sur (el reino del sur) e Israel al norte (el reino del norte). Luego, Dios envió a ambos reinos al cautiverio porque el pueblo se negó a arrepentirse de su pecado e idolatría. Los asirios acabaron conquistando Israel. Los babilonios finalmente conquistaron Judá y llevaron a muchos de sus habitantes al **exilio** en Babilonia. Los babilonios fueron posteriormente conquistados por los persas. El período de los reyes duró aproximadamente 345 años,[1] y **1 y 2 Crónicas** reexaminan muchos acontecimientos clave de esta época: 1 Crónicas retoma gran parte de 1 y 2 Samuel, y 2 Crónicas repite gran parte de 1 y 2 Reyes.

> **Exilio:**
> La expulsión de una nación de su tierra natal. Tanto en la invasión asiria como en la babilónica, un remanente, o un pequeño grupo de personas, se quedó para trabajar la tierra.

Finalmente, después de setenta años de exilio en Babilonia, Dios devolvió a casa a algunos de su pueblo, tal como lo profetizaron las Escrituras.[2] En el libro de **Esdras**, leemos sobre una época de restauración tanto física como espiritual. A medida que los exiliados que regresaban reconstruían el templo de Jerusalén, el sacerdote Esdras ayudaba

---

[1] Kitchen, K. A. "On the Reliability of the Old Testament" (*Las razones de la credibilidad del Antiguo Testamento*). Grand Rapids/ Cambridge: William B. Eerdmans Publishing Company, 2006; p. 30-32.
[2] Isaías 23:15; Jeremías 25:11-12.

al pueblo a efectuar su reconstrucción espiritual restaurando la ley de Dios y renovando el pacto de Dios (un contrato formal de la relación entre Dios y su pueblo). El libro de **Nehemías** describe la reconstrucción del muro que rodeaba a Jerusalén, el cual devolvió la seguridad frente a los enemigos cercanos. Y lo más importante, el muro ayudó a restaurar la identidad y la confianza de la nación como pueblo elegido por Dios. En el libro de **Ester**, conocemos a una huérfana hebrea con un valor impresionante que llegó a ser la reina de Persia. Aprovechando su posición real y su valor, arriesgó su vida para salvar al pueblo de Dios del genocidio.

3. **Los escritos del pueblo de Dios (de Job a Cantares):** los siguientes cinco libros de la Biblia registran las respuestas humanas a Dios, pero no son menos inspirados por Dios. Estos libros se llaman también los libros de sabiduría, o la literatura sapiencial. El lenguaje es a menudo poético, lleno de imágenes y palabras ingeniosas. **Job** cuenta la historia de la fidelidad de un hombre a Dios a pesar de su intenso sufrimiento. **Salmos** es una colección de canciones y poemas de oración, dedicados a la gloria de Dios, los cuales suelen expresar la emoción humana en bruto a la luz de la verdad de Dios. El rey Salomón registró parte de su sabiduría en **Proverbios** y describió el vacío de una vida sin Dios en **Eclesiastés**. También escribió un apasionado poema de amor llamado el **Cantar de los Cantares**, también llamado **Cantar de Salomón**. Este canto poético cuenta una historia romántica entre un novio y su novia. Algunos estudiosos creen que simboliza el amor de Dios por las personas y el amor de Jesús por la Iglesia.

4. **Los escritos de los profetas (de Isaías a Malaquías):** los últimos diecisiete libros del Antiguo Testamento son las respuestas de Dios a su pueblo. En estos libros, Dios expresa su gran amor y compasión, exhortando a su pueblo a arrepentirse y volver a Él. También les advierte que las personas que se nieguen a arrepentirse y a confiar en Él sufrirán su ira.

A través de las historias del pueblo de Dios, sus respuestas a Dios y las respuestas de Dios a ellos, el Antiguo Testamento nos enseña los efectos devastadores del pecado en nuestras relaciones con los demás y con Dios. No obstante, a lo largo de estos relatos, Dios promete repetidamente enviarnos un Salvador. En este sentido, el Antiguo Testamento es una historia de esperanza y el Nuevo Testamento es el cumplimiento de esa esperanza.

Poco después de la resurrección de Jesús, nueve autores humanos, inspirados por Dios, escribieron los libros del **Nuevo Testamento** en griego koiné, la lengua común de la época.[1] Al igual que el Antiguo Testamento, el Nuevo Testamento puede dividirse en cuatro partes:

1. **La historia de Jesús (de Mateo a Juan):** los evangelios de Mateo, Marcos, Lucas y Juan cuentan la historia de la vida de Jesús, sus enseñanzas, su muerte y su resurrección.

2. **La historia de la Iglesia (Hechos):** el libro de los Hechos registra los primeros treinta años de la Iglesia primitiva y la expansión del cristianismo. A veces llamado los Hechos del Espíritu Santo, el libro incluye la venida del Espíritu en Pentecostés (ver p. 1).

3. **Las cartas del Nuevo Testamento (de Romanos a Judas):** estas cartas escritas por los líderes de la Iglesia primitiva explican la teología centrada en Jesús. También describen cómo vivir en comunidad con otros creyentes y cómo representar a Jesús con los no creyentes.

4. **La conclusión (Apocalipsis):** este libro describe el final de los tiempos, en el que Jesús volverá a reinar para siempre. Vemos la ira de Dios liberada sobre quienes permanecen separados de Él por su pecado. Pero también vemos la plena expresión del amor de Dios y su presencia con su pueblo en un nuevo Cielo y una nueva Tierra. Es un libro de gran

---

[1] Sweeney, James P. "Chronology of the New Testament" (Cronología del Nuevo Testamento), ed. John D. Barry, David Bomar, Derek R. Brown, Rachel Klippenstein, Douglas Mangum, Carrie Sinclair Wolcott, Lazarus Wentz, Elliot Ritzema y Wendy Widder, *The Lexham Bible Dictionary* (Bellingham, WA: Lexham Press, 2016).

esperanza en la vida venidera, una eternidad sin más penas ni sufrimientos porque Jesús hace nuevas todas las cosas (Apocalipsis 21:4-5).

Ahora que hemos hecho un rápido recorrido por la Biblia, aquí están las sugerencias para empezar:

- Comienza con los Evangelios. Como embajadores de Jesús, lo más importante que podemos hacer es aprender sobre Él: quién es, lo que dice y hace, lo que más le importa. Sigue a Jesús leyendo varias veces Mateo, Marcos, Lucas y Juan en el orden que elijas. Llegarás a conocer a tu Salvador y te parecerás más a Él. Conforme vayas leyendo, te darás cuenta de que Jesús cita con frecuencia el libro de Deuteronomio y los Salmos, por lo que quizá quieras leer a continuación esos dos libros. Para entender mejor cómo vivir de acuerdo con las enseñanzas de Jesús, lee las cartas del Nuevo Testamento. Cada una se escribió para abordar una situación particular, por lo que es esencial leer todos los libros repetidas veces.

- Cuando comiences un libro, dedícale tiempo para que puedas leerlo todo en una o dos sesiones a fin de obtener una buena visión general. Después, vuelve a leerlo desde el principio, pero esta vez léelo con calma. Concéntrate en las ideas clave.

- Considera la posibilidad de utilizar un plan de lectura diario que te guíe a través de toda la Biblia. Puedes encontrar varios planes de lectura en Internet. Además, muchas Biblias incluyen planes de lectura en la portada o en la contraportada.

Cualquiera que sea el enfoque de lectura que elijas, **el objetivo no es que acabemos la Biblia, sino que la Biblia nos hable**. Ahora ya sabes *qué* leer en la Biblia. Mañana aprenderás con más detalle *cómo* leerla para fortalecer tu relación con Dios.

DÍA 32

Permite que la Biblia te hable:
Salmos 119:1-56 (Opcional: 2 Pedro 3:18)

Permite que tu mente piense:
1. En nuestro recorrido bíblico, ¿qué parada del camino fue nueva para ti o te sorprendió?

2. Lee Salmos 119:1-56. ¿De qué manera somos bendecidos?

3. Habla con un amigo sobre qué libro de la Biblia estudiar primero. Pueden ponerse de acuerdo para seguir un plan de lectura juntos. Luego, rindan cuentas el uno al otro y comenten lo que han aprendido. Al leer cada libro, busca cómo se integra en la historia general de Dios.

Permite que tu alma ore:
Padre, tu Palabra es tan rica, tan completa. Ayúdame a estudiarla cada día. Al leer los evangelios, ayúdame a empezar a actuar, pensar y hablar como Jesús. Abre mi mente y mi corazón, y "dame entendimiento, Señor, conforme a tu palabra" (Salmos 119:169, NVI). En el nombre de Jesús, amén.

Permite que tu corazón obedezca:
(¿Qué es lo que Dios te está llevando a conocer, valorar o hacer?)

Estudia la Biblia, paso a paso

Ábreme los ojos, para que contemple las maravillas de tu ley.
Salmos 119:18 (NVI)

Los líderes religiosos esperaron toda su vida este momento. Año tras año, pasaban el tiempo aprendiendo y cumpliendo los mandamientos de las Escrituras. Estos hombres se enorgullecían de su memorización e interpretación de la Biblia hebrea (Antiguo Testamento). Enseñaron a sus hijos, como sus padres les habían enseñado, a prepararse para la llegada del Mesías. Y cuando llegó ese momento, cuando Jesús se puso delante de ellos, muchos de estos expertos en la ley no lo reconocieron. No porque Jesús no cumpliera las profecías, lo hizo. No porque estuvieran confundidos, no lo estaban. No lo reconocieron porque no entendieron el significado de las Escrituras. Jesús les dijo:

> Ustedes examinan las Escrituras porque piensan tener en ellas la vida eterna. ¡Y son ellas las que dan testimonio de Mí! Pero ustedes no quieren venir a Mí para que tengan esa vida (Juan 5:39-40, NBLA).

Se vanagloriaban de su conocimiento de las Escrituras a pesar de que estas hablaban de Jesús (Lucas 24:25-27). Jesús les decía: "¿Cómo pueden conocer las Escrituras y no conocerme a mí?". En lugar de adorar la Palabra de Dios (Jesús), adoraban las palabras de Dios. Se enfocaban en las reglas (leyes), no en una relación con Dios, no en su amor. Sus cabezas estaban llenas de conocimiento, pero sus corazones no cambiaban.

Hoy, al aprender cómo estudiar la Biblia, adoptemos un enfoque diferente. Estudiemos las Escrituras con humildad y con el deseo de conocer y seguir a Jesús. Crezcamos en la verdad y en el amor. Exaltémoslo a Él, no a nosotros mismos, con nuestro nuevo conocimiento. Porque cuando abrimos la Biblia, podemos esperar encontrarnos con Dios. Tener una experiencia con Dios profundizará nuestro sentido de necesidad de su gracia y aumentará nuestro amor por Jesús.

Ahora que sabemos que debemos realizar el estudio de la Biblia con el objetivo de lograr un cambio en el corazón, y no solo de llenar nuestra cabeza de conocimiento, comencemos. Hay muchas maneras de estudiar la Biblia. Veamos un enfoque que utiliza cinco pasos:

1. **Ora.**

Antes de empezar a leer, ORA. El Espíritu Santo nos ayuda a entender la Palabra de Dios (1 Juan 2:27). Él nos guía a toda la verdad (Juan 16:13). Pídele que te dé sabiduría y que abra tus ojos espirituales al leer la Palabra de Dios (Salmos 119:18). Luego confía en que Él hará lo que le pediste (Santiago 1:5-7). Ya estás listo para leer.

2. **Lee.**
   - Lee con atención. Cuando estudies la Biblia, pon mucha atención. Leer los versículos en voz alta puede ayudarte a reducir la velocidad y a escuchar las palabras. Escribir los versículos puede ayudarte a reducir la velocidad y a concentrarte. Una forma de hacerlo es dibujar una línea en el centro de una hoja de papel. En el lado izquierdo, escribe el pasaje, versículo por versículo. En el lado derecho, escribe notas y pensamientos junto a cada versículo. Conforme vayas leyendo y copiando, busca pistas sobre el mensaje: ¿quién habla? ¿A quién se dirige? ¿Qué dice? ¿Por qué? ¿Cuándo?

   - Lee varias veces. Esto te ayudará a encontrar esas pistas. Si lees el mismo pasaje varias veces, surgirán nuevos detalles, significados y aplicaciones personales. Es la Palabra *viva* de Dios, lo cual implica que no es estática, sino activa (Hebreos 4:12). La Palabra de Dios penetra en nuestra vida para evaluar su contenido.

- <u>Lee con diligencia.</u> El estudio de la Biblia requiere tiempo y esfuerzo. **Es importante aprender el contexto de los pasajes e historias bíblicas, de lo contrario podríamos malinterpretarlos**. Dedica tiempo a descubrir el entorno histórico y cultural, el significado literal (lo que dice) y la naturaleza literaria del pasaje (cómo encaja en el capítulo y el libro). Piensa en cómo se relaciona con la historia general de Dios (semana 1) y cómo se relaciona con Jesús (Lucas 24:13-17, 27). Cuando leemos para examinar el contexto, la perspectiva más amplia, podemos entender el significado del pasaje.

- <u>Lee con atención.</u> Fíjate también en los detalles. ¿Qué verbos se utilizan? ¿Qué palabras se repiten? Cuando alguna palabra o versículo te llame la atención, anótalo. Si tu Biblia tiene referencias cruzadas, aprovéchalas. Además, presta atención a las palabras de transición. Si ves un *por lo tanto*, lee la sección anterior para entender mejor el texto (¿por qué está ahí?). Si encuentras un *pero*, busca una redirección de algún tipo. Si no entiendes una palabra, búscala en otra parte de las Escrituras y utiliza el contexto para determinar el significado, como hicimos con las palabras *santo* (día 13) y *descanso* (día 28). Deja que la Biblia te ayude a interpretarla.

- <u>Lee con humildad.</u> A veces, la Biblia será difícil de leer porque no siempre estaremos de acuerdo con ella. Cuando eso te ocurra, recuerda que los caminos de Dios son más altos que los nuestros (Isaías 55:9). Confía en Él y cree en su Palabra. En otras ocasiones, el pasaje nos parecerá familiar, y podríamos suponer que ya lo entendemos en su totalidad. Cuando esto suceda, pídele humildemente a Dios que te abra los ojos a nuevos detalles o nuevas aplicaciones. Por último, en esos momentos en los que no puedes encontrar la información o las respuestas que quieres encontrar, recuerda: "Las cosas secretas pertenecen al Señor nuestro Dios, pero las cosas reveladas nos pertenecen a nosotros y a nuestros hijos para siempre, a fin de que guardemos todas las palabras de esta ley (Deuteronomio 29:29, NBLA). Concéntrate en lo que Él te *ha* dado, sabiendo que será justo lo que necesitas.[1]

3. **Haz preguntas.**
   - ¿Qué le dijo Dios a la audiencia original? Piensa en los hechos. ¿Qué ocurrió realmente en el pasaje? No nos precipitemos a aplicar la Biblia a nuestras vidas antes de entender cómo se aplicaba a la audiencia original. Trata de entender lo que el Espíritu Santo le dijo en su situación particular.

   - ¿Cuál fue el formato? También es importante la forma en que se presentaron estas palabras. ¿El salmo tenía que hablarse o cantarse? ¿Debía leerse en voz alta a un grupo o a un individuo? Poner atención a la forma en que se presentó cada pasaje por primera vez nos da un contexto para entender mejor el significado.

   - ¿Hay verdades eternas para los creyentes de hoy? ¿Existe una promesa o una advertencia que sea cierta para todas las personas en todo momento?

   - ¿Qué te dice la Escritura sobre Dios? ¿Qué te dice sobre su persona, su carácter y sus promesas?

   - ¿Qué te dice la Escritura sobre la humanidad? ¿Qué te dice sobre nuestros corazones, nuestras necesidades y nuestros comportamientos?

---

[1] En la sección "Lee" te explico cómo fue que yo aprendí a estudiar la Biblia. La mayoría de estos conceptos los encontré en este libro: Howard G. Hendricks y William D. Hendricks, "*Living By the Book: The Art and Science of Reading the Bible*" (*Cómo vivir según el Libro: El arte y la ciencia de leer la Biblia*) (Chicago: Moody Publishers, 2007); p. 79-131.

Si tu tiempo es limitado, puedes preguntar simplemente: "¿Qué quiere Dios que sepa, que valore o haga?".

4. **Aplícalo.**
   - ¿Qué te dice la Biblia sobre ti mismo? Tenemos que aplicar de forma personal la Palabra de Dios a nuestra vida: "No solo escuchen la palabra de Dios; tienen que ponerla en práctica. De lo contrario, solamente se engañan a sí mismos" (Santiago 1:22). Recuerda que **Dios no solo quiere informarnos; quiere transformarnos. El propósito de Dios es que nos parezcamos más a Cristo** (Romanos 8:29). Con su ayuda, aplicamos su Palabra a nuestra vida diaria para desarrollar el carácter, las actitudes y la conducta de Cristo.

   - ¿Encontraste una promesa? Hay miles de promesas en la Biblia, y muchas tienen condiciones específicas. Por ejemplo, Romanos 10:9 dice que *si* declaramos y creemos que Jesús es el Señor, *entonces* seremos salvos. Las promesas condicionales nos señalan lo que debemos hacer.

   - ¿Encontraste un mandamiento? ¿Hay alguna acción a tomar con base en este pasaje?

Promesas y leyes en la Biblia
Cuando apliques la Palabra de Dios a tu vida, ten en cuenta que algunas promesas fueron dadas solo a personas específicas en un momento determinado. Por ejemplo, la promesa de Dios de que María concebiría y daría a luz al Hijo de Dios se aplicó solo a María. No todas las promesas bíblicas son universales. Del mismo modo, no todas las leyes del Antiguo Testamento siguen siendo aplicables. Muchas leyes levíticas eran solo para el sacerdocio y pretendían demostrar que los israelitas eran apartados para Dios. Después de que vino Jesús y abrió el camino para que las personas de todas las naciones se unieran a la familia de Dios, algunas leyes cambiaron. Por ejemplo, la circuncisión espiritual del corazón, que tiene lugar cuando las personas depositan su fe en Cristo, sustituyó a la circuncisión física (Romanos 2:25-29). Además, Dios anuló las leyes dietéticas, declarando limpios todos los alimentos, al igual que todas las personas (judíos y gentiles por igual) podían llegar a ser espiritualmente limpios a través de Jesús (Hechos 10). Aunque el contexto es importante, es esencial recordar que Dios nunca rompe sus promesas. Él es fiel.

- ¿Encontraste alguna recomendación o advertencia? Dios quiere protegernos del peligro. A menudo, nuestra naturaleza pecaminosa es nuestra mayor amenaza. Sus advertencias nos ayudan a evitar dolores innecesarios.

5. **Ora y escribe un diario.**
    - Habla con Dios. Si te da una dirección, pídele que te aclare el siguiente paso y te ayude a avanzar con fe. Si te revela un pecado, pídele que te perdone y te libere de él. Si te da una promesa, dale las gracias por su fidelidad. Si te muestra algo sobre Él, dale las gracias por habértelo revelado. Ora los versículos a Dios. (Hablaremos de la oración a través de las Escrituras la próxima semana, en el día 40).

    - Escribe un diario. Anota versículos, oraciones y reflexiones personales. Tener un cuaderno sencillo donde puedas anotar lo que aprendes te ayudará a recordar la fidelidad de Dios. También puede recordarte lo que has aprendido y que puede ayudar a otros en su camino. Y no dudes en subrayar o hacer anotaciones en tu Biblia. Pueden convertirse en memoriales (día 17) para marcar lo que has aprendido, cómo Dios te ayudó durante un tiempo difícil y lo lejos que has llegado en el camino de Dios.

Después de terminar, COMPARTE. Cuéntale a alguien sobre tu experiencia con la Palabra de Dios. Comparte lo que Dios te enseña

---

Traducciones de la Biblia
Tanto el hebreo del Antiguo Testamento como el griego del Nuevo Testamento son lenguas complejas. Sus estructuras gramaticales y estilos literarios no existen en otros idiomas, por lo que traducir la Biblia es una tarea compleja. Afortunadamente, gracias a la investigación avanzada, muchas traducciones modernas son magníficas. Si puedes elegir entre varias traducciones, elige una traducción palabra por palabra cuando realices estudios de palabras (como la Nueva Biblia de las Américas). Cuando estudies conceptos para su aplicación moderna, utiliza traducciones de concepto por concepto (como la Nueva Traducción Viviente). Para un enfoque equilibrado, utiliza traducciones intermedias (como la Nueva Versión Internacional).

con una actitud humilde. Pídeles a otros que te compartan lo que están aprendiendo. Transmite tus conocimientos en la medida en que Dios te abra puertas.

Más consejos para el estudio de la Biblia:

1. Lee el mismo pasaje en diferentes traducciones de la Biblia, si las tienes a tu disposición, para entenderlo mejor.

2. Si tu Biblia tiene versículos con referencias cruzadas, búscalos y observa cómo las ideas o palabras clave aparecen en otras partes de la Biblia. Cuando comparamos la Escritura con la Escritura, evitamos los malentendidos. El uso de referencias cruzadas nos ayuda a entender el significado de un versículo o pasaje y cómo puede estar conectado con otras partes de la Biblia.

3. Cuando un versículo te parezca importante, disminuye tu ritmo de lectura y examina cada palabra. Por ejemplo, Jesús les enseñó a sus discípulos a orar en Mateo 6:9-13. Piensa en cada palabra empezando por la primera, "Padre". ¿Qué te dice ese título sobre tu relación con Dios? Luego pasa a la segunda palabra, "nuestro". ¿Qué te indica esta palabra plural? ¿Quién está incluido en "nuestro"? Sigue examinando cada palabra poco a poco para descubrir sus tesoros. (Nota: utiliza una traducción bíblica palabra por palabra cuando hagas estudios de palabras).

4. No busques significados escondidos. La Biblia no es un rompecabezas; es la revelación de Dios de verdades eternas para todas las personas. Él quiere que la leamos y la entendamos con *su* ayuda, no con la humana tentación de manipular las Escrituras para apoyar nuestras ideas o justificar nuestras posiciones.

5. Hay muchos recursos disponibles tanto en línea como en libros impresos.[1] Mucha gente tiene un diccionario bíblico (para definir las numerosas palabras difíciles incluidas en la Biblia) y una concordancia (para encontrar la ubicación de las palabras bíblicas en la Biblia). Es posible que tengas una o ambas herramientas en la parte posterior de tu Biblia. Cuando utilices los comentarios, comprueba si entendiste *después de* hacer un análisis. Si nadie más ha llegado a conclusiones similares, es probable que estés equivocado.

Si estás luchando con las pocas ganas de estudiar la Biblia, díselo a Dios. Pídele que te dé pasión por su Palabra. Esa es una oración que Él se deleita en responder. Dios quiere que disfrutemos de nuestro tiempo con Él a través de su Palabra. Quiere que obtengamos fortaleza, sabiduría, paz y alegría de sus páginas. Mientras lo hacemos, podemos evitar el orgullo que procede del conocimiento que adquirimos. Recuerda que Jesús quiere que lo conozcas, no solo que tengas información sobre Él. Invita a Dios a transformar tu mente y tu corazón a medida que aprendes cuál es su voluntad en su Palabra.

---

[1] Visita allinmin.org para ver más recursos que hemos recopilado con el fin de ayudarte a estudiar y aplicar la verdad bíblica a tu vida.

Permite que la Biblia te hable:
Salmos 119:57-112 (Opcional: Filipenses 1:9-11)

Permite que tu mente piense:
1. ¿Qué pasos de estudio bíblico de los mencionados anteriormente ya realizas?

2. ¿Qué pasos son nuevos para ti?

3. ¿De qué manera puedes aplicar lo que aprendes al estudiar la Biblia? A Dios no le impresiona el conocimiento (la recopilación de datos); Él quiere relacionarse contigo (al hacer lo que te dice). ¿De qué manera crees que el estudio de la Biblia se agregará a tu experiencia de conocerlo y servirlo?

Permite que tu alma ore:
Padre, que nunca me olvide de tu Palabra (Salmos 119:16). Ayúdame a estudiar la Biblia. Guíame al leerla y aplicarla a mi vida. Dame oportunidades para compartir lo que me enseñas con otros. En el nombre de Jesús, amén.

Permite que tu corazón obedezca:
(¿Qué es lo que Dios te está llevando a conocer, valorar o hacer?)

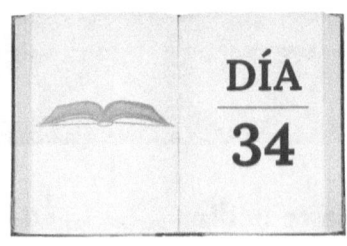

DÍA 34

Memoriza la Palabra de Dios

He atesorado tu palabra en mi corazón, para no pecar contra ti.
Salmos 119:11 (NBV)

Todos los días, con cada elección que hacemos, respondemos las siguientes dos preguntas: "¿Qué creo de Dios?" y "¿*Qué creo sobre mí mismo?*" Nos demos cuenta o no, vemos la vida a través de un enfoque teológico y de identidad. La mayoría de las veces, ni siquiera nos damos cuenta de que estamos haciendo suposiciones y sacando conclusiones sobre Dios, sobre nosotros mismos y sobre el mundo que nos rodea. Nuestro conjunto de creencias (o visión del mundo) determina nuestras conversaciones y prioridades. O, por decirlo de otro modo, lo que hay en nuestro corazón "determina el curso de todo lo que hacemos" (Proverbios 4:23).

La Palabra de Dios tiene mucho que decir sobre guardar nuestros corazones y ponerlos en las cosas de arriba.[1] Necesitamos una cosmovisión que pueda explicar, guiar y motivar todas las cosas hacia lo que Dios nos llama a hacer. Conocer las cuatro partes de la historia de Dios (semana 1) nos ayuda a entender el mundo y a responder de forma adecuada. Pero también necesitamos principios bíblicos para todas las áreas y todos los momentos de nuestra vida. Por eso, **guardar la Palabra de Dios en nuestros corazones es esencial**.

---

[1] Para ver ejemplos sobre cómo guardar tu corazón, ve Proverbios 4:23; 24:12; Filipenses 4:7; Colosenses 3:1.

Veamos hoy por qué memorizar y cómo memorizar la Palabra de Dios.

Al memorizar la Palabra de Dios, la tenemos siempre disponible. No importa donde vayamos o lo que hagamos, siempre estamos preparados ante cualquier situación que se nos presente. La Palabra de Dios es una herramienta de transformación poderosa, personal y con un multipropósito. Es una luz para nuestro camino, un martillo para aplastar el pecado, un espejo para escudriñar nuestras almas, una espada para derrotar a los enemigos, y mucho más. Cuando memorizamos la Palabra de Dios, nadie puede quitárnosla, y la tenemos disponible para que Dios la use en cualquier momento. Las Escrituras pueden impregnar nuestras oraciones y conversaciones "cuando estamos en casa y... en el camino... al acostarnos y ... al levantarnos" (Deuteronomio 6:7). La oración poderosa que cambia la vida puede provenir de las Escrituras o de nuestro corazón. Cuando memorizamos las Escrituras, se combinan las dos cosas. El Espíritu Santo nos recuerda estas verdades escritas en nuestro corazón, que son a menudo las respuestas a nuestras oraciones.

Memorizar la Palabra de Dios nos reconforta a nosotros y a otras personas con palabras precisas en el momento preciso. Puesto que todos hemos pasado por momentos difíciles, es muy reconfortante que la gente que nos quiere nos reconforte. Cuando tenemos la Palabra de Dios escrita en nuestros corazones, Dios puede animar a otros a través de nosotros. Podemos mirarlos a los ojos para compartir palabras de amor y esperanza en lugar de mirar la Biblia o el teléfono en busca de un versículo. A veces somos nosotros quienes necesitamos aliento. Pero nadie puede estar con nosotros todos los días. Ningún otro ser humano puede cargar con el dolor en nuestro lugar. Es entonces cuando Dios nos recuerda, con la Escritura que tenemos en el corazón, que Él está ahí y que está obrando. La Palabra de Dios alivia nuestro dolor. "Cuando se presentaban Tus palabras, yo las comía; Tus palabras eran para mí el gozo y la alegría de mi corazón, porque se me llamaba por Tu nombre, Oh Señor, Dios de los ejércitos" (Jeremías 15:16, NBLA).

La memorización de la Palabra de Dios transforma nuestra forma de pensar. Los principios de la Biblia van en contra de lo que el mundo fomenta y de nuestros deseos egoístas. Simplemente no son algo natural para nosotros, pero son esenciales para que podamos permanecer en Cristo. Memorizar las Escrituras permite que los pensamientos de Dios penetren profundamente en nuestras almas para fortalecernos, corregirnos y animarnos. Cuando esto sucede, podemos tomar decisiones que van en contra de nuestra tendencia natural. Nuestros pensamientos se transforman radicalmente (Romanos 12:2). Del mismo modo que cuando nos acusan o nos traicionan, nuestra respuesta natural podría ser defendernos o tomar represalias. La Palabra de Dios nos recuerda que debemos calmarnos: "No devuelvan mal por mal ni insulto por insulto; más bien, bendigan, porque para esto fueron llamados, para heredar una bendición" (1 Pedro 3:9, NVI). Cuando tenemos problemas con un miembro de la familia, un compañero de trabajo o un miembro de la iglesia, Dios nos susurra: "...tengan paciencia, sopórtense con amor unos a otros" (Efesios 4:2, PDT). Y cuando nos damos cuenta de que somos orgullosos y santurrones, Dios nos recuerda: "Sean humildes" (Santiago 4:10). En lugar de llamar la atención hacia nosotros mismos, llamamos la atención hacia Dios. Nuestra actitud de juicio se convierte en compasión. Si nos ofendemos o enojamos fácilmente, nos convertimos en pacificadores. Recibimos bien la corrección y admitimos cuando nos equivocamos. Esto es algo completamente antinatural, es la Escritura trabajando en nuestros corazones.

Con la memorización de la Palabra de Dios cumplimos nuestro propósito. Cuanto más estudiamos las Escrituras, más descubrimos el carácter de Dios y nuestro llamado. La Palabra de Dios penetra en nuestros corazones y nuestro amor por Dios crece, al igual que nuestro amor por los demás. Queremos que experimenten una amistad íntima con Jesús. Queremos verlos rescatados de las garras del pecado y prosperar en una nueva vida, ahora y eternamente. Pero nuestro propósito de amar a Dios, amar a los demás y hacer discípulos significa que debemos estar siempre dispuestos a compartir nuestra esperanza en Cristo (1 Pedro 3:15). Al memorizar la Palabra de Dios, podemos explicar el mensaje de Dios con las palabras de Dios. ¿Recuerdas el "pan del evangelio" del día 18? Comienza por memorizar un versículo para cada uno de estos cuatro ingredientes esenciales:

- Dios nos ama: "Pues Dios amó tanto al mundo que dio a su único Hijo, para que todo el que crea en él no se pierda, sino que tenga vida eterna" (Juan 3:16, NTV).
- El pecado nos separa: "...por cuanto todos pecaron y están destituidos de la gloria de Dios" (Romanos 3:23, RVC).
- Jesús nos salva: "...pero Dios mostró el gran amor que nos tiene al enviar a Cristo a morir por nosotros cuando todavía éramos pecadores" (Romanos 5:8).
- El arrepentimiento y la fe nos cambian: "Si declaras abiertamente que Jesús es el Señor y crees en tu corazón que Dios lo levantó de los muertos, serás salvo. Pues es por creer en tu corazón que eres hecho justo a los ojos de Dios y es por declarar abiertamente tu fe que eres salvo" (Romanos 10: 9-10).

Memorizar la Palabra de Dios nos ayuda a resistir la tentación. "He guardado tu palabra en mi corazón, para no pecar contra ti" (Salmos 119:11, NTV). La Escritura memorizada es, indudablemente, un arma poderosa que vence al pecado cuando la usamos: "Pues la palabra de Dios es viva y poderosa. Es más cortante que cualquier espada de dos filos" (Hebreos 4:12). Aunque la Palabra de Dios siempre está afilada, a veces nuestra comprensión de ella no lo está. Sin embargo, podemos reforzar nuestra comprensión si la memorizamos. No tenemos mejor ejemplo que Jesús. Como aprendimos en el día 26, Él se aferró con firmeza a la Palabra de Dios para resistir la tentación. Podemos prepararnos para la batalla espiritual si memorizamos las Escrituras, especialmente los versículos que se relacionan con nuestras tentaciones y debilidades más comunes. Por ejemplo:

Tentación	Memoriza
Temperamento	Los necios dan rienda suelta a su enojo, pero los sabios calladamente lo controlan. Proverbios 29:11. Todos deben estar listos para escuchar, y ser lentos para hablar y para enojarse; pues la ira humana no produce la vida justa que Dios quiere. Santiago 1:19-20 (NVI).
Orgullo	El orgullo lleva a conflictos; los que siguen el consejo son sabios. Proverbios 13:10 (NVI). Dios se opone a los orgullosos pero da gracia a los humildes. Santiago 4:6.
La falta de autocontrol al gastar dinero, comer o satisfacer sus deseos físicos.	Así que humíllense delante de Dios. Resistan al diablo, y él huirá de ustedes. Santiago 4:7. No les ha sobrevenido ninguna tentación que no sea común a los hombres. Fiel es Dios, que no permitirá que ustedes sean tentados más allá de lo que pueden soportar, sino que con la tentación proveerá también la vía de escape, a fin de que puedan resistirla. 1 Corintios 10:13 (NBLA).
Lenguaje ofensivo	No empleen un lenguaje grosero ni ofensivo. Que todo lo que digan sea bueno y útil, a fin de que sus palabras resulten de estímulo para quienes las oigan. Efesios 4:29. La respuesta amable calma el enojo, pero la agresiva echa leña al fuego. Proverbios 15:1 (NVI).
Deseo de bienes materiales	Ahora bien, la verdadera sumisión a Dios es una gran riqueza en sí misma cuando uno está contento con lo que tiene. Después de todo, no trajimos nada cuando vinimos a este mundo ni tampoco podremos llevarnos nada cuando lo dejemos. Así que, si tenemos suficiente alimento y ropa, estemos contentos. 1 Timoteo 6:6-8. No amen el dinero; estén contentos con lo que tienen, pues Dios ha dicho: "Nunca te fallaré. Jamás te abandonaré". Hebreos 13:5.

Chismes	La gente chismosa revela los secretos; la gente confiable es discreta. Proverbios 11:13 (NVI).
	Si alguien se cree religioso, pero no le pone freno a su lengua, se engaña a sí mismo, y su religión no sirve para nada. Santiago 1:26 (NVI).
Preocupación o miedo	¡Sé fuerte y valiente! ¡No tengas miedo ni te desanimes! Porque el Señor tu Dios te acompañará dondequiera que vayas. Josué 1:9 (NVI).
	Pues Dios no nos ha dado un espíritu de temor y timidez sino de poder, amor y autodisciplina. 2 Timoteo 1:7 (NTV).

Vemos el poder de la memorización de las Escrituras, pero la mayoría de la gente se da por vencida al intentar hacerlo. Si quieres memorizar las Escrituras pero no sabes por dónde empezar, aquí tienes algunas sugerencias que pueden ayudarte:

1. Elige un versículo que signifique algo para ti. Escoge un pasaje que Dios pueda usar de manera específica en tu vida.
   "**Santifícalos** *en la verdad; tu palabra es la verdad*". Juan 17:17 (NVI, énfasis añadido).

2. Di la referencia del versículo antes y después del mismo, para que sepas dónde encontrarlo.
   Juan 17:17 "*Santifícalos en la verdad; tu palabra es la verdad*". Juan 17:17.

   > **Santificar:**
   > Purificar o hacer santo o sagrado. La idea es que las personas o las cosas se aparten para adorar a Dios.

3. Divide el versículo en frases más cortas y memoriza una frase a la vez. **Concéntrate en lo que dice el pasaje para que quede escrito en tu mente y en tu corazón:**
   Santifícalos en la verdad / (piensa: la verdad transforma).
   tu palabra es la verdad. (Piensa: la Palabra de Dios es la verdad).

4. Lee el versículo en voz alta muchas veces, haciendo hincapié en las palabras clave. La repetición es la clave del aprendizaje, así que repasa muchas veces.

   SANTIFÍCALOS *en la verdad* / tu PALABRA *es la verdad*.

5. Escribe el versículo y, sin verlo, escribe la primera inicial de cada palabra del versículo.

   Juan 17:17 *Santifícalos en la verdad; tu palabra es la verdad.* Juan 17:17.

   Juan 17:17 S E L V T P E L V. Juan 17:17.

La clave para memorizar las Escrituras es no tratar de memorizar datos: letras, palabras y frases. No somos computadoras, por lo que no se trata de la entrada de datos. Cuando tomamos decisiones nos involucramos tanto con el corazón como con la mente, así que memoriza con ambos. Aprende no solo lo que está escrito, sino también por qué está escrito. Entiende la conexión, la historia o el significado. Cuando selecciones un pasaje, concéntrate en el estilo y en la sustancia de lo que se comunica.

Con frecuencia pensamos que no podemos memorizar las Escrituras, pero todos memorizamos cosas que nos importan: fechas importantes, contraseñas, canciones, incluso estadísticas deportivas. Como ya hemos dicho, se expande aquello en lo que nos enfocamos. Si le dedicamos nuestro tiempo y atención, podemos hacerlo. Y puedes hacer que sea divertido. Intenta cantar los versículos, utilizar movimientos de manos o hacer dibujos. Algunas personas prefieren memorizar escuchando la Palabra de Dios. Hay Biblias en audio disponibles en línea y en formato físico que facilitan el escucharla y memorizarla.

No se trata de memorizar la Palabra de Dios para poder recordar una serie de palabras. Es prepararse para lo que sea que te espera en tu viaje. Cuando guardas la Palabra de Dios en tu corazón, tienes una lámpara de mano para iluminar tu camino, agua para refrescar tu alma, pan para alimentar tu espíritu y una espada para luchar contra tu enemigo. Prepara bien tu corazón.

Permite que la Biblia te hable:
Salmos 119:113-176 (Opcional: Santiago 1:22)

Permite que tu mente piense:
1. ¿Por qué crees que la gente tiene dificultades para memorizar algunas cosas? ¿Por qué debería ser más fácil para nosotros memorizar la Palabra de Dios?

2. ¿Hay algunas áreas de tu vida en las que sientes que Dios está trabajando para transformarte? Encuentra un versículo que te ayude, te fortalezca o te guíe en esa área y comienza a memorizarlo ahora.

3. De todos los beneficios de memorizar versículos de la Biblia, ¿cuál es el que más te interesa?

Permite que tu alma ore:
Señor, escribe tu Palabra en mi corazón. Haz que mi mente sea como una esponja que absorba las Escrituras. Guíame para memorizar los versículos que sabes que necesitaré en mi viaje. Conforme a tu Palabra echa raíces en mi vida, cambia mi corazón y transforma mis pensamientos. En el nombre de Jesús, amén.

Permite que tu corazón obedezca:
(¿Qué es lo que Dios te está llevando a conocer, valorar o hacer?)

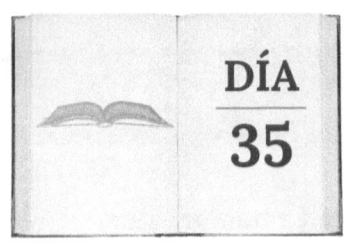

DÍA 35

Repasa y practica la Palabra de Dios

> Estudia constantemente este libro de instrucción. Medita en él de día y de noche para asegurarte de obedecer todo lo que allí está escrito. Solamente entonces prosperarás y te irá bien en todo lo que hagas.
> Josué 1:8

En la antigüedad, la gente viajaba kilómetros y hacía largas filas durante días para reunirse con los líderes espirituales. Buscaban ayuda a la hora de tomar decisiones, predicciones para el futuro, una revelación divina o una bendición. Como seguidores de Jesús, no necesitamos viajar ni esperar la revelación de Dios; abrimos la Biblia. Cuando lo hacemos, el Autor del Libro nos guía hacia la verdad. No importa el continente, la cultura o la generación, la Palabra de Dios es vivificante y cambia la vida de todas las personas en todo momento.

Hemos aprendido *mucho* sobre la Palabra de Dios esta semana, así que dediquemos algo de tiempo a poner en práctica lo que hemos aprendido (Mateo 7:24). Apliquemos las estrategias de estudio bíblico de las lecciones de esta semana a un pasaje de las Escrituras y repasemos los pasos cubiertos en el día 33:

1. Antes de empezar, *ora*.
2. Lee el pasaje con atención y varias veces.
3. Haz preguntas sobre lo que leíste.

4. Aplícalo.
5. Ora y lleva un diario con esas oraciones y reflexiones. Esto te ayudará a recordar y compartir lo que has aprendido con los demás.

Como veremos, los nuevos estudiantes de la Biblia pueden aprender importantes verdades espirituales sin ningún tipo de formación o educación especial. Comencemos.

Paso 1: ora en este momento.
Pídele a Dios sabiduría y discernimiento espiritual para comprender y aplicar este pasaje de las Escrituras a tu vida.

Paso 2: lee el pasaje.
Léelo con humildad y atención. Fíjate en los detalles más precisos. Luego léelo por segunda vez, subrayando las palabras clave y haciendo anotaciones al margen.

Santiago 1:1-12 (NVI)
Santiago, siervo de Dios y del Señor Jesucristo,
a las doce tribus que se hallan dispersas por el mundo:
Saludos.

Hermanos míos, considérense muy dichosos cuando tengan que enfrentarse con diversas pruebas, pues ya saben que la prueba de su fe produce constancia. Y la constancia debe llevar a feliz término la obra, para que sean perfectos e íntegros, sin que les falte nada. Si a alguno de ustedes le falta sabiduría, pídasela a Dios, y él se la dará, pues Dios da a todos generosamente sin menospreciar a nadie. Pero que pida con fe, sin dudar, porque quien duda es como las olas del mar, agitadas y llevadas de un lado a otro por el viento. Quien es así no piense que va a recibir cosa alguna del Señor; es indeciso e inconstante en todo lo que hace.

El hermano de condición humilde debe sentirse orgulloso de su alta dignidad, y el rico, de su humilde condición. El rico pasará como la flor del campo. El sol, cuando sale, seca la planta con su calor abrasador. A esta se le cae la flor y pierde su belleza. Así se marchitará también el rico en todas sus empresas.

Dichoso el que resiste la tentación porque, al salir aprobado, recibirá la corona de la vida que Dios ha prometido a quienes lo aman.

Paso 3: haz preguntas.
(Importante: las siguientes respuestas sirven como ejemplo de interpretación del estudio bíblico. Dios puede hablar de manera distinta a diferentes personas usando el mismo pasaje.)

- ¿Quién está hablando? Santiago, siervo del Señor.
- ¿A quién le está hablando? A los creyentes dispersos por el mundo.
- ¿Qué está diciendo? (La idea general) Santiago sabe que todos los creyentes se enfrentarán a pruebas de muchos tipos y proporciona una manera de ver las pruebas con miras a la eternidad.

Las respuestas a estas tres primeras preguntas son un buen comienzo. Ahora, analicemos más detenidamente.

- ¿Qué le estaba diciendo Dios a la audiencia original a través de Santiago?
    - Las pruebas pueden ser pruebas de fe que producen constancia.
    - La constancia es necesaria para la madurez espiritual.
    - Si los creyentes necesitan sabiduría para las pruebas, deben pedirla a Dios.
    - Dios da la sabiduría generosamente sin contemplaciones, siempre que el creyente pida sin dudar que le responderá.
    - Pobre o rico, nadie escapa a las pruebas o a la muerte.
    - La bendición viene por haber resistido la prueba.

- ¿Cuál es el formato? El libro de Santiago es una carta de un líder a sus hermanos y hermanas en la fe.

- ¿Existe alguna verdad eterna para los creyentes de hoy? ¿Alguna promesa o advertencia?
    - Todos los creyentes enfrentarán pruebas.

- - Los creyentes no necesitan preguntarse sobre el propósito de las pruebas. Pueden pedirle a Dios sabiduría y Él se las dará generosamente.
  - La situación financiera no influye en la posición eterna ante Dios.
  - La corona de vida prometida (vida eterna) es para quienes aman a Dios, y la evidencia de este amor se muestra en la obediencia constante en esta vida.

- ¿Qué te dice este pasaje sobre Dios?
  - Dios quiere que nos fortalezcamos espiritualmente para que no seamos superficiales, débiles y fácilmente influenciables.
  - Dios no desperdicia el dolor. Las pruebas se pueden utilizar para nuestro bien.
  - Dios da su sabiduría divina generosamente a quienes la piden con sinceridad.
  - Dios aumenta nuestra fe ayudándonos a perseverar en las pruebas para que podamos resistirlas y disfrutar la eternidad con Él.
  - Dios nos bendice tanto aquí en la Tierra (madurez espiritual a través de pruebas) como en la eternidad (corona de vida, habiendo resistido la prueba).

- ¿Qué te dice este pasaje sobre la humanidad?
  Todos los creyentes necesitan madurar en la fe. Las pruebas se pueden usar para desarrollar la constancia, pero debemos elegir cómo vemos las pruebas.

Paso 4: aplica lo aprendido.

- ¿Qué te dice este pasaje sobre ti?
  Este pasaje me recuerda cómo las pruebas revelan el tipo de fe que tengo. Mi respuesta a la adversidad y la aflicción muestra lo que creo y dónde pongo mi esperanza. Cuando confío en Dios en medio de las pruebas, Él me da su sabiduría, poder y fortaleza. Esta confianza en Dios produce constancia para ayudarme a madurar y perseverar hasta el final.

Me doy cuenta de que puedo elegir cómo enfrentarme a las dificultades: elegir el gozo y confiar en Dios, al saber que está haciendo su obra en mí, o elegir la desesperación, al creer la mentira de Satanás al dudar de la bondad de Dios. En lugar de ver las pruebas como una consecuencia de la falta de fe, puedo soportar las dificultades sabiendo que Dios está trabajando para mi bien aquí en este tiempo y en la eternidad.

- <u>¿Hay alguna promesa? ¿Algún mandamiento? ¿Alguna advertencia?</u>
  Dios promete darnos sabiduría durante las pruebas si la pedimos y no dudamos. No estamos solos al tratar de superar las adversidades ni nos preguntamos cuál es el propósito de Dios para estas. Podemos pedirle a Dios, y Él nos promete su sabiduría. Dios también promete bendecirnos tanto aquí (madurez espiritual) como en la eternidad (corona de vida).

- <u>¿Qué quieres recordar?</u>
  Desarrollar la constancia es como desarrollar los músculos para crecer fuerte en mi fe y soportar las dificultades. No quiero ser un débil seguidor de Jesús que se mueve fácilmente y se deja zarandear como las olas o el viento. Quiero ser fuerte en el Señor. Necesito recordar que debo confiar en Dios en las pruebas porque eso me lleva a la madurez espiritual. Las recompensas eternas están en juego. Elijo el gozo.
  Memoriza: "Hermanos míos, considérense muy dichosos cuando tengan que enfrentarse con diversas pruebas, pues ya saben que la prueba de su fe produce constancia" (Santiago 1:2-3, NVI).

Paso 5: ora.
Dios, gracias por ayudarme a ver las pruebas desde tu perspectiva. Estoy agradecido de que las pruebas no sean distracciones desperdiciadas sino que se puedan usar para propósitos buenos y eternos. Por favor, dame tu sabiduría y fortaleza para que pueda aprender y crecer fuerte en ti. Ayúdame a perseverar hasta el final con una perspectiva santa, eligiendo el gozo. Tú vales más que cualquier prueba que deba soportar,

porque tú me amaste primero y sufriste por mí. Te amo. En el nombre de Jesús, amén.

Mediante el ejemplo anterior, ¿te diste cuenta de cómo podrías estudiar la Biblia? Con una lectura minuciosa, pudimos aprender una verdad espiritual que va en contra de lo que la mayoría del mundo dice sobre las pruebas. Ya que estas no son necesariamente por falta de fe, sino que pueden hacer crecer nuestra fe. Considera la posibilidad de leer todo el libro de Santiago para ver cómo se amplía este tema de las pruebas y el crecimiento de la fe. Una lección importante de este pasaje es que podemos simplemente abrir la Palabra de Dios y pedir su sabiduría.

Esta semana hemos estudiado el poder de la Palabra de Dios. La próxima semana estudiaremos cómo la Palabra de Dios da poder a nuestras oraciones. Jesús nos promete: "Si permanecen en mí y mis palabras permanecen en ustedes, pidan lo que quieran, y se les concederá" (Juan 15:7, NVI). **Estudiar la Palabra de Dios y orar conforme a ella es lo que hace que la oración cambie el corazón y mueva montañas.**

DÍA 35

Permite que la Biblia hable y que tu mente piense:

Ahora, te toca a ti. Tómate un tiempo para practicar cómo estudiar la Palabra de Dios. Esta semana ya leíste el capítulo más largo de la Biblia, el salmo 119. Para este ejercicio, lee el capítulo más corto de la Biblia, el salmo 117.

1. Lee el salmo 117 que aparece a continuación. Sigue los pasos del estudio bíblico mencionados anteriormente. (Si necesitas instrucciones más detalladas, revisa el día 33).
2. Subraya, resalta o encierra en un círculo las palabras clave en esta página. Puedes escribir notas sobre los versículos en el margen.
3. Cuando hayas terminado todos los pasos, puedes elegir un versículo para memorizar. En este caso, puedes memorizar todo el salmo.
4. Responde las preguntas de conversación para la semana 5.

Salmo 117

Alaben al Señor, todas ustedes, las naciones.
Todos los pueblos de la tierra, alábenlo.
Pues su amor inagotable por nosotros es poderoso;
la fidelidad del Señor permanece para siempre.
¡Alabado sea el Señor!

Permite que tu alma ore:

Dios, gracias por tu Palabra; la atesoro. "Para mí es más valiosa tu enseñanza que millares de monedas de oro y plata" (Salmos 119:72, NVI). Ayúdame a estudiar la Biblia cada día, y a entender lo que leo. Te pido que no solo aprenda sobre las Escrituras, sino que me transformes a través de ellas. Transforma mi corazón, mis pensamientos, mis palabras y mis acciones. "Guía mis pasos conforme a tu palabra" (Salmos 119:133, NVI). En el nombre de Jesús, amén.

Permite que tu corazón obedezca:

(¿Qué es lo que Dios te está llevando a conocer, valorar o hacer?)

PREGUNTAS DE CONVERSACIÓN PARA LA SEMANA 5:

Repasa las lecciones de esta semana y responde a las preguntas que aparecen a continuación. Comparte tus respuestas con tus amigos cuando se reúnan esta semana.

1. Cuando leíste la parábola del sembrador, ¿qué aprendiste sobre tu corazón? ¿Cómo puede volverse más receptivo a la Palabra de Dios?

2. Examinamos muchas razones por las que podemos confiar en la Palabra de Dios. ¿Qué razón es nueva para ti?

3. En nuestro recorrido por los libros de la Biblia, fuimos siguiendo la historia de la Biblia desde la creación hasta la eternidad. ¿Cómo refleja tu historia la historia más grande que encontramos en la Palabra de Dios?

    - El pueblo de Israel cayó en un ciclo de pecado y arrepentimiento durante la época de los jueces. ¿Cómo puede ayudarte aprender sobre este ciclo y cómo combatirlo en tu vida?

    - ¿Alguna vez has sentido que tu relación con Dios es distante, como los israelitas en el exilio? ¿Cómo la memorización de las Escrituras puede ayudarte a sentir más su presencia en tu vida?

    - ¿Cómo el estudio de la Palabra de Dios puede ayudarte a experimentar una estrecha comunión con Dios, como el amor expresado en el Cantar de los Cantares?

    - El estudio de la Palabra de Dios nos ayudará a conocer mejor a Jesús, como a las personas de los evangelios. ¿Cómo puede el estudio de la Palabra de Dios ayudarte a permanecer en Cristo?

4. Después de nuestro tiempo juntos en este estudio de *Tu verdadera historia*, de ser posible, haz que el grupo se ponga de acuerdo para seguir un plan de lectura y continúen reuniéndose para comentar lo que aprenden.

SEMANA SEIS

ORACIÓN,
HABLA CON EL AUTOR
DE LA VIDA

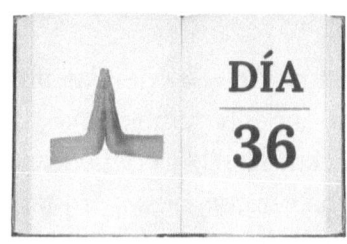

Habla con Dios, cambia tu corazón

Esta es la confianza que tenemos al acercarnos a Dios: que, si pedimos conforme a su voluntad, él nos oye. Y, si sabemos que Dios oye todas nuestras oraciones, podemos estar seguros de que ya tenemos lo que le hemos pedido.
1 Juan 5:14-15 (NVI)

A Dios le encanta hablar contigo. Él aprecia tus oraciones porque son una prueba de la dulce amistad que comparten. Piensa en cómo guardarías una carta como recuerdo de una persona u ocasión importante. La Biblia dice que Dios guarda tus oraciones en tazones de oro y que suben hasta Él como un dulce aroma (Apocalipsis 5:8; Salmos 141:2). Él susurra: "Oren en todo momento" (1 Tesalonicenses 5:17, DHH). ¿Por qué? Porque la oración hace más profunda tu relación con Dios. Los amigos se hacen más cercanos entre más hablen entre sí.

¿Te imaginas a unos amigos que no se hablen nunca? No tendrían una gran amistad. ¿O un matrimonio que nunca se hablara directamente, sino que sólo se comunicara a través de un pastor u otra persona? Seguirían estando legalmente casados, pero su relación sería difícil e impersonal. Sin la oración, tu relación con Dios no tendría vida. La oración mantiene tu amistad con Dios dinámica, viva y personal.

La oración es una conversación continua que surge de una amistad íntima con Dios. Cuando hablas con Él, "de lo que abunda en el corazón habla la boca" (Lucas 6:45, NVI). Los padres y los hijos no se limitan a repetir los saludos comunes y memorizados entre ellos: "–Hola, ¿cómo estás? -Bien, ¿cómo estás tú? -Que tengas un buen día. Adiós". No, en las relaciones sanas, la gente también habla desde su corazón, de forma espontánea y sincera. La Biblia contiene ejemplos de oración que podemos utilizar para hablar con Dios, pero también podemos hablar con Dios con nuestras propias palabras. Él no juzga ni critica nuestras palabras; mira nuestros corazones. A Él no le preocupa la gramática ni quiere oraciones que suenen impresionantes. Él se preocupa por ti y le interesa lo que tienes que decir desde tu corazón.

Pero para algunas personas les resulta difícil hablar con alguien a quien no pueden ver. Otros pueden encontrar difícil orar porque creen que Dios hará lo que quiere independientemente de nuestras oraciones. Considera estas ideas sobre el propósito y el poder de la oración.

Ora para obtener más *de* Dios, no solo para recibir más *de* Dios. Sí, Dios se deleita en responder a nuestras oraciones y podemos pedirle los deseos de nuestro corazón (Salmos 37:4). Pero deseemos a Dios más que cualquier otra cosa. Ora para que tus pensamientos sean *sus* pensamientos; tu corazón, *su* corazón; tu voluntad, *su* voluntad. Entonces, cuando ores en línea con *sus* deseos para ti, Él hará lo que pides en su tiempo perfecto. "Pueden pedir cualquier cosa en mi nombre, y yo lo haré, para que el Hijo le dé gloria al Padre. Es cierto, pídanme cualquier cosa en mi nombre, ¡y yo lo haré!" (Juan 14:13-14, NTV). **Jesús está diciendo que podemos pedir en su autoridad para avanzar en sus propósitos para la gloria de Dios. Uno de los propósitos de la oración es descubrir lo que está en el corazón de Dios para que podamos alinear nuestros corazones con el suyo.**

La oración cambia nuestros corazones, pero no siempre nuestras circunstancias. Cuando nuestras oraciones se alinean con la voluntad de Dios, Él promete escucharnos (1 Juan 5:14-15). Su respuesta puede ser sí o no. Si alguna de nuestras peticiones está fuera de su voluntad, Él dirá que no. Pídele a Dios que trabaje en tu corazón para ayudarte a caminar en sus caminos, incluso si los detalles no tienen sentido para ti. En el jardín de Getsemaní, Jesús oró para escapar del intenso sufrimiento que estaba a solo unas horas de distancia. "¡Padre mío! Si es posible, que pase de mí esta copa de sufrimiento. Sin embargo, quiero que sea tu voluntad, no la mía" (Mateo 26:39, NTV). Jesús quería escapar del sufrimiento, pero *más* que todo quería hacer la voluntad de Dios. No obtuvo la respuesta que pedía, pero salió de ese tiempo de oración con un corazón totalmente sometido a la voluntad de su Padre y con el valor de ver cumplida esa voluntad. La oración no siempre cambiará nuestras circunstancias, *pero sí* nos ayudará a confiar en Dios *a pesar de* nuestras circunstancias.

Ora con autoridad para enfrentarte a las artimañas del diablo. La oración no es solo una conversación con Dios, sino también una arma poderosa en la guerra espiritual. Como aprendimos en los días 26 y 27, tanto las Escrituras como la oración nos ayudan a vencer los deseos de la carne y los ataques del enemigo. Jesús siempre ha tenido autoridad sobre el enemigo y nos dio autoridad cuando derrotó a Satanás en la cruz (Colosenses 2:15) **Ahora necesitamos reclamar la victoria de Jesús para que nosotros también podamos vencer el poder del enemigo** (Lucas 10:19). Confía en la fuerza de Dios y actúa mediante la oración. Como hablamos en el día 26, ora en voz alta con autoridad cuando la tentación te ataque: "Soy un hijo de Dios y en Cristo tengo la victoria sobre_____". Inserta en el espacio en blanco el pecado o el problema que estás tratando. Recuerda que el enemigo no puede obligarnos a pecar. **Tenemos autoridad a través de Jesús para resistir al enemigo y ponernos bajo la protección de Dios.**

Combinemos nuestro conocimiento de la oración con algunas pautas prácticas que nos ayudarán a orar, escuchar y avanzar en la voluntad de Dios:

1. **Ora en grupo.** La oración efectiva en grupo (a veces llamada oración corporativa) requiere concentración y humildad. Al orar todos de acuerdo sobre la misma preocupación, el Espíritu Santo nos guiará de manera más específica. Sé genuino y transparente cuando se te pida orar. No seas reacio a contribuir, ni te preocupes por la opinión de los demás sobre ti, ni temas equivocarte. Todos estamos aprendiendo del Espíritu Santo y de los demás. Incluso los que oran con fluidez siguen madurando en su fe. Es posible que digas algo que aporte ánimo o claridad a una reunión de oración.

Por otro lado, no tomes total control de la oración ni ores un mensaje para que otro participante lo escuche. En cambio, humillémonos ante el Señor (Santiago 4:10). Orar con otros creyentes nos une más y nos acerca a Dios (Mateo 18:20). La Iglesia primitiva fue un modelo de devoción a Dios y a los demás *al adorar y orar juntos* (Hechos 2:42-47).

2. **Ora solo.** Aunque nunca estamos *espiritualmente* solos en la oración (Romanos 8), orar a solas *físicamente* mantiene nuestros motivos puros. Estamos libres de la tentación de actuar para otros o de preocuparnos por lo que los demás piensen. La oración privada es más efectiva sin distracciones (sin teléfono, sin reloj, sin computadora). Jesús dice: "Pero tú cuando ores, apártate a solas, cierra la puerta detrás de ti y ora a tu padre en privado. Entonces, tu Padre, quien todo lo ve, te recompensará" (Mateo 6:6, NTV). Nuestras oraciones secretas, las que solo Dios escucha, son especialmente preciosas para Él.

3. **Ora físicamente.** Utiliza tu cuerpo para ayudarte a expresar tus sentimientos. Una postura humilde demuestra un corazón humilde, así que puedes intentar arrodillarte ante Dios (Salmos 95:6). También puedes girar el rostro hacia el Cielo (Juan 17:1), abrir las manos para recibir (Esdras 9:5) o postrarte en el suelo ante Dios (Mateo 26:39). Acércate a Dios con la actitud correcta del corazón. Él es Dios y nosotros somos mortales. Él lo provee todo y nosotros no tenemos nada que ofrecer salvo lo que Él nos da. Ora con todas tus fuerzas.

4. **Ora en voz alta.** Hablar en voz alta puede ayudarte a concentrarte. Te recordará que estás hablando con una persona real.

5. **Escribe tu oración.** Si necesitas concentrarte, toma notas (en un cuaderno, si es posible). Escribe tus peticiones o alabanzas. Concéntrate en Dios y luego escribe los versículos que te vengan a la mente mientras **escuchas los pensamientos de Dios dentro de tus pensamientos**. Incluye estos cuatro elementos mientras oras: Adoración, Confesión, Acción de gracias y Súplica (Recuerda el acrónimo ACAS). Mañana, aprenderemos sobre este modelo de oración a partir del ejemplo del rey Josafat.

Santiago 5:16 (NTV) dice: "La oración ferviente de una persona justa tiene mucho poder y da resultados maravillosos". A Dios le encanta hablar contigo, así que dedica un tiempo para hablar con Él ahora. Luego, *escucha* sus respuestas. Los resultados son transformadores.

Permite que la Biblia te hable:
Mateo 6:1-18 (Opcional: Salmos 86)

Permite que tu mente piense:
1. ¿Cómo describirías tu oración? Para fortalecer tus momentos de oración, observa las oraciones de la Biblia. Muchos versículos pueden convertirse en oraciones; los versículos que reflejan el carácter de Dios y sus promesas pueden parafrasearse y dirigirse a Él.

2. ¿Eres parte de un grupo de oración? Si no es así, ¿hay algún grupo de creyentes con el que puedas conectarse para orar?

3. ¿Por qué orarás hoy? Considera la posibilidad de crear un espacio para la oración en el rincón de una habitación o en un armario. Coloca peticiones de oración y pasajes de la Biblia que te ayuden a orar intencionalmente. Dedicar un espacio exclusivamente para la oración te ayudará a priorizarla.

Permite que tu alma ore:
Padre, me sorprende que tú, el creador del universo, quieras hablar conmigo. ¡Gracias! Hazme crecer en la oración. Ayúdame a orar continuamente con un corazón sincero. Haz que mi corazón y mi mente se parezcan a los tuyos para que pueda orar según tu voluntad. En el nombre de Jesús, amén.

Permite que tu corazón obedezca:
(¿Qué es lo que Dios te está llevando a conocer, valorar o hacer?)

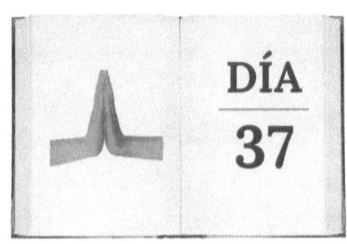

Ora y escucha

Clama a mí y te responderé, y te daré a conocer
cosas grandes y ocultas que tú no sabes.
Jeremías 33:3 (NVI)

Los mensajeros corrieron a Jerusalén con una aterradora advertencia de un ejército invasor que se acercaba a la ciudad. "Del otro lado del Mar Muerto y de Edom viene contra ti una gran multitud" (2 Crónicas 20:2 (NVI). Una alianza de naciones marchaba contra el rey Josafat y el pueblo de Judá. Esta noticia inesperada infundió temor en el corazón del rey. Pero en lugar de llamar a los soldados y elaborar planes de batalla, el rey sabio respondió con fe. Una orden fue enviada a toda la nación: ¡TODOS A AYUNAR Y A ORAR! El pueblo dejó de hacer lo que hacía y llegaron inmediatamente de todos los pueblos de Judá a la capital para buscar juntos al Señor. El rey se situó en el templo del Señor, elevó su voz al Cielo y dirigió la reunión de oración.

Dios escuchó sus oraciones y los rescató milagrosamente: la alianza de naciones que venían contra el rey Josafat se volvió *contra ellos mismos*. Los hombres de Judá ni siquiera tomaron un arma. Sin embargo, derrotaron a un ejército tan numeroso que tardaron tres días en recoger todas las posesiones que dejaron sus enemigos.

Podemos aprender mucho de la oración del rey Josafat. Su parte en la historia de Dios fue traer la reforma espiritual al reino del sur, pero también fue un modelo de oración poderosa. Cuando miramos de cerca su oración en la reunión nacional, la encontramos consistente con los cuatro elementos principales: adoración, confesión, acción de gracias y súplica (ACAS).

1. **Adoración:** Josafat comenzó orando: "Señor, Dios de nuestros antepasados, ¿no eres tú el Dios del Cielo, y el que gobierna a todas las naciones? ¡Es tal tu fuerza y poder que no hay quien pueda resistirte!" (2 Crónicas 20:6, NVI). Cuando comenzamos nuestras oraciones con adoración, recordamos a quién le estamos hablando: al Dios Todopoderoso. Imagínate entrando en la sala del trono de Dios (Hebreos 4:16) y expresa tu amor por Él. **Adorar a Dios alimenta nuestra fe.** Los problemas que traemos delante de Él empiezan a reducirse incluso antes de que empezemos a hablar, cuando los consideramos a la luz del poder y la majestad de Dios. No esperemos a que la batalla termine para alabarle. Tómate tu tiempo para honrar a tu Padre celestial.

2. **Confesión:** Josafat siguió su adoración con humildad: "Dios nuestro, ¿acaso no vas a dictar sentencia contra ellos? Nosotros no podemos oponernos a esa gran multitud que viene a atacarnos. ¡No sabemos qué hacer! ¡En ti hemos puesto nuestra esperanza!" (2 Crónicas 20:12, NVI). El rey Josafat reconoció que no era lo suficientemente fuerte o inteligente para enfrentar lo que venía, pero mantuvo sus ojos puestos en Dios. Podemos seguir su ejemplo. Después de alabar la perfección de Dios, **admite tu propia imperfección, no sólo los pecados obvios, sino también tus debilidades**. Cuando lo haces, te arraigas en la gracia de Dios (Día 24), sabiendo que "Dios se opone a los orgullosos pero da gracia a los humildes" (Santiago 4:6, NVI).

3. **Acción de gracias:** A pesar de que un increíble peligro avanzaba hacia él, Josafat escogió estar agradecido por cómo Dios había cuidado de su pueblo en el pasado:

> "Oh Dios nuestro, ¿acaso no expulsaste a los que vivían en esta tierra cuando llegó tu pueblo Israel? ¿Acaso no les diste esta tierra para siempre a los descendientes de tu amigo Abraham? Tu pueblo se estableció aquí y construyó este templo para honrar tu nombre. Ellos dijeron: 'Cuando enfrentemos cualquier calamidad, ya sea guerra, plagas o hambre, podremos venir a este lugar para estar en tu presencia ante este templo donde se honra tu nombre. Podremos clamar a ti para

que nos salves y tú nos oirás y nos rescatarás'. Ahora mira lo que los ejércitos de Amón, Moab y del monte Seir están haciendo... porque han venido para echarnos de tu tierra, la cual nos diste como herencia!" (2 Crónicas 20:7-11).

La gratitud nos ayuda a ver el cuidado protector de Dios. Cuanto más recordamos su fidelidad, más poderosa es nuestra fe y cuanto más buscamos la mano de Dios en nuestras vidas, más vemos su mano en los detalles. Reconocemos que toda buena dádiva proviene de Él, por lo que no nos engañemos (Santiago 1:16-17). Como dice el refrán, la gratitud hace que lo que tenemos sea suficiente. El rey Josafat eligió recordar la fidelidad y los dones de Dios. Decidió que Dios sería suficiente. Demos gracias, abramos nuestros ojos a lo que Dios ya ha provisto y confiemos en su futura provisión.

4. **Súplica:** Josafat le pidió a Dios que rescatara a su pueblo de sus enemigos porque sabía que no podía hacerlo él mismo: "Oh Dios nuestro, ¿no los vas a detener? Somos impotentes ante este ejército poderoso que está a punto de atacarnos. No sabemos qué hacer, pero en ti buscamos ayuda" (2 Crónicas 20:12, NTV).

Como un niño que depende de un padre para que le provea, nosotros dependemos de nuestro Padre celestial. Dios nos invita a pedirle lo que necesitamos y se deleita en darnos buenos regalos (Mateo 7:11). Pero si no acudimos a Él ni confiamos en Él, no le estamos invitando a participar en la situación. "No tienen porque no piden" (Santiago 4:2, NVI). **Pon todas tus peticiones a su cuidado y permite que Él decida lo que es mejor.** ¿Cuáles son tus necesidades? Pídele a Dios que las supla. Ora también por las de los demás. Debemos "perseverar en oración por todos los santos" (Efesios 6:18, NVI). Ninguna de tus peticiones es demasiado grande o pequeña. Considera llevar una lista de tus peticiones en tu cuaderno y actualízala semanalmente, anotando cuándo y cómo Dios responde a tus oraciones. A medida que veas que Dios responde a peticiones específicas, tu confianza en Él crecerá. Aprenderemos más sobre cómo orar por otros en el día 41.

Incluir los elementos de la oración (ACAS) nos ayudará a mantenernos enfocados. El enemigo quiere interrumpir nuestra comunicación con Dios y tratará de distraernos. Resiste sus interrupciones. Si los pensamientos distractores son ideas o tareas que necesitas terminar, escríbelos y déjalos a un lado hasta que hayas terminado de orar. Si los pensamientos distractores son persistentes, recházalos en el nombre de Jesús.

Cuando oramos, ya sea solos o en grupo, debemos recordar hacer una pausa y *escuchar* a Dios. "Todas las mañanas me despierta, y también me despierta el oído para que escuche como los discípulos" (Isaías 50:4, NVI). Cuando ores, toma turnos para hablar y escuchar, como lo haces en las conversaciones diarias con la gente. Ora: "Habla, Señor, que tu siervo escucha" (1 Samuel 3:9, NTV). La voz de Dios es a menudo como "un suave susurro" (1 Reyes 19:12), así que calma tu corazón para escucharla. Quédate quieto y concéntrate en Jesús. Él dice: "Mis ovejas escuchan mi voz; yo las conozco, y ellas me siguen" (Juan 10:27).

Después de que Josafat oró, escuchó a Dios. Dios respondió a Josafat, diciendo: "¡No tengan miedo! No se desalienten por este poderoso ejército, porque **la batalla no es de ustedes sino de Dios**... ni siquiera tendrán que luchar. Tomen sus posiciones; luego quédense quietos y observen la victoria del Señor" (2 Crónicas 20:15, 17). ¡Sorprendente! No es de extrañar que Josafat obedeciera y que el rescate de Dios llegara como había prometido. Nosotros podemos tener la misma confianza de que Él nos escucha: "El Señor está cerca de todos los que le invocan, sí, de todos los que lo invocan de verdad. Él concede los deseos de los que le temen; oye sus gritos de auxilio y los rescata. El Señor protege por todos los que lo aman" (Salmos 145:18-20, NTV).

Podemos planear obedecer antes de orar, sabiendo que es *Su* batalla la que debemos ganar, no la nuestra. Y entonces podemos seguir su ejemplo.

DÍA 37

Permite que la Biblia te hable:
2 Crónicas 20:1-23 (Opcional: 2 Crónicas 6:1-11, 34-35)

Permite que tu mente piense:
Practica escribiendo tus oraciones utilizando el siguiente esquema. Lleva tus oraciones en un diario y registra las fechas para que puedas mirar atrás y ver cómo Dios te ha respondido (una piedra conmemorativa - Día 17).

1. **A**doración (Adorar a Dios).
2. **C**onfesión (Confiesa tus pecados y tus debilidades).
3. **A**cciones de gracias (Da gracias por todo, incluso por las pruebas).
4. **S**úplica (Haz tus peticiones).
5. *Escucha* las respuestas de Dios, *escribe* lo que Él dice, *pídele* que te lo confirme y *obedece* siguiendo sus indicaciones.

Permite que tu alma ore:
Padre, enséñame a orar. Al acudir a ti, hazme un adorador, humilde, agradecido y confiado en tu gracia y poder. Agudiza mi conciencia de tu voz. Enséñame a escuchar. Ayúdame a estudiar y meditar en tu Palabra para que pueda orar de acuerdo a tu voluntad y escuchar tu voz claramente. En el nombre de Jesús, amén.

Permite que tu corazón obedezca:
(*¿Qué es lo que Dios te está llevando a conocer, valorar o hacer?*)

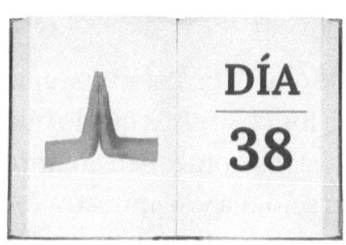

Evita los impedimentos a la oración

> Entonces me llamarán, pero no les responderé;
> me buscarán, pero no me encontrarán.
> Por cuanto aborrecieron el conocimiento
> y no quisieron temer al Señor.
> Proverbios 1:28-29 (NVI)

Puede que no vivamos lo suficiente para aprender de todos nuestros errores. A veces ayuda aprender de los errores de otros. Eso puede haber sido justo lo que el rey Josafat estaba haciendo. Ayer vimos cómo manejó en oración la invasión multinacional dependiendo humildemente de Dios. Años atrás, otra amenaza militar requirió que el padre de Josafat, el rey Asa, respondiera. En lugar de recurrir a Dios, recurrió a otra nación y le pagó para que librara su batalla. A pesar de que Asa tenía una historia de experimentar el poder liberador de Dios, había caído en la autosuficiencia y la duda. El profeta Hananí confrontó al rey Asa:

"El Señor recorre con su mirada toda la tierra, y está listo para ayudar a quienes le son fieles. Pero de ahora en adelante tendrás guerras, pues actuaste como un necio" (2 Crónicas 16:9, NVI).

Debido a que el corazón de Asa no era completamente leal al único Dios verdadero, los conflictos marcarían el resto de sus días. Al igual que Josafat, nosotros también podemos aprender del rey Asa para darnos cuenta de que Dios está buscando a aquellos que son devotos a Él. Él busca a los creyentes que lo buscan de todo corazón. Cuando encuentra nuestros corazones comprometidos con Él, Dios responde a nuestras oraciones y se muestra fuerte en nuestro favor.

A veces, cuando oramos, Dios no responde. Nuestras oraciones parecen caer al suelo. No es que necesitemos un amplificador o hablar más claro. A veces Dios no nos escucha porque hay pecado en nuestra vida que bloquea nuestras oraciones (Salmos 66:16-20; Isaías 5). O bien, estamos orando con los motivos equivocados. Sí, nuestras propias malas decisiones (*no* las de otros) pueden obstaculizar nuestras oraciones. Hoy, identificaremos los principales errores que la gente puede cometer al acercarse a Dios en oración, para que podamos evitarlos. Esta lista no está completa, pero contiene las siete razones más probables por las que Dios no responde a nuestras oraciones.

1. **Pecado no confesado:** ¿Alguna vez has cambiado de tema cuando una conversación se ha vuelto incómoda para ti? Nosotros también hacemos eso con Dios. Cuando Él nos revela el pecado a través de la convicción del Espíritu Santo y evitamos confesarlo, continuando con la oración sobre otras preocupaciones, creamos un obstáculo. **Dios no prestará atención a nuestras oraciones hasta que confesemos el pecado que ya nos ha revelado.** ¿Por qué debemos esperar que Dios nos escuche y responda cuando nosotros no lo escuchamos ni respondemos? El salmista escribe: "Si no hubiera confesado el pecado de mi corazón, mi Señor no me habría escuchado" (Salmos 66:18, NVI). Nuestro pecado aflige a Dios y debería afligirnos a nosotros también (Efesios 4:30). Por eso debemos confesar el pecado tan pronto como Dios nos lo recuerde. Él es fiel para perdonarnos (1 Juan 1:9) y restaurar nuestra relación con Él. Deja que Él te restaure.

2. **Desobediencia:** Junto con la confesión, necesitamos también arrepentirnos apartándonos del pecado y volviéndonos a Dios. Cuando nos empeñamos en seguir nuestro propio camino e ignoramos las instrucciones de Dios, nuestras oraciones carecen de valor para Dios. "Si alguien hace oídos sordos a mis instrucciones, incluso sus oraciones son detestables" (Proverbios 28:9, NVI). Hay

una diferencia entre alguien que se somete al señorío de Jesús mientras que a veces se esfuerza por obedecer, y alguien que ora a Dios pidiendo bendiciones mientras que deliberadamente desafía a Dios. Cuando queremos las bendiciones de Dios pero rechazamos los caminos de Dios, nuestras oraciones pueden verse obstaculizadas, sin importar cuántas otras cosas buenas hagamos. "¿Qué le agrada más al Señor: que se le ofrezcan holocaustos y sacrificios, o que se obedezca lo que él dice? El obedecer vale más que el sacrificio, y el prestar atención más que la grasa de los carneros" (1 Samuel 15:22, NVI). Dios conoce nuestros corazones y anhela perdonarnos, pero necesitamos confiar en Él y seguirle.

3. **Egoísmo:** El egoísmo, la indiferencia hacia las necesidades de los demás, sabotea la oración. Dios quiere que cuidemos de nosotros mismos, pero también debemos ser sensibles a las necesidades de los que nos rodean. La voluntad de Dios da forma a nuestras oraciones y parte de su voluntad es que amemos y sirvamos a los demás: "Cada uno debe velar no solo por sus propios intereses, sino también por los intereses de los demás" (Filipenses 2:4, NVI). Dios siempre ve nuestros verdaderos motivos. "Aun cuando se lo piden, tampoco lo reciben porque lo piden con malas intenciones: desean solamente lo que les dará placer" (Santiago 4:3). Cuando nuestras oraciones son egoístas, es posible que Dios no las responda.

4. **Duda:** Cuando oramos con fe, tenemos confianza en quién es Dios y en lo que ha hecho. En cambio, cuando oramos *sin* fe, dudamos de sus promesas y capacidades. **Pedir a Dios sin creer que Dios nos ayudará es una evidencia de duda.** ¿Estás orando con duda o con fe? "Pero que pida con fe, sin dudar, porque quien duda es como las olas del mar, agitadas y llevadas de un lado a otro por el viento. Quien es así no piense que va a recibir cosa alguna del Señor" (Santiago 1:6-7, NVI). Es normal dudar de Dios a veces, pero cuando esto sucede podemos pedirle a Dios que fortalezca nuestra fe, orando como el hombre que clamó a Jesús: "¡Sí, creo, pero ayúdame a superar mi incredulidad!" (Marcos 9:24, NTV) **Ora en fe, es decir fe en *la bondad de Dios*, no en la fe de que Él hará todo lo que le pidamos.**

Nuestro sincero deseo de algo no lo obliga a conceder nuestra petición. Recuerda: *Dios es bueno, pase lo que pase.* Cuando creemos eso, confiamos en Su respuesta, sin importar lo que tengamos que enfrentar. Si dudamos de que Dios es bueno, entonces dudaremos de que su respuesta sea buena ya sea un sí, un no o un ahora no. **Pide con fe y deja que Dios decida el resultado** recordando que "Él recompensa a los que le buscan con sinceridad" (Hebreos 11:6).

5. **Falta de perdón:** Si guardamos rencor, es posible que Dios no escuche nuestras oraciones. Negarse a perdonar a los demás significa que no entendemos el inmenso costo del sacrificio de Jesús por *nosotros*. Pero cuando crecemos en la gracia de Dios y nos damos cuenta del alcance de su perdón, perdonamos a los demás como hemos sido perdonados, incluso cuando la gente nos hiere repetidamente. "Pedro se acercó a Jesús y le preguntó: —Señor, ¿cuántas veces tengo que perdonar a mi hermano que peca contra mí? ¿Hasta siete veces? —No te digo que hasta siete veces, sino hasta setenta y siete veces —le contestó Jesús" (Mateo 18:21-22, NVI). Perdonar a los demás, especialmente cuando es complicado, le da gran gloria a Dios y es una prueba de nuestra fe en Él. Es una de las formas más significativas en que como seguidores de Jesús demostramos quiénes somos en Cristo (Revisa el Día 10 y el Día 25 para saber más sobre el perdón).

Seamos claros, perdonar a los demás no significa que debamos permanecer en situaciones de abuso. No necesitas ponerte en ninguna situación peligrosa. Como se mencionó antes, el perdón es dejar ir cualquier ira o amargura hacia nuestros abusadores y permitir que el amor y la gracia de Dios te sanen. Te libera para que puedas experimentar el perdón de Dios en tu propia vida. **Aunque no lo merezcan, perdona a los demás porque *tú* fuiste perdonado por Dios cuando no lo merecías.** En última instancia, el perdón te libera y libera tus oraciones.

6. **Ofensa:** ¿Has ofendido a alguien? Jesús dice que tenemos que arreglar las cosas antes de acudir a Dios en oración. "Por lo tanto, si presentas una ofrenda en el altar del templo y de pronto recuerdas

que alguien tiene algo contra ti, deja la ofrenda allí en el altar. Anda y reconcíliate con esa persona. Luego ven y presenta tu ofrenda a Dios" (Mateo 5:23-24). A veces ni sabemos qué hicimos mal. La persona actúa de forma diferente o se distancia. Lo mejor es ir a verlos y preguntarles si les hemos hecho algo. Pide disculpas. Pide perdón. Haz las cosas bien. Cuando Zaqueo se encontró con Jesús, se arrepintió de haber robado. Lo arregló dando la mitad de sus posesiones a los pobres y devolviendo a la gente cuatro veces lo que les había quitado (Lucas 19:8). Cuando nos arrepentimos ante Dios y arreglamos las cosas con los demás, podemos hacer más de lo que se nos pide. A veces la persona a quien hemos dañado se niega a perdonar, incluso después de que hayamos intentado arreglarlo. Debemos recordar que cada persona procesa el dolor de manera diferente y que puede necesitar más tiempo. Cuando esto ocurra, ora y recuerda que **Dios es el encargado de cambiar los corazones, no nosotros**. Deja los resultados en sus manos, sabiendo que hiciste lo que Él te llamó a hacer. Pablo enseña: "Si es posible, y en cuanto dependa de ustedes, vivan en paz con todos" (Romanos 12:18, NVI).

7. **Conflictos matrimoniales:** Las disputas en un matrimonio también pueden obstaculizar la oración. El apóstol Pedro enseña: "De la misma manera, ustedes maridos, tienen que honrar a sus esposas. Cada uno viva con su esposa y trátela con entendimiento. Ella podrá ser más débil, pero participa por igual del regalo de la nueva vida que Dios les ha dado. Trátenla como es debido, para que nada estorbe las oraciones de ustedes" (1 Pedro 3:7). Aunque Pedro dirige este versículo a los maridos, las esposas tampoco pueden crear conflictos en sus matrimonios sin consecuencias. Si creamos problemas en nuestro matrimonio, también interrumpiremos nuestra relación con Dios. No te preocupes por las actitudes y acciones de tu cónyuge; solo asegúrate de que *tus* actitudes y acciones honren a Dios.

Si aprendemos de estos errores, podemos evitar cometerlos nosotros mismos. Dios se toma en serio el pecado porque nos ama. Si nos permitiera tener una vida de oración dinámica aún con el pecado bloqueando nuestra relación, Él estaría aceptando actitudes y acciones que violan su naturaleza santa y eso nos haría daño. Dios nos ama demasiado para hacerlo.

Así que si te sientes identificado con alguno de estos obstáculos en la oración, debes saber que Dios anhela perdonarte. Si dudas, pídele a Dios que fortalezca tu fe. Si cargas con el equipaje del pecado no confesado, la desobediencia o el egoísmo, confiésalo a Dios. Luego, sigue en arrepentimiento. Si guardas rencor, déjalo ir. Si has ofendido a alguien o estás en conflicto con tu cónyuge, corrígelo. Entonces tu amistad íntima con el Señor será restaurada. "Pero el Señor cuida de los que le temen, de los que esperan en su gran amor" (Salmos 33:18, NVI). Dios realmente se deleita en escuchar y responder a tus oraciones.

Permite que la Biblia te hable:
Isaías 59 (Opcional: Salmos 66)

Permite que tu mente piense:
1. ¿Están tus oraciones obstaculizadas? Después de leer la lección de hoy ¿qué crees que puede estar bloqueando tus oraciones?

2. Cuando oras ¿estás más motivado por la voluntad de Dios o por tus propios deseos? ¿Por qué crees que es así?

3. ¿Oras con fe o luchas con la duda? ¿Qué podrías hacer para mejorar tu fe?

Permite que tu alma ore:
Padre, muéstrame todo lo que obstaculiza mis oraciones. Hazme valiente para limpiar el pecado y así poder disfrutar de una comunicación transparente contigo. Tan pronto como un obstáculo aparezca, hazme consciente de él para que pueda tratarlo inmediatamente. Escucha mis oraciones. Háblame. Ayúdame a escucharte. En el nombre de Jesús, amén.

Permite que tu corazón obedezca:
(¿Qué es lo que Dios te está llevando a conocer, valorar o hacer?)

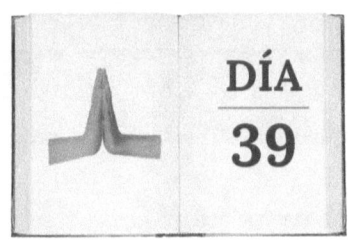

DÍA 39

Ayuna en oración

Entonces cuando ustedes llamen, el Señor les responderá.
'Sí, aquí estoy', les contestará enseguida.
Isaías 58:9

Hay momentos en la vida de todos en los que la oración por sí sola no es suficiente. Las circunstancias son demasiado duras. Las necesidades son demasiado grandes. Las decisiones son demasiado importantes. Hay momentos en los que necesitamos escuchar a Dios y necesitamos escucharlo inmediatamente.

Piensa en la reina Ester y su papel en la historia de Dios. Ella arriesgó su vida para salvar al pueblo judío de un horrible plan de genocidio (Ester 4). El primer ministro del rey despreciaba tanto a los judíos que ideó un plan para destruirlos en todo el imperio. Fijó una fecha para su destrucción. Ester, una huérfana judía que se casó con el rey persa, tenía que entrar en la corte del rey sin anunciarse para suplicar al rey misericordia para su pueblo, pero esto era motivo de ejecución. La situación era seria. Mardoqueo, primo y tutor de Ester, la desafió: "¿Quién sabe si no llegaste a ser reina *precisamente para un momento como este?*" (Ester 4:14, NTV). Ester necesitaba valor y los judíos salvación. Todos necesitaban protección contra el mal. Así que oraron y ayunaron durante tres días. Alimentada por la fe, Ester entró humildemente en la corte del rey confiando en Dios para el resultado y Él le concedió el favor del rey. Una vez más, Dios rescató a su pueblo cuando ellos se volvieron a Él.[1]

---

[1] Lee el libro de Ester para entender mejor el cuidado providencial de Dios por su pueblo.

Una y otra vez, vemos en la Biblia cuándo es apropiado orar y *ayunar*, ya sea individualmente o en grupo. Este tipo de oración intensa es seria porque la situación es seria. Lo que diferencia el ayuno bíblico de otros ayunos es el motivo: buscar el corazón de Dios. A veces, hasta las lágrimas. El Señor dice: "Vuélvanse a mí de todo corazón, con ayuno, llantos y lamentos" (Joel 2:12, NVI). El ayuno no es simplemente quitarnos la comida; es una oración pronunciada con arrepentimiento, intercesión o agonía. Jesús también habló de un tiempo de angustia en el que sus discípulos ayunarían. "Pero un día el novio [Jesús] será llevado y entonces sí ayunarán" (Marcos 2:20, énfasis agregado). Pero, ¿qué es el ayuno bíblico y cómo podemos hacerlo de tal forma que agrade al Señor?

El ayuno es una expresión externa de una oración interna. Es un acto de abnegación por el que desviamos nuestra atención del yo (nuestras necesidades físicas) para centrarnos en Dios. El ayuno *no* es una dieta para perder peso, un castigo o un requisito para obtener la salvación. En un ayuno, no estamos negociando con Dios; nuestra auto privación no nos hace ganar su favor. En cambio, el ayuno en oración expresa nuestra desesperación por que Dios intervenga a *su* manera y nuestra confianza en que lo hará. Hay poder en el ayuno.

Cuando ayunamos, nos privamos de alimentos sólidos para demostrar nuestra necesidad de Dios. La privación física aumenta nuestra conciencia de lo espiritual cuando nuestra carne se somete al Espíritu. En lugar de buscar comida cuando tenemos hambre, permitimos que esos dolores de hambre se conviertan en impulsos de oración que nos llevan a Dios. El hambre o el cansancio nos recuerdan nuestra debilidad humana y la necesidad de la gracia continua de Dios. Si seguimos orando y alimentándonos de su Palabra, el resultado es una dependencia más profunda de Dios y una comunión con Él. Por eso, algunas tradiciones cristianas tienen formas de ayuno como parte de su práctica habitual. Un buen ejemplo es el ayuno durante la Cuaresma (los cuarenta días que preceden al Domingo de Resurrección) para preparar sus corazones para celebrar la resurrección de Cristo.

Hay diferentes tipos de ayuno. Por lo general, el ayuno significa dejar de comer y beber solo agua durante veinticuatro horas, comenzando después de la cena (¿Recuerdas al rey Josafat en el día 37? El pueblo ayunó de esta manera). **Antes de que dejes los alimentos, consulta con un médico.** No se recomienda un ayuno de solo agua sin supervisión médica. Otra forma de ayunar es beber agua, café/té y jugos durante todo el día y solo romper el ayuno para la cena. También puedes eliminar una comida al día o limitar tu dieta a verduras, caldo, jugo, café o té y agua durante varios días. Estos ayunos modificados te permiten tener suficiente energía para funcionar.

Si dejas tanto la comida como el agua (lo que se llama "ayuno absoluto"), entonces el ayuno debe ser muy corto. Nunca debe hacerse sin preparación física, asesoramiento y supervisión. Si eres menor de dieciocho años, estás embarazada o tienes una condición médica que te prohíbe ayunar de alimentos, puedes decidir ayunar otra cosa.[1] Por ejemplo, podrías ayunar de la tecnología (teléfono, computadora, redes sociales) o del entretenimiento (televisión, películas, música).

A Dios no le importa tanto lo que ayunamos, como el *por qué* ayunamos. Como aprendimos ayer, los motivos le importan a Dios.

A lo largo de los siglos, los israelitas se volvieron legalistas con el ayuno y Dios expuso su hipocresía. Actuaban como si quisieran glorificar a Dios, cuando en realidad sólo les preocupaba impresionar a los demás. Estaban orgullosos de su rigor religioso y pensaban que Dios también debía estarlo. Se preguntaban por qué Dios no aplaudía sus esfuerzos, así que les dijo claramente: "¡Les diré por qué!–les contestó. Es porque ayunan para complacerse a sí mismos. Aun mientras ayunan, oprimen a sus trabajadores. ¿De qué les sirve ayunar, si siguen con sus peleas y riñas? Con esta clase de ayuno, nunca lograrán nada conmigo" (Isaías 58:3-4). Su ayuno de autoglorificación, así como su pecado no confesado, enojó a Dios. Jesús les advirtió: "Cuando ayunes, que no sea evidente, porque así hacen los hipócritas; pues tratan de tener una apariencia miserable y andan desarreglados para que la gente los admire por sus ayunos. Les digo

---

[1] La Biblia no habla del ayuno en los niños. No se aconseja que los niños ayunen de alimentos debido a sus necesidades metabólicas y nutricionales. Si tienes un historial de problemas médicos o estás embarazada o eres diabético, todavía puedes practicar la oración enfocada en el espíritu del ayuno (mientras sigues tu dieta normal), considerando ayunar algo que no sea la comida.

la verdad, no recibirán otra recompensa más que esa" (Mateo 6:16). **Dios odia el ayuno que se hace para llamar la atención.**

Nuestro ayuno debe ser muy diferente del ayuno que Jesús rechazó en Mateo 6. En cambio, Él instruye a los creyentes: "Pero tú, cuando ayunes, péinate y lávate la cara. Así, nadie se dará cuenta de que estás ayunando, excepto tu Padre, quien sabe lo que haces en privado; y tu Padre, quien todo lo ve, te recompensará". (Mateo 6:17-18, NTV). La discreción mantendrá puros tus motivos. Cuando ayunes con un grupo, los demás sabrán que estás ayunando, pero no llames la atención. **Dios ama el ayuno discreto.**

Hay muchas razones bíblicas[1] para el ayuno, pero hoy nos enfocaremos en dos: el ayuno para resolver un problema y el ayuno para un avivamiento espiritual. Cuando el profeta Esdras regresó a Jerusalén del exilio en Persia, tenía un problema. Su parte en la historia de Dios era restablecer la ley de Dios con otros sacerdotes del Señor, pero los enemigos de los alrededores se oponían a ellos. Esta era una seria amenaza, pero los israelitas estaban demasiado temerosos y avergonzados para pedir ayuda al rey de Persia. Esdras informó: "Allí, junto al canal de Ahava, di órdenes de que todos ayunáramos y nos humilláramos ante nuestro Dios". (Esdras 8:21). Dios respondió y Esdras continuó: "Así que ayunamos y oramos intensamente para que nuestro Dios nos cuidara, y él oyó nuestra oración" (Esdras 8:23). Dios aprobó el ayuno comunitario de Esdras, por lo que podemos buscar en él una guía. Hay tres puntos que sobresalen:

1. **Esdras convocó a todos los afectados por el problema a que ayunaran.** Si un problema afecta a un grupo, el círculo del ayuno debe ser lo más amplio posible (Un problema privado requiere de un ayuno privado). [2]

---

[1] La Palabra de Dios nos da muchos ejemplos de ayuno que podemos seguir. En el Antiguo Testamento, el pueblo de Dios se arrepentía y ayunaba para renovarse espiritualmente (1 Samuel 7:1-8), por seguridad y para resolver problemas (Esdras 8:21-23), por misericordia y favor (Nehemías 1-2), por bienestar físico (Daniel 1:12-20) y para protegerse del mal (Ester 4:16). En el Nuevo Testamento, los creyentes también ayunaban por devoción personal (Lucas 2:37), por devoción grupal (corporativa) (Hechos 13:2) y por preparación para el ministerio (Hechos 14:23).
[2] Towns, Elmer L. *"Fasting for Spiritual Breakthrough: A Guide to Nine Biblical Fasts"* (Abriendo una brecha espiritual por medio del ayuno: una guía de nueve ayunos bíblicos), (Ventura, CA: Editorial Unilit, 1996); p. 46-47.

2. **Ayunaron con seriedad y humildemente.** Estaban desesperados por la respuesta de Dios, buscando fervientemente su ayuda. Cuando ayunes sé persistente en la oración.

3. **Ayunaron *antes de* intentar resolver el problema.** No actúes hasta que hayas orado, ayunado y escuchado a Dios. Es fundamental que *esperemos* por su respuesta.

Puede ser que no estés enfrentando un problema que ponga en peligro tu vida como Esdras, pero el ayuno con la oración te ayudará a buscar sabiduría para tomar decisiones más claras.

Es posible que Dios te llame a ayunar para tener un avivamiento espiritual: un ayuno para tener libertad espiritual, para un despertar, para volverte a Dios en tu matrimonio, en tu comunidad, en tu nación o incluso en tu propia vida. El profeta Samuel llamó al pueblo de Dios a ayunar porque habían sido espiritualmente débiles y rebeldes durante años. El arca del pacto, que simbolizaba la presencia de Dios, había sido robada a causa del pecado de los israelitas. Sentían que Dios los había abandonado, así que Samuel convocó un ayuno. Antes de orar por el pueblo, les ordenó que se deshicieran de todos sus dioses falsos; derramaron agua ante el Señor en una ceremonia que simbolizaba la purificación y la renovación espiritual. "Asimismo no comieron durante todo el día y confesaron que habían pecado contra el Señor" (1 Samuel 7:6). Dios respondió derrotando a sus enemigos y confiándoles de nuevo el arca. El ayuno de Samuel nos da dos consejos:

1. **Como en el caso de Esdras, Samuel involucró a todos en el ayuno.** Toda la comunidad quería un avivamiento espiritual, así que todos ayunaron.

2. **Confesaron y juntos se arrepintieron de sus pecados.**[1] Asumieron la responsabilidad del pecado que los había alejado de Dios y los había hecho pasar hambre espiritual.

---

1 Ibídem, 66-89.

"Y *confesaron* que habían pecado contra el Señor" (1 Samuel 7:6, NTV). No solo confesaron su pecado, sino que se arrepintieron destruyendo sus ídolos y se volvieron a Él.

Podemos observar su papel en la historia de Dios y aprender de su ejemplo. La disciplina del ayuno no es algo que deba tratarse a la ligera y está diseñado para situaciones que requieren una atención seria. Dios nos invita a ayunar y a orar porque le honra y nos beneficia al aumentar nuestra conciencia de su presencia en nuestra situación. Si piensas en tu vida, tal vez te identifiques con el clamor de Esdras y Samuel pidiendo la intervención de Dios. Si Dios te está guiando a ayunar, considera las siguientes preguntas antes de comenzar:

1. Identifica el propósito de tu ayuno. ¿Por qué estás ayunando?
2. Declara tu fe en la capacidad de Dios para intervenir (Isaías 59:1).
3. Determina cómo vas a ayunar (solo agua y jugo, una comida al día, etc.) **Consulta a un doctor antes de eliminar los alimentos de tu dieta.**
4. Decide cuándo vas a empezar el ayuno y cuándo lo vas a terminar.
5. Encuentra una promesa bíblica que te anime durante el ayuno: "Entonces cuando ustedes llamen, el Señor les responderá. 'Sí, aquí estoy', les contestará enseguida" (Isaías 58:9, NTV).

El ayuno nos demuestra a nosotros mismos y a Dios que somos sinceros en cuanto a nuestra relación con Él. Cuando ayunas con el corazón centrado en la voluntad de Dios, espera respuestas de Aquel que te ama y anhela ser encontrado por ti (Jeremías 29:13). Acércate a Dios y fortalece tu fe mientras lo adoras humildemente a través de la oración y el ayuno.

DÍA 39

Permite que la Biblia te hable:
Isaías 58 (Ester 4).

Permite que tu mente piense:
1. ¿Has ayunado alguna vez durante la oración? Si es así, ¿crees que ha mejorado tu tiempo de oración? Explica.

2. ¿Ves algún problema en tu vida o en tu comunidad que requiera de ayuno?

3. ¿Considerarían tú y tus amigos la posibilidad de ayunar para tener un avivamiento espiritual? Si es así, hablen y oren entre ustedes sobre la posibilidad de ayunar juntos.[1]

Permite que tu alma ore:
Padre, ayúdame a crecer en madurez espiritual, sabiendo cómo y cuándo ayunar. Cuando ayune, ayúdame a no ceder a la autocompasión o al orgullo, sino a entregarme a la oración desesperada y llena de fe. Que siempre tenga hambre de Ti por encima de todo... En el nombre de Jesús, amén.

Permite que tu corazón obedezca:
(¿Qué es lo que Dios te está llevando a conocer, valorar o hacer?)

---

[1] Visita allinmin.org para descargar herramientas sobre el ayuno en grupo.

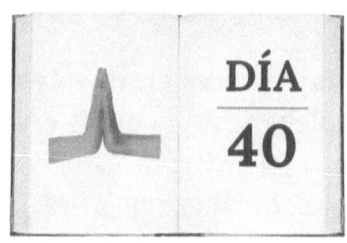

Ora la Palabra de Dios, descubre la voluntad de Dios

Si ustedes permanecen en mí y mis palabras permanecen en ustedes, pueden pedir lo que quieran, ¡y les será concedido!
Juan 15:7 (NTV)

No importa en qué parte del mundo vivas, verás que las personas son criaturas de costumbres. Nos levantamos a la misma hora cada mañana, preparamos los mismos alimentos cada día, tenemos la tendencia a sentarnos en los mismos lugares en las reuniones semanales de la iglesia, pero aunque las rutinas de la vida diaria pueden ser útiles, ya que crean un ambiente de orden y previsibilidad, también pueden ser dañinas para nuestros hábitos de oración regular. Acercarse a Dios de la misma manera, con la misma oración, día tras día, puede hacer que nuestra relación con Él se sienta estancada y sin vida. A veces, necesitamos dar vida a nuestras oraciones y podemos hacerlo con las Escrituras inspiradas por Dios.

Repetir las Escrituras en oración aviva la comunicación con Dios. Vemos esta práctica modelada a lo largo de la Biblia, ya que grandes creyentes, incluyendo a nuestro Señor Jesús, oraron repitiendo las Escrituras confiadamente. Las oraciones bíblicas pueden ayudarnos a mantener nuestra comunicación con Dios viva, eficaz y centrada en Él (no en nosotros mismos) y en *su* gloria (no en la nuestra). **Al usar *su* Palabra, buscamos alinear nuestro**

pensamiento con el suyo y orar en su voluntad. Confiamos en la promesa de que Él escucha y responde las oraciones que se alinean con su voluntad (1 Juan 5:14-15). Por esta razón, el salmista David dijo con plena confianza: "Deléitate en el Señor, y él te concederá los deseos de tu corazón" (Salmos 37:4, NVI).

Pero algunas personas hacen un mal uso de estas Escrituras como si fueran fórmulas únicas para conseguir lo que quieren. *¿Deleitarse en el Señor? Bien, ¡te amo, Señor! ¡Me encanta alabarte, Señor! Me encantaría que respondieras a todas mis oraciones ahora mismo, Señor.* Eso no es lo que quiere decir ese versículo. "Deleitarse en el Señor" es desearlo y Él te dará nuevos deseos, sus deseos. ¿Qué quiere Dios? Su voluntad es siempre

- para Su gloria (Romanos 11:36);
- para tener una relación con nosotros (Mateo 23:37);
- para acercarnos a Él por medio de Cristo (Romanos 5:1);
- para que seamos como Cristo (Romanos 8:29);
- para que nos alegremos, demos gracias y oremos continuamente (1 Tesalonicenses 5:16-18);
- por nuestra santidad y pureza sexual (1 Tesalonicenses 4:3);
- para que todas las personas vengan a Él (2 Pedro 3:9);
- para que la verdad nos llene (Colosenses 3:16);
- por nuestro corazón más que por nuestras obras (Oseas 6:6);
- para que permanezcamos y disfrutemos de la vida abundante (Juan 10:10; 15:1-17).

Sabemos que estas cosas son la voluntad de Dios porque su Palabra lo dice y podemos orar confiadamente de que Él obrará para lograr lo que desea. Sin embargo, cuando se trata de decisiones personales más específicas, como hacia dónde mudarte o encontrar un trabajo, no encontraremos instrucciones detalladas en la Biblia. Al principio esto puede resultar desalentador, pero a medida que continuamos enraizándonos en la Palabra de Dios, nuestras mentes se transforman y llegaremos a entender mejor su voluntad *única* para nosotros y a reconocer su mano en nuestros asuntos específicos. La clave es reemplazar el pensamiento mundano con la mente de Cristo: "No imiten las conductas ni las costumbres de este mundo, más bien dejen que Dios los transforme en personas nuevas al cambiarles la manera de pensar. Entonces aprenderán a conocer la voluntad de Dios para ustedes, la cual es buena, agradable y perfecta" (Romanos 12:2).

A veces, incluso con nuestros intentos de oración para entender lo que Dios quiere, simplemente ya no sabemos por qué orar. Cuando no sabemos qué decir, las Escrituras pueden darnos las palabras y también podemos depender del Espíritu Santo para que ore *por* nosotros. Dios conoce todos nuestros deseos y necesidades, incluso los que aún no reconocemos. Podemos confiar en que Él arreglará las circunstancias y nos proveerá en el momento exacto, de la manera correcta, incluso cuando no tengamos las palabras adecuadas:

"Además, el Espíritu Santo nos ayuda en nuestra debilidad. Por ejemplo, nosotros no sabemos qué quiere Dios que le pidamos en oración, pero el Espíritu Santo ora por nosotros con gemidos que no pueden expresarse con palabras. Y el Padre, quien conoce cada corazón, sabe lo que el Espíritu dice, porque el Espíritu intercede por nosotros, los creyentes, en armonía con la voluntad de Dios" (Romanos 8:26-27).

Con esta ayuda del Espíritu Santo, podemos entregar nuestras preocupaciones a Dios, confiando en que Él dirigirá el resultado según su voluntad. No necesitamos entender la voluntad de Dios *antes de* orar. **La oración nos lleva a descubrir la voluntad de Dios.** A través de la oración, Dios cambia tu corazón para que se ajuste a su voluntad. Ora humildemente por lo que quieres, pero hazlo con un corazón rendido a sus propósitos: "Pero no se cumpla mi voluntad, sino la tuya" (Lucas 22:42, NVI). Cuando Dios comience a mostrarte su voluntad, sigue confiando en Él dando pasos de obediencia. El apóstol Pablo modeló esto fielmente. Tres veces le pidió a Dios que le quitara "una espina que le fue clavada en el cuerpo, es decir, un mensajero de Satanás", y tres veces Dios le negó su petición (2 Corintios 12:7-10).

Sin embargo, Pablo permaneció fiel a Dios porque su deseo era hacer Su voluntad por encima de todo. Aprendió a través de esa experiencia que la gracia de Dios es suficiente para cumplir Su voluntad. Como resultado, Pablo "terminó la carrera, se mantuvo en la fe" hasta el final (2 Timoteo 4:7) y Dios fue grandemente glorificado a través de su vida.

Cuando en oración nos apoyamos en Dios y en su Palabra, especialmente en los momentos difíciles, encontramos más de su fuerza para vivir de acuerdo a su plan. **Quizás en esos momentos difíciles es cuando más notamos cómo la Escritura fortalece nuestras oraciones. Repetir la Palabra de Dios en oración desata su poder para transformar los corazones y las circunstancias,** porque: "Toda la Escritura es inspirada por Dios y útil para enseñar, para reprender, para corregir y para instruir en la justicia, a fin de que el siervo de Dios esté enteramente capacitado para toda buena obra" (2 Timoteo 3:16-17, NVI). La Palabra de Dios nunca falla; nos habla y nos equipa para sus planes.

Conociendo que la Palabra de Dios siempre cumple su cometido, podemos reclamar con firmeza sus promesas y confiar en que Él las cumplirá. Hay más de siete mil promesas en las Escrituras y la mayoría son condicionales. Algunas promesas son para personas específicas y otras requieren de una acción en particular. Cuando leas una promesa, examina cuidadosamente el contexto original para saber si es condicional. Presta atención para entender si *tú* tienes que hacer algo antes de que Dios actúe. Cuando entrelazamos las promesas condicionales en la oración, estamos pidiéndole a Dios que nos ayude a cumplir con nuestra responsabilidad. Luego le invocamos que responda a nuestra obediencia tal y como lo prometió. A continuación algunos ejemplos:

- "Así que sométanse a Dios. Resistan al diablo, y él huirá de ustedes. Acérquense a Dios, y él se acercará a ustedes" (Santiago 4:7-8, NVI).

    Dios, ayúdame a rendirme a ti y a resistir al enemigo para que se aleje de mí. Ayúdame a buscarte. De corazón me acerco a ti, por favor, acércate a mí, Señor.

- "Pero si confesamos nuestros pecados a Dios, él es fiel y justo para perdonarnos nuestros pecados y limpiarnos de toda maldad" (1 Juan 1:9, NTV).

Padre, gracias por tu fidelidad para perdonarme. Confieso que he _____. Por favor, límpiame de toda injusticia y ayúdame a caminar en tu Espíritu para tu gloria.

- "Busquen el reino de Dios por encima de todo lo demás y lleven una vida justa, y él les dará todo lo que necesiten" (Mateo 6:33).

    Señor, ayúdame a priorizar tus propósitos y a vivir según tus principios por encima de las cosas de este mundo. Sé que cuando lo haga, tú suplirás todas mis necesidades. Confío en ti.

La oración despierta las promesas de Dios en nuestras vidas. **Puede que no sepamos cuándo o cómo Dios cumplirá la promesa, pero sabemos que la oración nos ayuda a confiar en Él y a vivir según su voluntad.** "Pues todas las promesas de Dios se cumplieron en Cristo con un resonante «¡sí!», y por medio de Cristo, nuestro «amén» (que significa «sí») se eleva a Dios para su gloria" (2 Corintios 1:20, NTV). Dios nos ama y quiere que oremos, que pronunciemos su Palabra con fe, que reclamemos sus promesas y que pongamos toda nuestra esperanza en Él. "Recuerda la promesa que me hiciste; es mi única esperanza" (Salmos 119:49).

DÍA 40

Permite que la Biblia te hable:
Mateo 6:9-13 (Opcional: Romanos 12:1-2)

Permite que tu mente piense:
1. Conocer la voluntad de Dios nos ayuda a afrontar los problemas y a tomar decisiones. ¿En qué promesa de las Escrituras descansas? Hoy, encuentra una que te ayude de alguna manera.

2. ¿Han cambiado los deseos de tu corazón a medida que has crecido en tu amistad con Dios? Explica.

3. Si tienes dificultades en un área en particular, encuentra un versículo o pasaje de las Escrituras que te ayude a superar el problema. Anótalo y memorízalo (Día 34). Repite en oración estas palabras de la Escrituras con regularidad. A Dios le encanta escuchar su Palabra, le encanta escucharte y saber cómo puede ayudarte a vencer.

Permite que tu alma ore:
Padre, Tu Palabra es poderosa. Ayúdame a orar a partir de Tu Palabra para que pueda hacerlo de acuerdo a Tu voluntad. Muéstrame qué promesas estás cumpliendo en mi vida y ayúdame a memorizarlas y a repetirlas en oración para Ti. Dame los deseos de Tu corazón... En el nombre de Jesús, amén.

Permite que tu corazón obedezca:
(¿qué es lo que Dios te está llevando a conocer, valorar o hacer?)

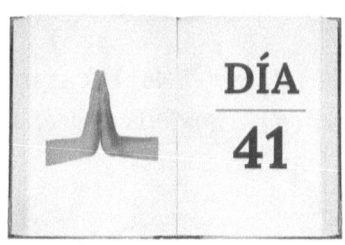

DÍA 41

Ora por otros: el gran alcance de la intercesión

> En primer lugar, te ruego que ores por todos
> los seres humanos. Pídele a Dios que los ayude;
> intercede en su favor, y da gracias por ellos.
> 1 Timoteo 2:1 (NTV)

En los últimos momentos antes de que Jesús se entregara para ser crucificado, dio a sus discípulos un regalo extremadamente valioso. Oró por ellos y por *ti*.[1]

La oración constante caracterizó la relación de Jesús con sus discípulos. Oró antes de elegirlos (Lucas 6:12-16). Oró por ellos durante todo su ministerio y sus oraciones por ellos y por ti no terminaron cuando ascendió al Cielo. **Hoy, ahora mismo, Jesús sigue orando por ti desde su trono en el Cielo** (Romanos 8:34; Hebreos 7:25). Jesús abriga a los que ama en oración y así nosotros, como sus embajadores, hacemos lo mismo.

¿Por quién quiere Dios que oremos?

- Por las autoridades (1 Timoteo 2:1-2).
- Por los creyentes alrededor del mundo (Efesios 6:28).
- Por los enfermos (Santiago 5:14-15).
- Por los pecadores (Santiago 5:15-16).

---

[1] Puedes encontrar esta oración, la más larga de la Biblia fuera de los Salmos, en Juan 17.

- Por los enemigos (Mateo 5:44; Lucas 6:28).
- Por los que están a cargo de la cosecha (Mateo 9:38).
- Por TODOS (1 Timoteo 2:1).

¿Por qué es tan importante la intercesión (la oración por otros)?
Orar por los demás invita a Dios a la relación, nos acerca en amor y unidad. La intercesión cambia nuestro corazón hacia una persona, ya que nos humillamos: "Cada uno debe velar no solo por sus propios intereses, sino también por los intereses de los demás" (Filipenses 2:4, NVI). No vamos solos por el camino de Dios, sino que tenemos hermanos y hermanas que caminan con nosotros y somos llamados a cuidarlos y animarlos. **Es difícil hacer algo de importancia eterna por las personas, *sin antes* orar por ellas. *Después* de que oramos por ellas, cada palabra y acción amable lleva el poder de Dios.** Considera estos ejemplos bíblicos de intercesión:

- Abraham intercedió por Lot y Dios lo rescató de la destrucción de Sodoma (Génesis 18).
- Moisés intercedió por toda una nación, los israelitas rebeldes, y Dios se detuvo de destruirlos (Éxodo 32-33; Salmos 106:23).
- Samuel intercedió por el pueblo de Dios y Él perdonó su pecado y derrotó a sus enemigos (1 Samuel 7).
- Elías intercedió por la tierra y Dios envió lluvia (1 Reyes 18:41-46).
- Job intercedió por los amigos que lo habían acusado falsamente y Dios los perdonó (Job 42).
- Ester intercedió por los judíos y Dios los liberó de los persas (Ester 4:15-17).
- La Iglesia primitiva intercedió por Pedro cuando estaba preso y Dios abrió las puertas de la prisión (Hechos 12).
- Jesús intercedió por nosotros y Dios nos rescató de nuestro pecado (Isaías 53:12).

Tenemos muchos ejemplos de intercesión en la Biblia, porque es algo muy importante para Dios. Parte de su voluntad es que intercedamos por los que ama, así que necesitamos pedirle que nos ayude a ver a los demás como Él los ve. **Dios te dará sabiduría** y discernimiento sobre cómo orar por las necesidades que se te presenten. Si un amigo está sufriendo a causa de la persecución, Dios puede guiarte a orar por resistencia o ayuda. Si está sufriendo debido a malas decisiones, Él puede guiarte a orar por *arrepentimiento y salvación*. Cuando Dios cambia tu corazón para que puedas ver a los demás como Él los ve, tus oraciones también cambiarán. No necesariamente ores así: "Dios, *arregla sus problemas*", "*termina su dolor*", "*envíales dinero*". En su lugar, podrías orar así:

> *Dios, dales tus mayores bendiciones, incluso si al recibir esas grandes bendiciones requieren dolor. Tráeles alivio lo antes posible y mientras tanto, proporciónales gran fortaleza. Líbralos del mal, del pecado y de cualquier cosa que impida su relación contigo. Glorifícate en sus vidas, dales resistencia y permíteles experimentar tu presencia ahora más que nunca. Dales tu alegría y paz y a mí muéstrame cómo puedo ayudarlos y animarlos.*

Al interceder por los demás, debemos recordar que las oraciones dichas con fe y acompañadas de acciones honran a Dios y bendicen a los demás. ¿Crees que no tienes suficiente fe? Si Dios te dio fe para venir a Jesús, entonces tienes suficiente fe para acercar a otros a Jesús en oración. Incluso una fe tan pequeña como una semilla de mostaza puede mover obstáculos gigantes. "Les aseguro que, si tuvieran fe tan pequeña como un grano de mostaza, podrían decirle a esta montaña: "Trasládate de aquí para allá", y se trasladaría. "Para ustedes nada sería imposible" (Mateo 17:20, NVI). La respuesta de Dios a nuestras oraciones no está relacionada con el tamaño de nuestra fe. No importa desde cuando eres creyente, cuánto hayas pecado o cuán débiles parezcan tus oraciones, éstas pueden mover montañas. Podemos decir grandes oraciones sobre situaciones imposibles, incluso con una fe diminuta. *Todo es posible* con nuestro Dios omnisciente, omnipotente y omnipresente (Mateo 19:26; Marcos 10:27).

Por último, **recuerda orar con acción.** "Dedíquense a la oración con una mente alerta y un corazón agradecido" (Colosenses 4:2). Si ves a una persona o una situación que necesita oración, ora en ese momento. Si nos demoramos, podemos distraernos. Si alguien te invita a orar por ellos, considéralo un privilegio y mantén la confidencialidad de sus peticiones de oración. Cuando intercedes por otros, Dios puede mostrarte cómo ayudarlos.

- Si estás orando para que alguien encuentre un trabajo y piensas en una persona que está contratando personal, conecta a tu amigo con esa persona.
- Si estás orando por un amigo enfermo y te das cuenta de que tienes alimentos nutritivos para compartir, llévale esa comida a tu amigo.
- Si estás orando para que alguien conozca a Cristo, busca una oportunidad para compartir sobre Jesús.
- Si estás casada con un incrédulo, tus oraciones y acciones piadosas influirán en tu cónyuge. El apóstol Pedro dijo lo siguiente sobre los esposos incrédulos: "Entonces, aun cuando alguno de ellos se niegue a obedecer la Buena Noticia, la vida recta de ustedes les hablará sin palabras. Ellos serán ganados al observar la vida pura y la conducta respetuosa de ustedes" (1 Pedro 3:1-2).

La oración no es pasiva. La oración es activa. No tardes en hacer el bien (Proverbios 3:28).

Nuestro alcance físico es limitado, pero nuestro alcance con la oración es ilimitado. Podemos hacer avanzar el evangelio a nivel mundial mediante la intercesión e influir en ¡millones de personas para la gloria de Dios!

DÍA 41

Permite que la Biblia te hable:
Juan 17 (Opcional: Colosenses 1:9-12; 3; 4:2-6)

Permite que tu mente piense:
¿Recuerdas nuestra nueva perspectiva como embajadores de Cristo (Días 17-19)? Hoy, permite que ese llamado guíe tu oración. Mientras oras repite Colosenses.

1. **Ora por la siguiente generación (Colosenses 1:9-12).** Ora para que conozcan a Dios, entiendan su voluntad (v. 9), vivan vidas fructíferas (v. 10), experimenten el poder de Dios (v. 11) y den gracias al Padre con alegría (v. 12).

2. **Ora por tus vecinos y las naciones (Colosenses 4:2-6)** Ora por oportunidades para compartir de Cristo (v. 3) y da un buen testimonio de Él por medio de una vida sabia y palabras llenas de gracia para compartir (v. 5-6).

3. **Ora para glorificar a Dios (Colosenses 3).** Pídele a Dios que te ayude a centrarte en Cristo (v. 1) y que te ayude a hacer de su gloria tu mayor objetivo (v. 3). Ora para que tu vida esté revestida de compasión, bondad, humildad, mansedumbre y paciencia, que le glorifiquen a Él mientras amas y perdonas libremente a los demás (v. 5-15).

Permite que tu alma ore:
Padre, tú dices: "Cuando me llamen, yo les responderé; estaré con ellos en medio de las dificultades. Los rescataré y los honraré" (Salmos 91:15). Que nunca dude en clamar a Ti, por mí y por los demás. En el nombre de Jesús, amén.

Permite que tu corazón obedezca:
(¿Qué es lo que Dios te está llevando a conocer, valorar o hacer?)

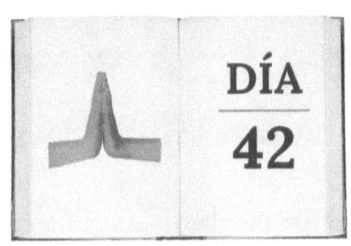

Ora primero, ora siempre, ora ahora

*Dedíquense a la oración con una mente
alerta y un corazón agradecido.*
Colosenses 4:2 (NTV)

Una de las realidades más significativas, profundas y maravillosas de todo el universo es ésta: **Dios responde la oración**. Nunca nos acostumbremos a esta asombrosa verdad. Nunca demos por sentado que Dios escucha nuestras oraciones y las responde. Él responde a nuestras oraciones por ser quien es. Nuestra respuesta a su gracia y bondad es: "Que tu reino venga pronto. Que se cumpla tu voluntad en la tierra como se cumple en el cielo" (Mateo 6:10). Esta semana hemos aprendido mucho sobre este privilegio especial que tenemos con Dios:

- La oración fluye y hace crecer tu relación con Dios.
- La oración es una conversación con Dios que a veces cambia tus circunstancias y *siempre* cambia tu corazón.
- Necesitamos estar atentos de los obstáculos a la oración y resolverlos inmediatamente.
- Podemos ayunar o repetir en oración las Escrituras para fortalecer nuestra vida de oración.
- Oramos por otras personas que conocemos personalmente y, según Dios nos guíe, por otras más.

Lo más importante es que el propósito de la oración es conocer el corazón de Dios y Él a menudo nos muestra su corazón a través de su Palabra; por eso es tan importante estudiar las Escrituras y memorizarlas. La Palabra de Dios es el medio por el cual nos habla. Cuando estudiamos y aprendemos las Escrituras, el Espíritu Santo nos recordará los versículos en el momento exacto (Juan 14:26), así que cuando Él haga esto por ti, repítelos en oración.

Dios también habla de otras maneras. "En los últimos días –dice Dios–, derramaré mi Espíritu sobre toda la gente. Sus hijos e hijas profetizarán. Sus jóvenes tendrán visiones, y sus ancianos tendrán sueños" (Hechos 2:17). A veces Dios habla a través de las circunstancias, impresiones, fluidez espontánea de pensamientos, sueños, visiones u a través de otros en la Iglesia. Hay varios ejemplos bíblicos sobre esto:

- **Dios le habló** a Abraham (Génesis 12:1), a Agar (Génesis 16:7-13), a Moisés (Éxodo 3:5), a todos los profetas, a Saulo (Pablo) (Hechos 9:5) y a Juan (Apocalipsis 1:17-18).
- **Dios le envió sueños** a Jacob (Génesis 28:12), a José (hijo de Jacob) (Génesis 37:5), al Faraón (Génesis 41), a Nabucodonosor (Daniel 2), a José (esposo de María) (Mateo 1:20-21; 2:13) y a los sabios (Mateo 2:12).
- **Dios le dio visiones** a Isaías (Isaías 2:1), a Jeremías (Jeremías 24:1) a Ezequiel (Ezequiel 1:1), a Daniel (Daniel 10), a Pedro (Hechos 10:9-16), a Pablo (Hechos 16:9), a Juan (Apocalipsis 1) y a muchos más.
- **Dios entregó la Iglesia** al pueblo de Judea, Galilea, Samaria (Hechos 9:31), Antioquía (Hechos 13), Jerusalén (Hechos 15) y a nosotros.

Cómo nos hable Dios no es tan importante como la forma en que *respondamos* a lo que pensamos que Él está diciendo. Es fascinante saber que Dios nos habla de diversas maneras, pero ten cuidado, porque malentender a Dios puede provocar daños. **Una cosa es segura: cuando Dios nos habla, nunca, jamás, contradice su Palabra.** Algunos han tratado de predecir el fin de los tiempos, creyendo que han recibido una revelación especial, pero la Palabra de Dios dice que nadie sabe el día o la hora en que Jesús volverá (Mateo 24:36). Algunos líderes enseñan que *toda* enfermedad es el resultado del pecado sin arrepentimiento, pero la Biblia enseña que toda la humanidad sufre las consecuencias del pecado, lo que incluye la enfermedad (Romanos 8:20-22).

Cuando creas que has escuchado a Dios, pídele que te confirme el mensaje. Cuando lo hagas, un pastor o un amigo puede sacar a relucir, sin saberlo, un versículo que se aplica a tu situación. O, en tu tiempo devocional con el Señor, puedes ser atraído por un versículo que confirme lo que has escuchado. Los creyentes maduros y los líderes bíblicos de la iglesia también pueden ayudarte a entender si un mensaje proviene de Dios. Cuando confirmes que efectivamente has escuchado de Dios, obedécelo total e inmediatamente, su Espíritu Santo te dará el poder para seguir su guía. La obediencia tardía o parcial es desobediencia y, como aprendimos antes, la desobediencia puede obstaculizar nuestras oraciones.

Mientras continuamos nuestro viaje de oración con Dios, aquí hay tres sugerencias para fortalecer nuestros tiempos de oración:

1. **Planifica la oración.** Podemos sentirnos libres para compartir nuestros corazones con Dios de forma abierta y espontánea, pero también debemos ser intencionales sobre *lo que* oramos; **incluye alabanza (adoración), confesión, acción de gracias y súplica** (día 37). De lo contrario, podríamos dejar a un lado la adoración y pasar todo el tiempo pidiéndole cosas o perdernos en la confesión y olvidar dar gracias. Como se sugiere en el Día 37, mantén una lista de peticiones de oración que actualizarás cada semana y toma notas describiendo cuándo y cómo Dios respondió a esas oraciones. Incluso puedes establecer un horario de oración semanal para la parte de "súplica" para ayudarte a centrarte en personas o situaciones específicas cada día de la semana. Por ejemplo:

Domingo: Preocupaciones personales y asuntos de la semana que viene.
Lunes: Misioneros y ministerios (bendición y favor).
Martes: Maestros, líderes gubernamentales, militares y policías (sabiduría y protección).

<u>Miércoles</u>: Familiares (peticiones de oración).
<u>Jueves</u>: Amigos (peticiones de oración).
<u>Viernes</u>: Vecinos y naciones (por avivamiento, despertar espiritual y paz para Jerusalén [Salmos 122: 6-9]).
<u>Sábado</u>: Pastores (para que tengan un buen descanso y que prediquen con el poder de Dios).

Si tu comunidad de adoración los ofrece, ya sea en tu iglesia local o en línea, también podrías considerar el uso de guías o calendarios de oración.

2. **Da prioridad a la oración.** A menudo, Jesús se retiraba a un lugar privado para comenzar su día en oración y se comunicaba con su Padre a lo largo del día. Observaba a su Padre y hacía lo que veía que Él hacía (Juan 5:19). Escuchaba las palabras de su Padre y decía lo que oía que Él decía (Juan 12:49). Los discípulos de Jesús fueron testigos de primera mano de su confianza en la oración y cuando se convirtieron en líderes de la Iglesia primitiva, delegaron otras tareas para dedicarse a la oración y a la enseñanza de la Palabra de Dios (Hechos 6:4). El Espíritu Santo actuó poderosamente en respuesta a sus oraciones (Hechos 1:14-2:4). Él puede hacer lo mismo con nosotros.

3. **Imagínate orando delante del trono de Dios.** Orar no es solo una acción, sino un lugar. "Así que acerquémonos con toda confianza al trono de la gracia de nuestro Dios. Allí recibiremos su misericordia y encontraremos la gracia que nos ayudará cuando más la necesitemos" (Hebreos 4:16, NTV). Cuando oramos nos acercamos al trono de Dios. El escritor de Hebreos nos recuerda que Jesús es nuestro Gran Sumo Sacerdote (Hebreos 2:17; 4:14) y nos anima a acercarnos con confianza a Su trono. Pensar en la oración de esta manera cambia la forma en que nos acercamos a Dios con nuestras oraciones. Puedes elegir arrodillarte o inclinar la cabeza para prepararte físicamente para este encuentro.

El trono de Dios no se parece a ningún trono en la Tierra, Él está sentado en la gracia y nos da gracia. Su gracia es suficiente para satisfacer nuestras necesidades en el momento oportuno y como Jesús es nuestro Gran Sumo Sacerdote, podemos acercarnos al trono de la gracia. El Señor dice: "Te basta con mi gracia, pues mi poder se perfecciona en la debilidad" (2 Corintios 12:9, NVI). Estamos llamados a resistir y tenemos la gracia que nos mantiene durante nuestro viaje, nuestra verdadera historia con Dios y su propósito para nosotros. ¡Qué imagen tan hermosa y gloriosa podemos recordar cuando nos acercamos a Dios en oración!

Amigo, estás invitado a disfrutar de una conversación continua con Dios desde el momento en que te levantas y durante todo el día. Cree que Aquel a quien oras es: "Clemente y compasivo, lento para la ira y grande en amor" (Salmos 145:8, NVI). Él es nuestro Padre bueno y se deleita en escuchar las oraciones de sus hijos (Proverbios 15:8).

DÍA 42

Permite que la Biblia te hable:
Lucas 18:1-14 (Opcional: Hebreos 4:14-16)

Permite que tu mente piense:
1. ¿Cómo cambia tu forma de orar al saber que te acercas al trono de la gracia de Dios?

2. Responde las preguntas de conversación para la semana 6.

Permite que tu alma ore:
Padre, gracias por invitarme a tu trono de gracia. Guíame cuando oro. Qué bendición que quieras escuchar de mí, que quieras que derrame mi corazón hacia ti. Por favor ayúdame a conocer tu corazón mientras comienzo esta conversación continua contigo. Por favor provee de tu misericordia y gracia en mi tiempo de necesidad. En el nombre de Jesús, amén.

Permite que tu corazón obedezca:
(¿Qué es lo que Dios te está llevando a conocer, valorar o hacer?)

PREGUNTAS DE CONVERSACIÓN PARA LA SEMANA 6:

Repasa las lecciones de esta semana y responde a las preguntas que aparecen a continuación. Comparte tus respuestas con tus amigos cuando se reúnan esta semana.

1. ¿Qué te ayuda a concentrarte cuando oras? ¿Orar en voz alta? ¿Arrodillarte? ¿Llevar un diario? ¿Escribir las oraciones? ¿Otra cosa?

2. Hemos hablado de los cuatro elementos principales (ACAS) de la oración: adoración, confesión, acción de gracias y súplica. ¿Cuál de ellos te resulta más fácil? ¿Cuál te gustaría desarrollar más? El Padre Nuestro es un gran ejemplo que incluye estas partes principales. Si no lo conoces, ve a Mateo 6:9-13 y léelo ahora.

3. ¿En qué momento ha usado Dios la oración para cambiar tu corazón sin cambiar tus circunstancias? ¿Cuál es la respuesta más grande a una oración que puedas recordar?

4. ¿Hay algún obstáculo para la oración en tu vida? ¿Qué medidas tomarás hoy para superar esos obstáculos? Dile a alguien que te pida cuentas por cualquier cambio que Dios te está llamando a hacer.

5. Comparte las peticiones de oración y practica la intercesión orando unos por otros. Déjale saber a los demás si Dios respondió a esas oraciones y cuándo lo hizo.

SEMANA SIETE

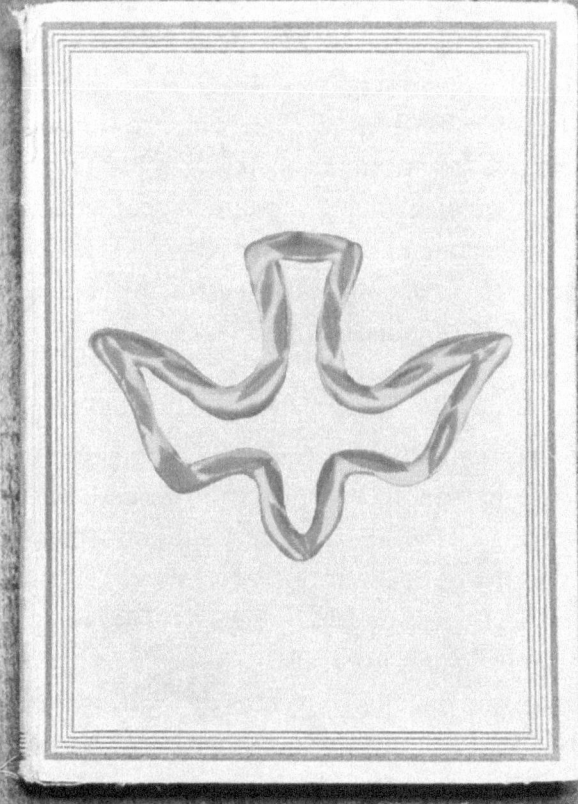

EL ESPÍRITU SANTO, VIVIR TU HISTORIA CON LA FORTALEZA DE DIOS

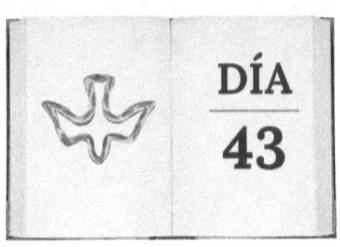

Conoce el poder de Dios en ti

Y yo le pediré al Padre, y él les dará otro Consolador para que los acompañe siempre: el Espíritu de verdad, a quien el mundo no puede aceptar porque no lo ve ni lo conoce. Pero ustedes sí lo conocen, porque vive con ustedes y estará en ustedes.
Juan 14:16-17 (NVI)

Hemos dejado el regalo más increíble para nuestra última semana juntos. Has oído hablar de Él a lo largo de este viaje porque es imposible no hacerlo. Pero ahora, vamos a conocer oficialmente a Aquel que te permite conocer a Dios, permanecer en Jesús y cumplir con tu parte en la Historia de Dios. Ahora es el momento de conocer al Espíritu Santo y descubrir cómo disfrutar de su presencia.

La realidad es que muchos creyentes de todo el mundo entienden que el Espíritu Santo existe, pero no saben cómo interactuar con Él. Puede que asistan regularmente a la iglesia, estudien la Biblia y se ofrezcan como voluntarios en el ministerio. Sin embargo, algo parece faltar en su relación con Dios. Pueden cuestionarse por qué les falta alegría o experimentan poca victoria sobre el pecado o se sienten inquietos y frustrados. No se dan cuenta de que no es *algo* en la vida lo que les falta, sino *alguien*. Nadie les ha enseñado cómo tener una relación diaria y vivificante con Dios a través del Espíritu Santo, basada en la obra terminada de Jesús. Dios nunca quiso que sus hijos se sintieran así. Por eso, cuando Jesús se fue al Cielo, nos dejó tres cosas:

1. **Su cuerpo: la iglesia (Colosenses 1:18)**
La iglesia es la familia de Dios, no un edificio.[1] La Biblia llama a esta reunión de creyentes el cuerpo de Cristo (Día 12). Al igual que las diferentes partes del cuerpo cumplen diferentes funciones, pero forman una sola persona, nosotros, como creyentes, formamos el cuerpo de Cristo. Nos animamos y apoyamos unos a otros. **El Espíritu Santo nos da habilidades especiales, llamados dones espirituales, para trabajar bien juntos como una familia de fe** (1 Corintios 12). Como no todos tenemos los mismos dones, nos bendecimos unos a otros de diferentes maneras, pero siempre con el propósito de ayudarnos mutuamente para la gloria de Dios. El Espíritu Santo y la iglesia trabajan juntos en las Escrituras.

2. **Su mente: la Palabra de Dios (1 Corintios 2:16)**
Jesucristo es el Verbo hecho carne (Juan 1:14). Cuando Jesús (la Palabra de Dios en *forma humana*) regresó al Cielo, las Escrituras (la Palabra de Dios en *forma escrita*) permanecieron con nosotros. A través de la Palabra de Dios, conocemos la mente de Dios, su voluntad y pensamientos, y renovamos nuestra mente (Romanos 12:1-2). **A través del *Espíritu Santo*, se da la mente de Jesucristo y se comprende.** "Ahora bien, Dios nos ha revelado esto por medio de su Espíritu... «¿Quién ha conocido la mente del Señor para que pueda instruirlo?» Nosotros, por nuestra parte, tenemos la mente de Cristo"(1 Corintios 2:10, 16, NVI). El Espíritu Santo y el evangelio van de la mano en las Escrituras.[2]

3. **El Espíritu de Dios: el Espíritu Santo (Romanos 8)**
Jesús también nos dejó el Espíritu Santo, el Consolador, el Espíritu de la Verdad. El Espíritu Santo no está separado de Dios, sino que es Dios (2 Corintios 3:17). Cuando nos volvemos de nuestro pecado y ponemos nuestra confianza solo en Jesús para la salvación, Dios nos perdona nuestros pecados y *nos renueva* a través del Espíritu

---
1 Lee "Cómo encontrar una buena iglesia" en el día 12.
2 Greear, J. D. "Jesus, Continued...: Why the Spirit Inside You Is Better than Jesus Beside You" (*Jesús, continúa...: Por qué el Espíritu dentro de ti es mejor que Jesús a tu lado*) Grand Rapids, MI: Zondervan, 2014; p. 21.

Santo (Tito 3:5, NVI). **El *Espíritu Santo* nos llena, nos consuela, nos enseña, ora por nosotros y nos da poder.** En las últimas palabras de Jesús a sus discípulos, se enfocó en este don del Espíritu Santo (Juan 14:15-27; Hechos 1:8). El Espíritu Santo y el creyente nacido de nuevo siempre son uno en las Escrituras.[1]

Sí, es el Espíritu Santo quien obra en y a través de la iglesia, revelando la mente de Cristo y ayudándonos a vivir la vida de fe. Nuestra capacidad para cumplir el propósito de Dios se basa en nuestra relación con Dios a través del Espíritu Santo. Necesitamos aprender acerca de Él y debemos apoyarnos en Él mientras nos señala a Jesús (Juan 15:26). Ahora, para presentártelo...

¿Quién es el Espíritu Santo? La Biblia describe al Espíritu Santo como Dios completo. Junto con Dios Padre y Dios Hijo (Jesús), Dios Espíritu es la tercera persona de la Trinidad. Un Dios en tres personas: juntas, pero distintas. Vemos a la Trinidad presente en la creación (Génesis 1:2, 26), activa en el bautismo de Jesús (Mateo 3:16-17), declarada en la gran comisión (Mateo 28:19), referida en las cartas del Nuevo Testamento (2 Corintios 13:14), y entretejida en toda la Escritura. Puesto que el Espíritu Santo es Dios, es igual en todos los sentidos a Dios Padre y a Dios Hijo.

Como el Padre y el Hijo, el Espíritu también es una *persona* y no un poder. El Espíritu Santo no es una fuerza impersonal, sino una persona con su propia mente, emociones y voluntad. Se relaciona activamente con nosotros, se comunica y nos ayuda. Es "el Espíritu eterno" (Hebreos 9:14) que estará con nosotros *para siempre* (Juan 14:16).

Cuando el tiempo de Jesús en la Tierra estaba terminando, les dijo a sus discípulos: "Les conviene que me vaya..." (Juan 16:7, NVI). ¿Por nuestra conveniencia? Piensa en esa afirmación. ¿Cómo podría ser bueno que Jesús se fuera? Jesús continuó explicando: "...Si no lo hago, el Consolador no vendrá a ustedes; en cambio, si me voy, se lo enviaré a ustedes" (Juan 16:7). Solo después de que Jesús se fuera, el Abogado, el Espíritu Santo, vendría hacia ellos. **Jesús sabía que Dios el Espíritu viviendo *dentro* de ellos era mejor que Dios el Hijo viviendo a su *lado*.** Inimaginable, pero cierto.

---

[1] Jesús utilizó el término "nacer de nuevo" al hablar con un líder religioso sobre la salvación (Juan 3:3-8).

El Espíritu Santo es dado a todos los creyentes. Ahora mismo, el Espíritu Santo reside dentro de ti. Ahora eres el templo de Dios.[1] Como lugares santos que caminan, tenemos al Espíritu Santo obrando en nosotros y a través de nosotros para llevar la luz y el amor de Jesús al mundo. No solo hemos sido salvados *de* nuestros pecados; también hemos sido salvados *para* los propósitos de Dios y hemos sido empoderados por el Espíritu Santo de Dios. No podemos hacer nada de valor duradero o para la gloria de Dios por nuestra cuenta. "No será por la fuerza, ni por ningún poder, sino por mi Espíritu – dice el Señor Todopoderoso–" (Zacarías 4:6, NVI).

Para cumplir nuestra parte en la historia de Dios, necesitamos al Espíritu Santo en cada área de nuestra vida como nuestro:

- Maestro residente: revelándonos y recordándonos la verdad en la Palabra de Dios (Juan 14:26).
- Ayudante para siempre: guiándonos y ayudándonos en todo momento (Juan 14:16).
- Director de misiones: empoderándonos como testigos de Jesús al mundo (Hechos 1:8).
- Intercesor de oración: ora por nosotros cuando no sabemos qué pedir (Romanos 8:26).
- Liberador del pecado: liberándonos del pecado (Romanos 8:2, 12-13).
- Revelador de la verdad: guiándonos a toda la verdad (Juan 16:13).
- Dador de dones: equipándonos con dones espirituales (Romanos 12:3-8; 1 Corintios 12).
- Productor de frutos: cosechando frutos espirituales en nuestras vidas (Gálatas 5: 22-23).
- Sellador de la salvación: prometiendo nuestro estado eterno como hijos de Dios (Efesios 1: 13-14).

Por eso Jesús *volvió* a hablar de Él después de su resurrección. Momentos antes de regresar al Cielo, Jesús prometió a sus discípulos:

---

1 Corintios 3: 9, 16-17; 6: 17-19.

"Pero recibirán poder cuando el Espíritu Santo descienda sobre ustedes; y serán mis testigos, y le hablarán a la gente acerca de mí en todas partes: en Jerusalén, por toda Judea, en Samaria y hasta los lugares más lejanos de la tierra" (Hechos 1:8).

A través del poder del Espíritu Santo, ellos representarían a Jesús localmente (Jerusalén), en la región aledaña (Judea), en lugares que algunas personas evitaban (Samaria) y en el resto del mundo. De todos los consejos y palabras de aliento que Jesús pudo haber dado a sus discípulos, sus últimas palabras fueron sobre el Espíritu Santo. La vida de Jesús dependía del Espíritu Santo, desde su nacimiento y bautismo hasta su unción, dirección de vida y muerte.[1] En última instancia, Jesús fue resucitado de entre los muertos por el Espíritu (Romanos 8:11). Si Jesús dependió del Espíritu Santo durante su estancia en la Tierra, ¿cómo podemos vivir de forma diferente? Pregúntate lo siguiente:

- ¿Necesito discernimiento para entender las Escrituras? (Juan 14:26; 1 Corintios 2: 13-14)
- ¿Me gustaría que me recordaran la Palabra de Dios en el momento oportuno? (Juan 14:26)
- ¿Quiero tener la capacidad de cumplir los propósitos de Dios? (Hechos 1:8)
- ¿Estoy dispuesto a ser guiado por el Espíritu Santo? (Romanos 8:14; Gálatas 5:18)
- ¿Necesito ayuda a veces cuando oro? (Romanos 8:26-27)
- ¿Me gustaría ser libre de las garras del pecado? (Romanos 8:2, 12-13)
- ¿Deseo obedecer la Palabra de Dios? (Ezequiel 36:27)
- ¿Estoy buscando crecer en la voluntad de Dios? (2 Corintios 3:18; 2 Tesalonicenses 2:13)
- ¿Necesito respuestas sabias cuando me preguntan sobre Dios? (Lucas 12:12)

Lucas 1:35; Lucas 3:22; Lucas 4:18; Lucas 4: 1; Hebreos 9:14.

Si contestaste que sí a cualquiera de las preguntas anteriores, estás listo para que el Espíritu Santo haga más de su obra a través de ti. Y Él también está listo para trabajar contigo. Cuanto más permitas que el Espíritu Santo tenga acceso a tu vida, más conciencia tendrás de la presencia amorosa y permanente de Dios. El resultado es un amor más profundo por Jesús exactamente para lo que vino el Espíritu Santo. Así como Jesús vino a la Tierra para exaltar y revelar a Dios Padre (Mateo 11:27), el Espíritu Santo vino a la Tierra para exaltar y glorificar a Jesús (Juan 16:13-14).

> "Sucederá que en los últimos días —dice Dios—, derramaré mi Espíritu sobre todo el género humano...Y todo el que invoque el nombre del Señor será salvo" (Hechos 2:17, 21, NVI).

En el Antiguo Testamento, mucha gente ignoraba a Dios Padre. En el Nuevo Testamento, muchos ignoraron a Dios Hijo. Hoy, no cometamos el error de ignorar a Dios Espíritu. En cambio, fortalezcamos nuestro vínculo con Dios a través del Espíritu Santo, invitándolo a obrar en nosotros y a través de nosotros. Él lo hará. Mañana descubrirás cómo. Será una gran última semana juntos.

DÍA 43

Permite que la Biblia te hable:
Juan 14:15-27 (Opcional: Hechos 1-4. Si el tiempo lo permite esta semana, **lee el libro de los Hechos del Nuevo Testamento**, a menudo llamado "Hechos del Espíritu Santo", para entender mejor al Espíritu Santo y cómo actúa en la vida de los creyentes).

Permite que tu mente piense:
1. ¿Quién es el Espíritu Santo? Vuelve a leer algunos de los versículos bíblicos anteriores y descríbelo con tus propias palabras.

2. ¿De qué manera puede afectar a tu vida?

3. Estamos tan acostumbrados a que la gente trabaje con nosotros o para nosotros. ¿Qué significa que el Espíritu Santo trabaje *a través de* nosotros?

Permite que tu alma ore:
Padre, gracias por el maravilloso regalo del Espíritu Santo. Quiero una relación profunda y vivificante contigo, a través del Espíritu Santo, basada en la obra terminada de Jesús. Ayúdame a deleitarme en tu Espíritu mientras camino en tus caminos. Apartado de ti, no puedo hacer nada. Recuérdame abrir el regalo de tu Espíritu cada día, viviendo por tu gracia, para tu gloria. En el nombre de Jesús, amén.

Permite que tu corazón obedezca:
(¿Qué es lo que Dios te está llevando a conocer, valorar o hacer?)

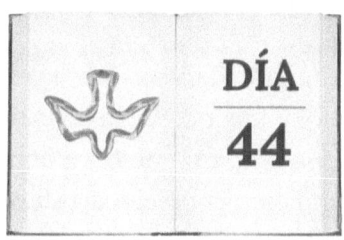

Llénate del Espíritu: ríndete

Sean llenos del Espíritu.
Efesios 5:18 (NVI)

¿Qué harías si Jesús viniera a visitarte en persona? Probablemente le darías la bienvenida, le servirías tu mejor comida y le presentarías lo mejor de tu vida. ¿Qué pasaría si te dijera que va a vivir contigo *para siempre*? Todo cambiaría. Te relajarías y le dejarías entrar en cada parte de tu vida. Cada día vivirías en la realidad de la presencia de Jesús, Su amor por ti y Su capacidad para resolver cualquier problema. La vida sería muy diferente.

Así es exactamente como puede ser la vida ahora. El Espíritu Santo está con nosotros, y no sólo con nosotros, sino *en* nosotros. Una vez que le pedimos a Jesús que sea nuestro Señor, el Espíritu Santo está siempre listo para ayudarnos y guiarnos, en todas las áreas de nuestra vida. No, no todo saldrá como queremos o en el tiempo que deseamos, pero no tenemos razón para preocuparnos porque sabemos que podemos descansar en su cuidado. ¿Cómo lo sabemos?

Dios nos da al Espíritu Santo cuando creemos en Jesús.[1] No solo por un momento, sino para siempre. Jesús promete que el Espíritu Santo vivirá en nosotros *para siempre* (Juan 14:15-17). Pero el Espíritu Santo que vive *en* nosotros en el momento de nuestra salvación es diferente del Espíritu Santo que nos *llena*. Nosotros no decidimos que el Espíritu

---

[1] Juan 7:37-39; Romanos 8:9; 1 Corintios 12:13; Gálatas 3:2; Efesios 1:13-14. Hay mucha discusión sobre este tema, pero los creyentes de todo el mundo están de acuerdo en que Dios quiere obrar en y a través de sus hijos. Sigue leyendo para conocer más al respecto.

Santo viva en nosotros cuando depositamos nuestra fe en Jesús; esa es una bendición automática e incondicional (Efesios 1:13). *Pero si* elegimos someternos al Espíritu Santo para que obre en nosotros y a través de nosotros: esa es una bendición condicional (Efesios 5:18).

Vemos esta relación en el libro de los Hechos. El Espíritu Santo demostró su poder en los creyentes que fueron "llenos del Espíritu Santo". Nota que estos versos se refieren específicamente a la llenura del Espíritu Santo:

- "Pedro, lleno del Espíritu Santo, les respondió: —Gobernantes del pueblo y ancianos" (Hechos 4:8, NVI).
- "Después de haber orado, tembló el lugar en que estaban reunidos; todos fueron llenos del Espíritu Santo, y proclamaban la palabra de Dios sin temor alguno" (Hechos 4:31, NVI).
- "Hermanos, escojan de entre ustedes a siete hombres de buena reputación, llenos del Espíritu y de sabiduría para encargarles esta responsabilidad" (Hechos 6:3, NVI).
- "Escogieron a Esteban, hombre lleno de fe y del Espíritu Santo" (Hechos 6:5, NVI).
- "Pero Esteban, lleno del Espíritu Santo, fijó la mirada en el cielo y vio la gloria de Dios, y a Jesús de pie a la derecha de Dios" (Hechos 7:55, NVI).
- "[Bernabé] pues era un hombre bueno, lleno del Espíritu Santo y de fe. Un gran número de personas aceptó al Señor (Hechos 11:24, NVI).
- "Entonces Saulo, o sea Pablo, lleno del Espíritu Santo, clavó los ojos en Elimas y le dijo: «¡Hijo del diablo y enemigo de toda justicia, lleno de todo tipo de engaño y de fraude! ¿Nunca dejarás de torcer los caminos rectos del Señor?" (Hechos 13:9-10, NVI).

¿Un vistazo al Cielo? ¿Una predicación poderosa? ¿Un liderazgo audaz? Sí, todos estos creyentes, conocidos por su fe y poder en el Señor, estaban *llenos* del Espíritu Santo. Dios les dio poder, los equipó y los unificó para lanzar el mensaje de Jesús desde Jerusalén hasta los confines de la Tierra. Esta es la verdad: Dios desea llenarnos hoy con ese mismo poder del Espíritu Santo (Efesios 1:19). ¿Cómo lo hace?

Veamos con más detalle Efesios 5:18. La palabra griega original para "llenos" en este pasaje es tanto una orden como un verbo en tiempo presente, una realidad continua. Al examinar el lenguaje original, aprendemos que *solo Dios* hace esta llenura, no nosotros. Dios también nos *ordena* que seamos llenos, repetidamente, lo que significa que es un proceso continuo, similar a nuestra necesidad de permanecer en Jesús continuamente (Semana 4).

Tal vez te preguntes: "¿Cómo puedo obtener más del Espíritu Santo?". **No necesitamos *obtener más del Espíritu Santo*; sino que debemos *darle* al Espíritu Santo más de nosotros.** "Dios mismo le da su Espíritu sin restricción" (Juan 3:34, NVI). El Espíritu de Dios llenará cualquier espacio que pongas a su disposición. A veces, permitimos que otras cosas nos llenen en lugar del Espíritu Santo. Una vida llena de pecado no puede ser llenada con el Espíritu más de lo que una cubeta llena de tierra puede ser llenada con agua fresca. El mayor obstáculo para una relación con el Espíritu es la negativa de cooperar con Él. Los creyentes pueden ser indiferentes y estar despreocupados por convertirse en seguidores efectivos o victoriosos de Cristo, y preguntarse por qué les falta alegría o se sienten derrotados. Si no damos cabida al Espíritu Santo, nos sentiremos frustrados y superficiales en nuestra fe. Recuerda que nunca fuimos diseñados para vivir como seguidores de Cristo en *nuestras* propias fuerzas.

¿Quieres dar cabida al Espíritu Santo? Primero, haz un inventario de lo que hay en tu corazón en este momento. *En oración* y con honestidad responde a las siguientes preguntas. Cuando termines, mira aquellas áreas en las que te estás llenando de algo que no es el Espíritu Santo de Dios.

1. Amor: ¿Doy mi tiempo y atención a los demás, incluso a los que me resultan difíciles o diferentes a mí?
2. Alegría: ¿Me alegro cuando los demás tienen éxito o me cuesta celebrarlo con ellos?
3. Paz: ¿Busco la paz con los demás, pidiendo perdón cuando es necesario?
4. Paciencia: ¿Estoy controlado por la verdad o por mis emociones y circunstancias?

5. Amabilidad: ¿Soy constante en ser amable, o soy crítico e irritable con los demás?
6. Bondad: ¿Llevo las cargas de los demás, o me complazco en secreto cuando otros fracasan?
7. Fidelidad: ¿Soy fiel, comprometido en mis pensamientos y acciones, con mis amistades (o, si estoy casado, con mi pareja)?
8. Gentileza: ¿Soy gentil con los demás o respondo con dureza?
9. Autocontrol: ¿Estoy creando buenos hábitos o soy adicto a algo que me lastima a mí o a otros?
10. Gratitud: ¿Soy constantemente agradecido o me quejo a menudo?
11. Humildad: ¿Me humillo para servir a los demás, o pienso que ciertas tareas están por debajo de mí?
12. Generosidad: ¿Comparto a Jesús con otros cuando me lo pide el Espíritu Santo?
13. Obediencia: ¿Obedezco a Dios o retraso la obediencia?
14. Contentamiento: ¿Estoy satisfecho con lo que Dios ha provisto o deseo lo que otros tienen?
15. Perdón: ¿He extendido el perdón a quienes me han lastimado o se los he negado?
16. Ánimo: ¿Intento animar a las personas o trato de impresionarlas?
17. Vivir conforme a la voluntad de Dios: ¿Soy enseñable y estoy dispuesto a aprender, o me pongo a la defensiva cuando me corrigen y me resisto a ser responsable conforme a la Biblia?
18. Confianza: ¿Tengo confianza en quién soy en Cristo o estoy centrado en mí mismo?
19. Noble: ¿Paro los chismes, o disfruto o apruebo los chismes permaneciendo en silencio cuando se hablan en mi presencia?
20. Comunidad bíblica: ¿Soy fiel a mi iglesia o una comunidad bíblica no es prioridad para mí?
21. Santidad: ¿Busco la santidad en lo que digo, hago, miro, escucho o leo?

Aunque estas preguntas pueden ser difíciles, es necesario una autoevaluación (2 Corintios 13: 5). Celebra las áreas donde la obra de transformación de Dios está teniendo lugar en tu vida. Reconoce y arrepiéntete de los pecados que esta lista te reveló. "Arrepiéntanse y vuélvanse a Dios, a fin de que vengan tiempos de descanso de parte del Señor" (Hechos 3:19, NVI). El arrepentimiento es un trabajo duro y continuo, no un evento de una sola vez, pero Dios ya *está* de tu lado. **El Espíritu Santo es nuestro Ayudador y nuestro Padre celestial está ansioso por perdonar.** "¿Qué Dios hay como tú, que perdone la maldad y pase por alto el delito del remanente de su pueblo? No siempre estarás airado, porque tu mayor placer es amar" (Miqueas 7:18, NVI). **Cuando pedimos perdón genuinamente, Dios dice: "¡Hecho!" Podemos descansar en la gracia de Dios y en la libertad de la redención.** "Ahora ya no hay ninguna condenación para los que están unidos a Cristo Jesús... pues por medio de él la ley del Espíritu de vida me ha liberado de la ley del pecado y de la muerte" (Romanos 8:1–2).

Una palabra de precaución: Cambiar de dirección para seguir al Espíritu Santo en lugar de nuestros viejos patrones de pecado requerirá intencionalidad y perseverancia. En Mateo 12:43–45, Jesús enseña que una casa barrida, pero *desocupada* es como limpiar nuestra vida eliminando las malas influencias, pero luego al *no* permitir que el Espíritu Santo llene el nuevo espacio que hemos creado. Es como dar una invitación al enemigo para que regrese con una influencia aún más demoníaca, dejándonos peor de lo que estábamos antes. Prácticamente, esto significa que reemplazamos los malos hábitos y las adicciones pecaminosas con nuevos patrones de pensamiento y prácticas conforme a la voluntad de Dios *a través del poder del Espíritu Santo*. Un alcohólico en recuperación, lleno del Espíritu Santo, encuentra una manera saludable de relajarse o socializar. De esta manera, no son inducidos a la tentación (Santiago 1:13-18). El pensamiento lleno del espíritu ayuda a crear los comportamientos correctos y a desplazar al enemigo. Ora para mantener tu "casa" llena del Espíritu.

Este próximo paso crítico en tu viaje de fe puede transformar tu verdadera historia de ordinaria a extraordinaria. ¿Estás listo para entregar tu vida al Espíritu Santo? No necesitas vencer todo pecado antes de que esto pueda suceder. El Espíritu Santo te ayudará.

1. **Confiesa tus pecados a Dios.** Comienza haciendo borrón y cuenta nueva sobre el mal que has hecho, el bien que has dejado de hacer y las cosas que le has ocultado a Dios. Humíllate.

2. **Arrepiéntete.** "Apártate del mal y haz el bien" (Salmos 34:14, NTV). Entrega todo lo que eres y todo lo que tienes a Dios. El Espíritu Santo a menudo nos da un codazo cuando hacemos lo que Él prohíbe ("lo entristecemos" [Efesios 4:30-31, NTV]) o no hacemos lo que Él manda ("lo apagamos" [1 Tesalonicenses 5:16-19, NTV]). Presta atención a sus indicaciones, obedécelo inmediatamente y lidia con el pecado rápidamente.

3. **Pide al Espíritu Santo que te llene y cree que lo hará.** A Dios le encanta llenarnos del Espíritu Santo "Pues, si ustedes, aun siendo malos, saben dar cosas buenas a sus hijos, ¡cuánto más el Padre celestial dará el Espíritu Santo a quienes se lo pidan!" (Lucas 11:13, NVI). Y Él ordena que seamos llenos por Él: "Sean llenos del Espíritu Santo" (Efesios 5:18). Confía en esta promesa, confiando en que Él te llenará.

4. **Cumple la misión de Dios al llenarte de la Palabra de Dios.** "Que habite en ustedes la palabra de Cristo con toda su riqueza" (Colosenses 3:16, NVI). El Espíritu Santo revela la voluntad de Dios en su Palabra. **Cuando perseguimos la misión de Dios, nos posicionamos para que el Espíritu Santo nos llene y fluya a través de nosotros para bendecir a otros.** Comprueba qué tan posicionado estás. Encontrarás grandes recursos espirituales y un poder disponible, cuando hagas lo que el Espíritu Santo te indique de acuerdo con la Palabra de Dios. Ora cuando Él te guíe a orar. Comparte de Jesús cuando Él te diga que lo compartas.

Puede que no sientas al Espíritu Santo fluyendo en ti y a través de ti, pero debes de saber que Él está obrando de forma espectacular y directa. Encontrarás mayor efectividad, fe, poder y amor mientras vives tu verdadera historia. Como aprendimos la semana pasada, si pedimos algo acorde a la voluntad de Dios, Él nos escuchará y nos dará lo que pedimos (1 Juan 5:14-15). La voluntad de Dios es que el Espíritu Santo te llene, una y otra vez (Efesios 5:18). Experimentarás un gozo indescriptible y una cercanía a Jesús cuando el Espíritu **Santo te llene y haga que Jesús sea más real para ti.** Amigo, sé lleno del Espíritu Santo.

DÍA 44

Permite que la Biblia te hable:
Romanos 6 y 8:1-17 (Opcional: Hechos 5-8)

Permite que tu mente piense:
1. ¿De qué manera el arrepentimiento y la obediencia nos posicionan para ser llenos del Espíritu Santo? ¿Qué actitud necesitas para rendirte plenamente al Espíritu Santo en todas las áreas?

2. ¿Qué información te dio la lista de verificación sobre lo que te llena actualmente?

3. ¿Cómo puedes dar más espacio al Espíritu Santo en tu vida? Si el Espíritu está en ti, ¿qué más es verdad sobre ti? (Romanos 8:10)

4. Toma un momento para confesar tus actitudes y pecados, y arrepiéntete. Pídele a Dios que te llene de su Espíritu y confía en que lo hará.

Permite que tu alma ore:
Señor, lléname de tu Espíritu Santo. Quiero que Jesús sea más real para mí. No quiero entristecer a tu Espíritu pecando, ni quiero apagar a tu Espíritu ignorando lo que me mandas a hacer. Confieso que me he llenado de cosas sin importancia. Perdóname. Muéstrame cómo cambiar. Guía y dirige mis pensamientos, palabras, acciones y emociones para que sean agradables para ti. En el nombre de Jesús, amén.

Permite que tu corazón obedezca:
(¿Qué es lo que Dios te está llevando a conocer, valorar o hacer?)

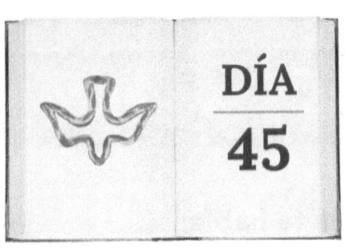

Sé purificado para la vida de resurrección: santificación

> Que Dios mismo, el Dios de paz, los santifique por completo, y conserve todo su ser —espíritu, alma y cuerpo— irreprochable para la venida de nuestro Señor Jesucristo.
> 1 Tesalonicenses 5:23 (NVI)

Dios no nos salvó solo para hacernos mejores personas. Nos salvó para rescatarnos del castigo de nuestros pecados y restablecer nuestra relación con Él, para su gloria. Nos convertimos en mejores personas *a través de esa relación*: "Esto significa que todo el que pertenece a Cristo se ha convertido en una persona nueva. La vida antigua ha pasado; ¡una nueva vida ha comenzado!" (2 Corintios 5:17, NTV) ¡Nueva! **Dios nos salva *a través de* Jesús y luego, por el poder del Espíritu Santo, nos transforma para que seamos *como* Jesús.**

Sí, este proceso de cambio, llamado **santificación**, permanece con nosotros por el resto de nuestro viaje de fe. Convertirnos en creyentes es solo el comienzo de nuestro viaje de santificación. El proceso de vivir de manera diferente y llegar a ser como Jesús requiere tanto de tiempo como de la ayuda de Dios. El *Espíritu* Santo es

---

Santificación:
Ser santificado. La palabra griega original, *hagiazo*, significa "separar", "apartar" o "hacer santo". "Creciendo cada vez más como Cristo" (Efesios 4:15).

responsable de hacernos *santos*, de crearnos de nuevo para ser como Aquel cuya imagen siempre fuimos destinados a llevar (Génesis 1:27).

En los próximos días, aprenderemos cómo el Espíritu Santo nos hace madurar a través del servicio, compartiendo de Jesús, e incluso a través del sufrimiento. Hoy, vamos a aprender cómo cooperamos con Él.

La santificación requiere obediencia (1 Pedro 1:2). Después de que la Palabra de Dios nos dice lo que debemos hacer, el Espíritu Santo nos ayuda a discernir nuestra respuesta (Romanos 8). Cuando meditamos en la Palabra de Dios, renovamos nuestra mente, y nuestros pensamientos comienzan a cambiar (Romanos 12:1-2). Comenzamos a pensar más en lo que es "excelente y digno de alabanza" (Filipenses 4:8). Nuestros pensamientos dan forma a nuestras palabras y acciones, de modo que decimos lo que es "bueno y útil" (Efesios 4:29) y "hacemos lo que es correcto" (1 Juan 2:29).

Pero la santificación no consiste en seguir reglas. La santificación consiste en seguir a Jesús. A Dios le interesa más en quién nos estamos convirtiendo que en cómo nos comportamos. **Si llegamos a ser como Cristo, nos comportaremos más como Él y encontraremos satisfacción solo en Él.** Un comportamiento como el de Cristo surge de un corazón como el de Cristo, no del legalismo religioso que aprendimos en el día 25. Jesús condenó a los fariseos porque su comportamiento parecía limpio por fuera, pero sus corazones estaban sucios por dentro:

> "¡Hipócritas! ¡Pues se cuidan de limpiar la parte exterior de la taza y del plato pero ustedes están sucios por dentro, llenos de avaricia y se permiten todo tipo de excesos!... Por fuera parecen personas rectas, pero por dentro, el corazón está lleno de hipocresía y desenfreno" (Mateo 23:25, 28).

No debemos enfocarnos en el comportamiento externo, sino en un *corazón* que se parezca cada vez más a Cristo (Efesios 4:15). No se trata de reglas; se trata de una *relación*. Para comprender mejor este proceso, consideremos una de las ilustraciones de Jesús. Varias veces en las Escrituras, Jesús compara a las personas con el trigo.

Al examinar cómo crece el trigo, aprendemos más sobre nuestro crecimiento en Cristo.

1. **No podemos forzar la madurez espiritual, por lo que debemos tener fe en el *Espíritu Santo* para hacernos crecer.** Un grano de trigo no se obliga a sí mismo a crecer. No piensa: "Debo brotar. Necesito hacer crecer un tallo, y después de eso, dar un poco de grano". El apóstol Pablo se sintió frustrado con los creyentes que confiaban en Cristo para rescatarlos del pecado, pero no confiaban en Cristo para el crecimiento espiritual. Los gálatas estaban obsesionados con seguir reglas y difundir falsas enseñanzas de que la salvación venía con reglas *extras*. Pablo les preguntó: "¿Será posible que sean tan tontos? Después de haber comenzado su nueva vida en el Espíritu, ¿por qué ahora tratan de ser perfectos mediante sus propios esfuerzos?" (Gálatas 3:3). Debemos dar la bienvenida al Espíritu Santo para hacer *su* obra en nosotros. Ser lleno de Él (Día 44). Podemos ver el crecimiento que se produce con el tiempo:

> "Jesús también dijo: «El reino de Dios es como un agricultor que esparce semilla en la tierra. Día y noche, sea que él esté dormido o despierto, la semilla brota y crece, pero él no entiende cómo sucede. La tierra produce las cosechas por sí sola. Primero aparece una hoja, luego se forma la espiga y finalmente el grano madura" (Marcos 4:26-28).

2. **Cooperamos con el Espíritu Santo cultivando condiciones favorables para el crecimiento.** Incluso los granos más saludables no crecerán sin una buena tierra, agua y luz solar. Se encontraron granos de trigo guardados en frascos con más de miles de años de antigüedad, los granos parecían estar más allá de la edad de viabilidad, pero tan pronto como los arqueólogos los descubrieron y los plantaron en un buen suelo, crecieron como se esperaría que creciera un buen grano. El mismo principio se aplica a nosotros. Si quieres crecer en Cristo, necesitas tres elementos:

- Buena tierra: ¿Es tu corazón buena tierra? ¿Estás confiando y obedeciendo a Dios a través de Su Palabra (Día 30)?

- Agua fresca: ¿Estás echando raíces profundas en la Palabra de Dios para poder absorber el agua viva del Espíritu Santo (Día 24)? ¿Permaneces en Él?
- La luz del sol: ¿Caminas en la luz de Jesús? ¿Le pides a Dios que exponga tu pecado para que te sane (Día 26)?

Ten en cuenta que el ambiente que creas tiene que ver más con tu corazón que con tus circunstancias. Incluso si vives en un lugar que es hostil con los seguidores de Jesús o experimentas luchas, puedes cultivar condiciones saludables para el crecimiento espiritual dentro de tu corazón y tu mente.

3. **El crecimiento espiritual ocurre en comunidad.** Si se planta solo, un tallo de trigo no sobrevivirá. No puede soportar su altura, y antes de que alcance su madurez, se caerá o se romperá por completo. Pero cuando se planta en un campo con millones de otras semillas de trigo, ese único tallo de trigo se mantendrá erguido cuando las tormentas pasen por encima. Incluso con vientos feroces, los tallos se apoyan entre sí y se balancean como una unidad en elegante armonía. Lo mismo es cierto para nosotros. **No podemos crecer solos.** Si no tienes una familia de fe, pide a Dios que te ayude. Busca una iglesia donde la Palabra de Dios se enseñe y se viva fielmente (ve el Día 12, "Cómo encontrar una buena iglesia"). Si vives en un lugar donde las iglesias escasean, reúnete regularmente con al menos uno o dos amigos que sigan a Jesús (ve el Día 17, "Reuniones semanales"). El Espíritu Santo usará a tu familia de fe para animarte y ayudarte a crecer en madurez espiritual.

4. **El crecimiento espiritual se da cuando morimos a nuestras viejas costumbres.** ¿Cómo crece y se multiplica el trigo? Jesús enseña: "Les digo la verdad, el grano de trigo, a menos que sea sembrado en la tierra y muera, queda solo. Sin embargo, su muerte producirá muchos granos nuevos" (Juan 12:24). Para que las generaciones de trigo continúen multiplicándose, los granos individuales deben caer al suelo y morir. La cubierta de la semilla se divide y el alimento guardado se usa para alimentar la nueva vida de la planta que ahora

está creciendo. A medida que madura, es capaz de producir muchos más granos que el único grano del que provino.

Como seguidores de Cristo, también pasamos por el proceso de morir de varias maneras:

- Primero morimos al **pecado** cuando ponemos nuestra fe en Cristo. Estamos "crucificados con Cristo" y "muertos al pecado" (Gálatas 2:20; Romanos 6:11, NVI).
- Al seguir a Jesús, seguimos muriendo cada día a nuestras **viejas costumbres**. "Si alguno de ustedes quiere ser mi seguidor, tiene que abandonar su propia manera de vivir, tomar su cruz cada día y seguirme" (Lucas 9:23, NVI).
- Todos los días morimos a nuestros **deseos mundanos** al resistir la tentación y dar muerte al pecado mediante el poder del Espíritu Santo (Romanos 8:13; Colosenses 3:5).
- Todos los días morimos a nuestro **egoísmo** cuando satisfacemos las necesidades de otros y los bendecimos por nuestra propia cuenta (Filipenses 2:4).

Este proceso de morir puede parecer aterrador, pero como creyentes **podemos *abrazar* la muerte porque nos lleva a la resurrección**. Jesús enseña: "Si tratas de aferrarte a la vida, la perderás, pero si entregas tu vida por mi causa, la salvarás" (Lucas 9:24, NTV) **La santificación es el proceso de morir al pecado y a uno mismo para que la vida de Cristo nos llene cada vez más.** Cuando el Espíritu te llame a morir a ti mismo de alguna manera, recuerda que Él está ansioso por llenar ese espacio con la vida de Dios.

Jesús sintió tan fuertemente nuestra santificación que momentos antes de su arresto, oró por nosotros: "Ellos no son del mundo, como tampoco yo soy del mundo. Hazlos santos con tu verdad; enséñales tu palabra, la cual es verdad" (Juan 17:16-17, NTV). Jesús sabía que el mundo y nuestra vieja naturaleza pecaminosa lucharían contra la obra del Espíritu Santo en nosotros. También sabía que la Palabra de Dios podía vencer esa oposición. Es por eso que la práctica *diaria* de dedicar tiempo para enfocarnos en nuestra relación con Dios a través de Su Palabra es muy importante. A través de la Palabra de

Dios, el Espíritu Santo nos muestra lo que debe cambiar y nos da la gracia para hacerlo (Gálatas 5:16-17). Poco a poco, el Espíritu Santo nos hace crecer en santidad. Él transforma nuestro pensamiento (Romanos 12: 2) y mata las raíces del pecado en nuestras vidas. **Intenta esto la próxima vez que tengas dificultades para obedecer:**

1. Pide la ayuda del Espíritu Santo (Lucas 11:13).
2. Permite que abra tus ojos y tu corazón para que descubras obstáculos (Salmos 19:8). Busca las respuestas en la Palabra de Dios.
3. Espera en Dios. Arrepiéntete si sientes hacerlo. Ora con autoridad (Día 36) Al hacerlo, Él romperá cualquier capa de incredulidad o dureza de corazón. Encontrarás satisfacción en Jesucristo. Eventualmente te alejarás de todo lo demás para ganar más de Él (Filipenses 3:8).

He aquí un ejemplo de cómo funciona esto: Digamos que batallas con el pecado del chisme. Tienes la tentación de hablar mal de otra persona con un amigo, pero entonces te acuerdas de orar. Le pides a Dios que te ayude a controlar tu lengua (Santiago 1:26). El Espíritu te expone dónde has estado espiritualmente ciego (Salmos 119:18). A medida que Él abre tus ojos, comienzas a ver a esa otra persona con más compasión, más como Él la ve. También ves claramente que el chisme es malo. Eliges no hablar de ese amigo. Ese paso transformador de obediencia hace crecer tu corazón y cambia tu comportamiento. Ahora, tu gozo en el Señor satisface tu corazón de manera que tu comportamiento anterior, el deseo de chismear, se vuelve menos atractivo.

Recuerda que debes ser paciente contigo mismo. La santificación toma tiempo, pero gradualmente verás mejoras reales en tu carácter y tus hábitos. Te volverás más amoroso, compasivo y paciente a medida que permanezcas en Cristo y obedezcas la Palabra de Dios. Las quejas darán paso a una acción de gracias. Los ataques de ira serán menos frecuentes y la alabanza espontánea más frecuente. Tu valor e identidad se encontrarán solo en Cristo. El estudio de la Biblia y la oración se convertirán en una parte de deleite en tu ritmo diario. Comenzarás a ver las cosas desde el punto de vista de Dios y querrás su voluntad por encima de todo.

Cuando vemos cambios positivos, podemos sentirnos animados de que el Espíritu nos transforma día a día. "Así que, todos nosotros, a quienes nos ha sido quitado el velo, podemos ver y reflejar la gloria del Señor. El Señor, quien es el Espíritu, nos hace más y más parecidos a él a medida que somos transformados a su gloriosa imagen" (2 Corintios 3:18, NTV). Estamos siendo transformados de la única manera que realmente importa: ¡de adentro hacia afuera para reflejar la gloria de Dios!

DÍA 45

Permite que la Biblia te hable:
Efesios 4:1-16 (Opcional: Hechos 9-12)

Permite que tu mente piense:
1. Como el trigo, crecemos en comunidad. ¿Por qué es tan importante la comunidad para los seguidores de Jesús?

2. Si no estás conectado a una iglesia o no tienes una familia de fe, ¿qué puedes hacer para conectarte con otros creyentes?

3. ¿Cómo es que morir diariamente a ti mismo hace que mejores como persona? ¿Cómo mejora tus relaciones con los demás, incluida tu familia de fe?

Permite que tu alma ore:
Padre, hazme crecer a través de la santificación. Hazme cada día más parecido a Jesús. Fortalece mi familia de fe para que podamos crecer juntos. Ayúdanos a morir a nosotros mismos diariamente para que tu Espíritu Santo nos llene cada vez más. En el nombre de Jesús, amén.

Permite que tu corazón obedezca:
(¿Qué es lo que Dios te está llevando a conocer, valorar o hacer?)

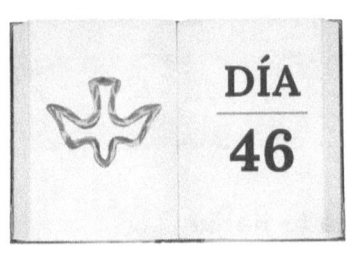

Crece en el Espíritu: sirve

> Pero entre ustedes será diferente. El que quiera ser líder entre ustedes deberá ser sirviente, y el que quiera ser el primero entre ustedes deberá convertirse en esclavo. Pues ni aun el Hijo del Hombre vino para que le sirvan, sino para servir a otros y para dar su vida en rescate por muchos.
> Mateo 20:26-28

Dios no necesita nuestro servicio. Dios nos invita a servir porque *nos ama*. Al servir con Él, llegarás a conocerlo mejor. Experimentas su amor a medida que fluye a través de ti hacia los demás, es una experiencia que te cambia y te da vida. Sí, servir a Dios sirviendo a los demás es otra forma en que el Espíritu Santo nos santifica. A medida que entendemos cómo llegar a ser las manos y los pies de Jesús, servimos con una actitud de "podemos a servir", no de "tenemos que servir". A veces, sin embargo, podemos resistirnos a servir. Es posible que nos sintamos llamados a servir, pero nos sentimos inseguros con los detalles: qué deberíamos hacer, dónde o cuándo deberíamos hacerlo, o incluso a quién ayudar. No estamos solos. Moisés también tuvo sus inseguridades con estos detalles.

Moisés es uno de los mayores líderes de toda la historia judía y uno de los pocos creyentes guiados por el Espíritu que se registran en el Antiguo Testamento. Sin embargo, casi pierde su parte en la historia de Dios. Aprendimos un poco sobre la historia de Moisés en la semana 3. Recuerda que Dios llamó a Moisés para que sacara a su pueblo de la esclavitud egipcia y luego para que estableciera la ley de Dios entre ellos. Cuando Dios llamó a Moisés para que sirviera, le dijo: "Envía a alguien más". La negativa de Moisés enfureció a Dios (Éxodo 4:13-14).

Dios se había aparecido a Moisés en forma de una zarza ardiente, y Dios podría haber consumido fácilmente a Moisés en llamas. Pero no lo hizo. Fue paciente con Moisés, y también lo es con nosotros (1 Timoteo 1:16).

Observa cómo Dios utilizó los detalles de la vida de Moisés.[1] Por circunstancias inusuales, Moisés fue un niño hebreo que fue criado en el palacio del rey egipcio como nieto del faraón. Estas son algunas de las formas en que sus antecedentes lo ayudaron a cumplir el llamado de Dios en su vida:

- Recibió una educación, lo que le ayudó cuando Dios le inspiró a escribir los cinco primeros libros de la Biblia.
- Fue preparado para presentarse ante los reyes, lo que le ayudó cuando Dios le llamó para hablar con el nuevo faraón.
- Se le enseñó liderazgo y habilidades de organización, lo que le ayudó cuando Dios lo llamó a liderar la nación de Israel.
- Cuando huyó a Madián (antes de su llamado a liderar al pueblo hebreo), aprendió a tener paciencia y también a navegar por el desierto, lo que le ayudó durante sus cuarenta años de vagar por el desierto.

Puede que no todos estemos llamados a liderar como Moisés, pero *todos* estamos llamados a servir. ¿Cómo pudieras ser llamado a servir? Empieza por tu biografía. ¿Dónde vives? ¿Qué idiomas hablas? ¿Qué habilidades y talentos tienes? ¿Qué pruebas has experimentado? Cuando respondas a estas preguntas, ora y pide al Espíritu que te ayude a identificar las partes de tu historia que Dios quiera utilizar en su servicio.

Al preguntarle a Dios cómo podrías servirle, también considera lo que te *gusta* hacer.[2]

1. En el pasado, ¿cuándo has experimentado la mayor alegría y fruto sirviendo a Dios?

---

1 Briscoe, Jill "Here Am I, Lord—Send Somebody Else: How God Uses Ordinary People to Do Extraordinary Things" (Aquí estoy, Señor... manda a alguien más: Cómo Dios usa a personas ordinarias para hacer lo extraordinario). Nashville: W Pub. Group, 2004.
2 Glenn Reese (pastor de la Iglesia Chets Creek de Jacksonville, FL), en conversación con el autor, 10 de agosto de 2010.

2. ¿Cuándo has sentido más a Dios obrando en ti y a través de ti?
3. Con base en esas respuestas, ¿cómo puedes lograr el mayor impacto para el reino de Dios?

Si recién estás comenzando, busca las mayores necesidades en tu iglesia o comunidad. Considera cómo tus pasiones y habilidades podrían satisfacer algunas de esas necesidades. ¿Te encanta orar? ¿Puedes cocinar o cantar? ¿Puedes ser entrenador de deportes o dirigir alguna obra de teatro? ¿Tienes pasatiempos que puedan atender las necesidades de los demás (por ejemplo: tejer cobijas para el refugio local de personas sin hogar)? ¿Eres bueno enseñando a otros u organizando reuniones? ¿Eres experto en iniciar negocios o manejar finanzas? Incluso ser un buen oyente es una habilidad muy necesaria y valiosa. *Todo el mundo* tiene algo que ofrecer. Es posible que no sepas qué hacer previamente, pero **Dios te revelará tus dones *mientras sirves***. Permítete probar cosas y aprender a lo largo del camino; se necesita tiempo para encontrar tu lugar y no es necesario que suceda de inmediato. Confía en que Dios te revelará el próximo paso y luego avanza fielmente. En poco tiempo, verás cómo se desarrolla el plan mayor y experimentarás la bendición de servir. Jesús ama *bendecirte* mientras bendice a otros *a través* de ti. Por eso dijo: "Más bienaventurado es dar que recibir" (Hechos 20:35).

Parte de esa bendición viene en forma de crecimiento espiritual: **el Espíritu Santo hace que *crezcamos* mientras servimos a Dios sirviendo otros**. El Espíritu Santo también es llamado el Espíritu de Jesús (Filipenses 1:19), y al igual que Jesús se humilló para convertirse en siervo de todos, el Espíritu de Jesús también te hará un siervo a medida que crezcas a su imagen. En Cristo, "servimos a Dios con el nuevo poder que nos da el Espíritu", empoderados por Dios, no por nosotros mismos (Romanos 7:6, NVI). **El Espíritu nos motiva con *amor* para trabajar para *la gloria de* Dios, no para la nuestra.** Al "servir a Dios por su Espíritu", debemos confiar en la fuerza de Cristo y "no poner nuestra confianza en la carne" (Filipenses 3:3, NVI). **Encontramos verdadero gozo cuando hacemos lo que Dios nos diseñó para hacer en su poder, para su gloria.** Y recuerda, Dios nunca te pedirá que sirvas de alguna manera y no darte la gracia y el poder para hacerlo (Josué 1:9; 2 Corintios 12:9).

Solo tú tienes tu parte única en la historia de Dios. Aprendamos a servir *bien*. El apóstol Pablo nos enseña formas de servir:

1. **Sirve con sacrificio.** Servir a los demás *solo cuando nos es conveniente* es casi imposible. Rara vez programamos ser voluntarios cuando tenemos tiempo libre en nuestros calendarios. Tenemos que ser intencionales para servir, y esto requiere un sacrificio de nuestro tiempo o recursos, o ambos. Cuando servimos, somos un "sacrificio vivo" (Romanos 12:1, NVI), lo cual es una hermosa ofrenda al Señor. Colocamos por delante de nuestras necesidades la de los demás como Jesús lo hizo. Jesús sacrificó su comodidad mucho antes de sacrificar su vida en la cruz. Cuando estaba agotado por las exigencias del ministerio, dejó de lado sus necesidades individuales para enseñar y alimentar a la gente que lo rodeaba, la cual a menudo se contaba por miles (Marcos 6). Cuando sacrificas de manera pequeña o grande tu comodidad, descanso y tiempo, "el fiel servicio de ustedes también es una ofrenda a Dios" (Filipenses 2:17).

2. **Sirve con humildad.** A veces tenemos la tentación de servir para impresionar a los demás. Perdemos de vista el exaltar a Jesús y no a nosotros mismos, cuando satisfacemos las necesidades de los demás. Jesús dijo: "¡Tengan cuidado! No hagan sus buenas acciones en público para que los demás los admiren, porque perderán la recompensa de su Padre, que está en el cielo" (Mateo 6:1, NTV). Humillarnos sirviendo a los demás sin buscar atención es parte de nuestro camino para alejarnos del egoísmo. Cuando servimos con verdadera humildad, pensamos en las necesidades de los demás como en las nuestras (Romanos 12:10). Pablo escribió repetidamente a las primeras iglesias subrayando la importancia de servir con humildad. "No hagan nada por egoísmo o vanidad; más bien, con humildad consideren a los demás como superiores a ustedes mismos. Cada uno debe velar no solo por sus propios intereses, sino también por los intereses de los demás" (Filipenses 2:3-4, NVI). Les ordenó que sirvieran a todos, independientemente de su posición económica o de su estatus (Romanos 12:16).

Jesús, el Rey de reyes, modeló perfectamente el servicio con humildad. Él "quien, siendo por naturaleza Dios, no consideró el ser igual a Dios como algo a qué aferrarse. Por el contrario, se rebajó voluntariamente, tomando la naturaleza de siervo..." (Filipenses 2:6-7, NVI). **Aquel a quien todos deberían servir ¡se convirtió en el siervo de todos!** Jesús compartió esta paradoja con sus discípulos: "Si alguno quiere ser el primero, que sea el último de todos y el servidor de todos" (Marcos 9:35). Humíllate y Dios te elevará (Santiago 4:10). **Tu valor no se basa en lo que haces o en lo que dicen los demás; tu valor proviene de quién eres en Cristo.**

3. **Servir con amor.** ¿Alguna vez te han hecho un regalo por obligación? ¿O tal vez alguien te ayudó con un proyecto, pero lo hizo con resentimiento? Eso no se siente bien. Tal vez prefieras que la persona se quede con el regalo o que no ayude en absoluto. Cuando servimos sin amor, es como darle a Dios un regalo de esta misma manera. Cualquier acto de servicio, por excepcional que este sea, carece de valor si se hace sin amor (1 Corintios 13:3). En el Día 6 aprendimos que seremos recompensados por lo bien que *amamos*, no por las buenas acciones que hagamos. ¿Cómo se sirve con amor?

- El amor sirve generosamente, practicando la hospitalidad (Romanos 12:13).
- El amor sirve activamente, satisfaciendo necesidades reales (1 Juan 3:18).
- El amor sirve con compasión, mostrando simpatía genuina (Romanos 12:15).
- El amor sirve en paz, viviendo en armonía con los demás sin importar el estatus social (Romanos 12:16, 18).
- El amor sirve con gracia, bendiciendo activamente a sus enemigos (Romanos 12:14, 17, 19-20).

4. **Servir en el Espíritu.** Cuando los creyentes ponemos nuestra fe en Jesús para la salvación, el Espíritu Santo nos da dones especiales: dones espirituales.[1] Hombres y mujeres en cada etapa de la vida *trabajan juntos* para cumplir la misión de Dios.[2] Cada persona tiene un papel esencial en el servicio siendo portador de la imagen de Dios. **El Espíritu Santo**

---

[1] Para ver las listas de dones espirituales específicos que se encuentran en la Biblia, lee Romanos 12:3-8, 1 Corintios 12:8-11 y Efesios 4:10-12.
[2] Debido a la falta de capacitación, las mujeres de todo el mundo suelen tener expectativas poco claras sobre cómo pueden servir a la Iglesia o promover el evangelio. Repasa Hechos y las cartas del Nuevo Testamento para ver ejemplos de hombres y mujeres trabajando juntos en equipo. Las mujeres, en cada etapa de la vida, reciben dones espirituales para cumplir con sus roles esenciales en la comunidad, la iglesia y el hogar.

produce *fruto* del Espíritu en ti cuando usas los *dones* del Espíritu para la gloria de Dios. Observa cómo el Espíritu Santo te hace crecer a ti y a tus dones cuando los utilizas. Como aprendimos, la Iglesia es llamada un cuerpo porque cada parte, aunque diferente, es esencial para el funcionamiento del todo. Así como las diferentes partes del cuerpo trabajan juntas, los diferentes creyentes necesitan unirse usando sus dones para edificar el cuerpo de Cristo para la gloria de Dios (Efesios 4:12). Cuando servimos a nuestros hermanos y hermanas, honramos el sacrificio de Cristo por la Iglesia (Efesios 5:25) y nos parecemos más a la comunidad que Dios tenía en mente en la creación: una comunidad de unidad, amor y creatividad.

Estamos diseñados para servir también a nuestras propias familias. Dios se preocupa profundamente sobre nuestro servicio a nuestra familia de fe, pero el servicio a ella no nos exime de nuestras responsabilidades con nuestras familias naturales. No podemos servir bien a los demás en la iglesia si tenemos problemas con nuestras familias en casa. Por eso uno de los requisitos para el liderazgo en la iglesia es una familia bien administrada (Tito 1:6-7). "...porque el que no sabe gobernar su propia familia, ¿cómo podrá cuidar de la iglesia de Dios?" (1 Timoteo 3:5, NVI). Jesús amonestó a los líderes religiosos por condonar la decisión de la gente de dar recursos a una comunidad religiosa en lugar de atender las necesidades de sus padres (Marcos 7:11). Pablo predicó lo mismo: "El que no provee para los suyos, y sobre todo para los de su propia casa, ha negado la fe y es peor que un incrédulo. (1 Timoteo 5:8, NVI). Dios no quiere que elijamos entre servir a nuestra familia de fe o a nuestra familia inmediata. Quiere que sirvamos a *ambas*. Pero tampoco te llama que sirvas sin contar con su gracia para cada paso del camino.

Servir es otra oportunidad para que el Espíritu Santo te haga crecer, te reinvente, para que te parezcas más a Cristo, el siervo Salvador. Al servir descubrirás nuevos dones que Dios te ha dado, y aprenderás a confiar más en Él. Profundizarás tus relaciones y comenzarás otras nuevas mientras buscas *servir* en lugar de *ser servido*. Lo mejor de todo es que tu amistad con Dios crece a medida que sirven juntos y vives tu parte en su historia.

DÍA 46

Permite que la Biblia te hable:
1 Corintios 12-13 (Opcional: Hechos 13-16)

Permite que tu mente piense:
Las preguntas de la lectura de hoy pueden ayudarte a descubrir dones y pasiones por el servicio:
1. ¿Cuándo has experimentado la mayor alegría y fruto al servir a Dios?

2. ¿Cuándo has sentido más a Dios obrando en ti y a través de ti?

3. Con base en esas respuestas, ¿cómo puedes lograr el mayor impacto para el reino de Dios?

Permite que tu alma ore:
Padre, te entrego mi vida para hacer lo que tú quieras que haga, para ir a donde tú quieras que vaya, y para decir lo que tú quieras que diga. Ayúdame a utilizar los dones espirituales que me has dado para tu gloria. Hazme como Jesús, el siervo más grande. Gracias por tu servicio sacrificado, humilde y amoroso hacia nosotros, Señor. En el nombre de Jesús, amén.

Permite que tu corazón obedezca:
(¿Qué es lo que Dios te está llevando a conocer, valorar o hacer?)

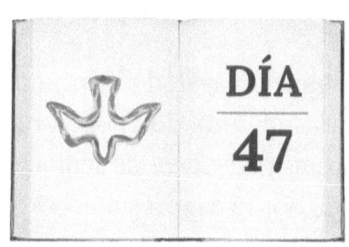

Crece en el Espíritu: comparte

> ...Se me ha dado toda autoridad en el cielo y en la tierra. Por tanto, vayan y hagan discípulos de todas las naciones, bautizándolos en el nombre del Padre y del Hijo y del Espíritu Santo, enseñándoles a obedecer todo lo que les he mandado a ustedes. Y les aseguro que estaré con ustedes siempre, hasta el fin del mundo.
> Mateo 28:18-20

Imagina un mundo en el que Dios decidiera que *no* compartiéramos las buenas nuevas de Jesús con los demás. En este mundo, Él rescata a las personas sin la participación de los creyentes. ¿Cómo sería ese mundo? Imaginemos que en este mundo extraño vayas a una iglesia en la que todos se convirtieran en seguidores de Jesús sin intervención humana. Tomas asiento y comienza la música. Pero las canciones son todas distintas en este mundo extraño. "Sublime gracia" y otras canciones basadas en las enseñanzas del Nuevo Testamento no existen porque el Nuevo Testamento no se escribió.

En nuestro mundo, los discípulos encargados de hacer más discípulos escribieron el Nuevo Testamento. Pero si no hubiera personas encargadas de hacer discípulos, no habría razón para escribir sobre la misión de Dios.

En un mundo así, nuestro propósito —toda nuestra existencia— cambiaría para mal. El gozo que sentimos al compartir con los demás acerca de Jesús y sus enseñanzas desaparecería. Nos perderíamos la emoción de ver a alguien pasar de la muerte a la vida espiritual. El privilegio de ser herramientas de Dios para transformar un alma humana desaparecería. Las actitudes, las acciones y los llamados serían muy distintos. Si Dios no nos hubiera invitado a ser parte de su obra de salvación, nuestras vidas carecerían de gozo, esperanza y propósito.

Alabado sea Dios, porque ese *no* es nuestro mundo. **Porque tanto amó Dios al mundo que nos ha dado el ministerio de la reconciliación** (2 Corintios 5:18-20). Este regalo invaluable es para nuestro bien. Nos acercamos a Dios en la medida en que *trabajamos con Él* para hacer discípulos. Sí, Dios puede salvar a las personas, y lo hace, sin involucrar a otros, pero el hecho de que Dios decida difundir las buenas nuevas *a través de nosotros* es un privilegio (2 Corintios 2:14). Se nos ha dado este regalo para compartir acerca de Jesús con los demás a fin de que reciban el perdón, se conviertan en nuevas criaturas y se reconcilien con la familia eterna de Dios. Debemos dar esta medicina que cambia la eternidad a las personas que están muriendo espiritualmente. No podemos conservar el regalo de la gracia de Dios para nosotros mismos. Jesús ya hizo la parte más difícil. Todo lo que tenemos que hacer es compartir su historia. Y cuando lo hacemos, *no hay un sentimiento más hermoso* que el saber que Dios trabaja a través de nosotros para rescatar a aquellos que van por el camino equivocado. Cuando se apartan de sus pecados y aceptan a Jesús, su eternidad cambia ante nuestros ojos.

De manera sorprendente, algunas iglesias y creyentes actúan como si estuvieran en el mundo extraño que imaginamos. No se involucran. Compartir las buenas nuevas de Jesús con los demás (lo que se conoce como evangelismo) no es una prioridad. En cambio, dejan de lado la gran comisión que nos ha dado Jesús y la esconden como si escondieran dinero en un cajón. Es posible que carezcan de gozo, crecimiento, esperanza, unidad o propósito. Es posible que se pregunten por qué no están creciendo personal o corporativamente. No son conscientes de que no hacen aquello para lo que Dios los diseñó. Porque lo cierto es que **no compartir el evangelio es una transgresión del mandato de Dios**.

Afortunadamente, la misión de Jesús es *siempre* buscar y salvar a los perdidos (Lucas 19:10). A través del Espíritu Santo, estas iglesias y creyentes *pueden* cambiar. El Espíritu Santo puede crear familias sanas en la fe, en las que los creyentes maduros ayuden a los nuevos en la fe. ¿Necesitas un nuevo comienzo? Dios puede ayudarte a volver a las razones principales por las que existes:

Ama a Dios,
ama a todos y
¡haz discípulos!

Hacer discípulos comienza con Jesús —las buenas nuevas y la gran comisión—. Cuando Jesús confió a los discípulos su mensaje, les dio instrucciones específicas, las cuales se encuentran en Mateo 28:18-20. Ahora nos toca a nosotros. Dios nos ha confiado el evangelio, así que examinemos este pasaje y seamos hacedores de discípulos para esta generación.

1. A Jesús le fue **"dada toda autoridad"**. Para hacer discípulos, necesitamos ser discípulos. Previamente, en Mateo, Jesús dijo: "Si alguien quiere ser mi discípulo, tiene que negarse a sí mismo, tomar su cruz y seguirme" (Mateo 16:24, NVI). ¿Te has negado a ti mismo para seguir a Jesús y someterte a su autoridad?

2. **"Por tanto, vayan"** —tomando en cuenta la autoridad de Jesús, ¿estamos dispuestos a ir y compartir?

3. **"hagan discípulos"** —este mandato significa hacer seguidores, creyentes que aprendan más y más sobre Él. ¿Compartirás sobre el amor de Jesús, serás un modelo de la vida de Jesús y enseñarás la palabra de Jesús?

4. **"todas las naciones"** —a Dios le importan todas las almas. ¿Estás dispuestos a compartir sobre Jesús con todos?

5. **"bautizándolos"** —el bautismo es el signo exterior de un cambio interior y es el primer paso de obediencia de los creyentes. ¿Estás bautizado? ¿Llevarás a otros a que se bauticen?

6. **"enseñándoles a obedecer todo lo que les he mandado a ustedes"** —se te pide que obedezcas, no solo que conozcas, las enseñanzas de Jesús. ¿Enseñarás y *obedecerás* el mensaje de Jesús?

7. **"Y les aseguro que estaré con ustedes siempre"** —¿crees que Jesús está siempre contigo? ¿Confías en Él?

Dios te eligió para ser su embajador.
Jesús promete estar contigo.
El Espíritu Santo te capacita para cumplir este mandato (Hechos 1:8).
Puedes hacerlo.

Jesús dice: "Como el Padre me envió a mí, así yo los envío a ustedes" (Juan 20:21, NVI). **Cuando das pasos de obediencia, Dios te proporciona todo lo que necesitas para hacer su voluntad.** Cuando compartes las buenas nuevas, el Espíritu Santo te da fuerza y palabras.[1] En el proceso, el Espíritu Santo hace crecer tu fe —te santifica— mediante la formación de discípulos.

¿Cómo haces discípulos? Piensa en la petición de oración de Jesús: "Es abundante la cosecha, pero son pocos los obreros. Pídanle, por tanto, al Señor de la cosecha que mande obreros a su campo" (Lucas 10:2, NVI). Jesús utilizó el simbolismo de la cosecha para explicar que las personas están listas para integrarse a la familia de Dios. Como un campo listo para la cosecha, las personas están maduras para el evangelio. Pídele a Dios, el Señor de la cosecha (Mateo 9:38), que envíe obreros y ve con Él cuando te envíe. La formación de discípulos suele seguir un proceso de cosecha de cuatro partes:[2]

1. **Siembra** las semillas del evangelio con la <u>oración</u>. Como Jesús indicó, comienza orando. Cuando oramos, lanzamos las semillas vivificantes del evangelio. Vamos a los campos, los lugares en los que la gente está lejos de Dios (al otro lado de la calle o del mundo).

---
[1] Mateo 10:19; Lucas 12:12; Hechos 1:8; 2 de Corintios 5:20.
[2] Los movimientos de plantación de iglesias en todo el mundo siguen un proceso similar llamado "Los 4 campos de discipulado".

2. **Regamos** esas semillas con la historia de Dios: el evangelio. Cuando compartimos la historia de Dios y nuestra historia como sus testigos, las semillas del evangelio crecen en la vida de la gente.

3. **Cultiva** esas semillas germinadas con la luz de la Palabra de Dios. A medida que los nuevos creyentes aprendan de ti, ayúdales a orar y a estudiar la Biblia por sí mismos para que puedan crecer bien.

4. **Cosecha** los campos reuniendo a los creyentes para formar la iglesia. Como creyentes, nos juntamos para darnos ánimo, recibir discipulado y formar una comunidad. Capacitamos a nuevos obreros para mandarlos a nuevos campos con el fin de sembrar y regar las semillas del evangelio en las vidas de otras personas. Esta comisión da inicio al proceso de discipulado una vez más.

Ahora, tomemos las herramientas que hemos adquirido a través de este viaje de fe y veamos cómo encajan en el proceso de formación de discípulos de cuatro partes:

1. **Siembra** semillas del evangelio con la oración.
   a. Crea un **mapa de las relaciones** con las personas que están alejadas de Dios en tu vida (apéndice). Ora por oportunidades para compartir del amor de Jesús y planifícalas.
   b. Ora por los demás, ora con autoridad, ora y ayuna por un despertar espiritual (semana 6).

2. **Riega** las semillas con la historia de Dios: el evangelio.
   a. Comparte la historia de Dios mezclando los ingredientes del **pan del evangelio** (Día 18).
   b. Inicia conversaciones espirituales utilizando el método **escucha, aprende, ama, Señor** (Día 18).
   c. Comparte tu historia utilizando "**Compartiendo tu historia**" como guía (Día 18).

3. **Cultiva** las semillas germinadas en una pequeña reunión semanal de formación y apoyo.
   a. Reúne entre tres y cinco nuevos creyentes utilizando el formato "**Reuniones semanales**" (Día 17).
   b. Capacita a los creyentes para que obedezcan las enseñanzas de Jesús (semanas de 3 a 7).
   c. Utiliza un plan de lectura bíblica para que **estudien la Biblia juntos** (Día 33).

4. **Cosecha** los campos reuniendo a los creyentes para formar la iglesia y dándoles la oportunidad de convertirse en hacedores de discípulos.
   a. Reúnanse como familia de fe para el culto, la Cena del Señor, el servicio y la capacitación (Días 12 y 43).
   b. Enséñales a los creyentes a utilizar sus dones espirituales para servir a Jesús y a los demás (Día 46).
   c. Anima a los creyentes a ir juntos a nuevos campos utilizando la herramienta **escucha, aprende, ama, Señor** (apéndice). Haz una evaluación semanal para orar y rendir cuentas (ver Lucas 10:1-11).

¿Cómo saber si el método de formación de discípulos es eficaz?

La evidencia está en las vidas cambiadas. Siempre se puede mejorar el proceso o las herramientas mencionados anteriormente, pero solo Dios es quien hace crecer la cosecha de personas (1 Corintios 3:6-7). Tal vez no podamos discipular a todas las personas, pero podemos discipular a una. Luego puedes animar a esa persona a discipular a otra y a tener un nuevo aprendiz. Aunque seas un nuevo creyente, puedes hacer discípulos.

Piensa en lo que pasaría si discipularas a una persona cada año. Y entonces, al año siguiente, esa persona comenzara a discipular a una persona cada año, y que todas las personas que fueron discipuladas siguieran discipulando a una persona nueva cada año. En treinta años, si este ciclo de discipulado continuara, ¡más de mil millones de personas vendrían a la fe en Cristo! Piénsalo. Dios podría cambiar a tu familia, a tu ciudad y a tu país a través de ti.

Permite que la Biblia te hable:
Lucas 10:1-11; Romanos 10:9-17 (opcional: Hechos 17-20)

Permite que tu mente piense:
1. ¿Conoces a alguien que necesite o quiera ser discipulado? Pídele al Espíritu Santo que te guíe hacia dos o tres nuevos creyentes con el fin de hacer una reunión semanal para hacer discípulos.

2. Examina Lucas 10:1-11 y pon atención a todas las cosas en las que Jesús instruyó a los discípulos antes de enviarlos a trabajar en la cosecha. ¿Cuáles te llamaron la atención?

3. Completa o revisa la herramienta **escucha, aprende, ama, Señor** (apéndice). Repásala frecuentemente con el grupo (1 de Pedro 3:15).

Permite que tu alma ore:
Padre, gracias por confiarme el ministerio de la reconciliación. Abre oportunidades para que pueda hablarles a las personas de Cristo. Ayúdame a compartir el amor de Jesús, a ser un modelo de la vida de Jesús y a enseñar la palabra de Jesús a todos los que pongas en mi vida. Quiero ser un discípulo que haga discípulos a través de tu poder, solo para tu gloria. En el nombre de Jesús, amén.

Permite que tu corazón obedezca:
(¿Qué es lo que Dios te está llevando a conocer, valorar o hacer?)

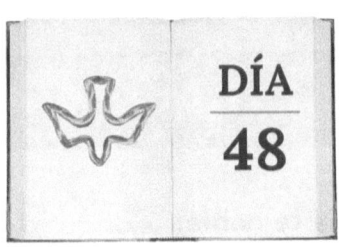

Crece en el Espíritu: sufre

> Hermanos míos, considérense muy dichosos cuando tengan que enfrentarse con diversas pruebas, pues ya saben que la prueba de su fe produce constancia. Y la constancia debe llevar a feliz término la obra, para que sean perfectos e íntegros, sin que les falte nada.
> Santiago 1:2-4 (NVI)

Tú y yo podemos tener la tentación de pensar que, si vivimos una buena vida, recibiremos bendiciones materiales y el mundo se acercará a Jesús. Puede ser que el mundo entero siga a Jesús si hace que nuestros problemas desaparezcan y nuestra riqueza aumente, pero entonces ya no tendríamos cristianismo. En cambio, tendríamos una terrible idolatría: las personas vendrían a Cristo por lo que Él les *da*, no por lo que Él *es*. Nuestro testimonio suele ser más potente cuando pareciera que lo único que tenemos es sufrimiento, pero aún así podemos decir: "Jesús es suficiente".

Para abrazar plenamente esa verdad se requiere fe y, a veces, la experiencia de un Dios que nos sostiene, nos ayuda y nos cambia a través de las pruebas. Es la forma en que *respondemos* a esas dificultades lo que define nuestro carácter y determina que crezcamos o nos desmoronemos. Podemos elegir entre el enojo y el gozo, entre el control con los puños cerrados y la rendición con las manos abiertas. **Nuestra respuesta a las pruebas revela el tipo de relación que tenemos con Jesús.** Así como el Espíritu Santo nos hace madurar a través del servicio y del compartir, también lo hace a través del sufrimiento.

Porque sabemos que el sufrimiento produce perseverancia; la perseverancia, entereza de carácter; la entereza de carácter, esperanza. Y esta esperanza no nos defrauda, porque Dios ha derramado su amor en nuestro corazón por el Espíritu Santo que nos ha dado (Romanos 5:3-5, NVI).

¿Te has dado cuenta de que Dios derrama amor en nuestros corazones a través del Espíritu Santo? Este amor nos acompaña en el sufrimiento. También es un amor que fluye a través de nosotros hacia los demás. El sufrimiento no solo nos hace crecer en el carácter de Cristo, sino que también hace que otros se acerquen a Él. Nada es más poderoso que ver a alguien sufrir con dignidad y gozo cuando tiene la esperanza de Cristo.

Debemos admitir que algunos sufrimientos son consecuencia del pecado; nuestras malas decisiones tienen consecuencias. Pero en este día, enfoquémonos en el sufrimiento que es obra del enemigo. Jesús dijo: "El ladrón no viene más que a robar, matar y destruir; yo he venido para que tengan vida, y la tengan en abundancia" (Juan 10:10, NVI). El sufrimiento en sí mismo *es* malo y Satanás *lo* utiliza para robar, matar y destruir, pero **Jesús lucha contra el sufrimiento. Él obra para detenerlo o aliviarlo, y en cualquier caso, Él *siempre* lo utiliza para el bien.**

¿Recuerdas a José (Día 15)? Lo vendieron como esclavo y lo encarcelaron injustamente. Aun así, les dijo a sus hermanos: "Es verdad que ustedes pensaron hacerme mal, pero Dios transformó ese mal en bien para lograr lo que hoy estamos viendo: *salvar la vida de mucha gente*" (Génesis 50:20, NVI, énfasis añadido). La salvación llegó a muchos como resultado del sufrimiento de José en diversas pruebas duras. Por muy doloroso que sea tu sufrimiento, debes saber que "Sabemos que Dios dispone *todas* las cosas para *el bien de quienes lo aman*, los que han sido llamados de acuerdo con su propósito." (Romanos 8:28, NVI, énfasis añadido). Dios utiliza *todas las cosas* (lo bueno, lo malo y todo lo demás) *para el bien de los que le aman*. Eso significa que **a veces el mayor bien *no* es la satisfacción inmediata**. El versículo 29 lo explica: "Porque a los que Dios conoció de antemano, también los predestinó a ser *transformados según la* *imagen de su Hijo*" (NVI, énfasis añadido). Cuando leemos estos dos versículos juntos, podemos deducir con certeza que el mayor bien para nosotros es llegar a ser como Cristo. Jesús nos advierte:

> "Si el mundo los aborrece, tengan presente que antes que a ustedes, me aborreció a mí. Si fueran del mundo, el mundo los amaría como a los suyos. Pero ustedes no son del mundo, sino que yo los he escogido de entre el mundo. Por eso el mundo los aborrece. Recuerden lo que les dije: 'Ningún siervo es más que su amo'. Si a mí me han perseguido, también a ustedes los perseguirán" (Juan 15:18-20).

Debemos prever hostilidad y discriminación hacia los creyentes por su fe en Cristo.[1] Los países con gobiernos que ven a Jesús como una amenaza a su poder, o donde la religión está ligada a la identidad cultural, maltratan terriblemente a los cristianos. Estos gobiernos suelen negar a los creyentes las libertades humanas fundamentales. No nos debe sorprender entonces que nos persigan o que nos pidan que oremos por la Iglesia perseguida. "Así mismo serán perseguidos todos los que quieran llevar una vida piadosa en Cristo Jesús" (2 Timoteo 3:12, NVI).

Entonces, ahora que sabemos qué esperar, ¿cómo podemos vivir victoriosamente cuando sufrimos persecución? Soportamos la persecución permaneciendo en Cristo, nuestro comprensivo Salvador que sufrió persecución *por* nosotros y aún sufre *con* nosotros. Cuando Jesús confrontó a Saulo (después conocido como el apóstol Pablo) por perseguir a los creyentes, le preguntó: "¡Saulo, Saulo! ¿Por qué me persigues?" (Hechos 9:4, NTV). Jesús no se identificó como "Jesús, el Señor de los que persigues". No, Él dijo: "Yo soy Jesús, *¡a quien tú persigues!*" (Hechos 9:5, NTV, énfasis añadido). Jesús toma la persecución de los creyentes como algo personal. Cuando permanecemos en Él y Él en nosotros, no se limita a ver cómo soportamos la persecución, sino que la soporta con nosotros. **La intimidad con Cristo es una de las mayores bendiciones de la persecución.** Al experimentarla, podemos aferrarnos a Jesús y tener la certeza de que hemos sido bendecidos.[2]

---
[1] Hechos 14:22; 1 Pedro 4:12.
[2] Mateo 5:11-12; 2 Corintios 4:15-18; 1 Pedro 4:14, 16.

Hasta el día en que estemos en su presencia, y todas las lágrimas sean enjugadas (Apocalipsis 21:4), necesitamos un plan para hacer frente al sufrimiento y la persecución. Acudamos a la Palabra de Dios:

1. **Clama a Dios.** David declaró: "En mi angustia invoqué al Señor; clamé a mi Dios, y él me escuchó desde su templo; ¡mi clamor llegó a sus oídos!" (Salmos 18:6, NVI). David también dijo: "A ti clamo, Señor; ven pronto a mí. ¡Atiende a mi voz cuando a ti clamo!" (Salmos 141:1). Incluso Jesús clamó a Dios desde Getsemaní. Dios puede atender tu enojo y tus lágrimas. Confía en su ayuda. Pablo escribió que experimentó un sufrimiento abrumador, hasta el punto de la muerte. También escribió que en esos momentos clamó a Dios, quien lo rescató (2 Corintios 1:8-9). Depende de Dios. Él cuidará de ti. Te dará lo que necesitas y te mostrará a dónde debes ir (Mateo 10:16-23).

2. **Toma la vida un día a la vez.** Jesús advierte que no debemos precipitarnos a preocuparnos por el futuro, porque cada día tiene sus propios problemas (Mateo 6:34). Antes de decir eso, también da la clave para vivir sin preocupaciones: "Más bien, busquen primeramente el reino de Dios y su justicia, y todas estas cosas les serán añadidas" (Mateo 6:33, NVI). Al buscar *primero* el reino de Dios, podemos mirar la vida a través de la perspectiva del reino y definir nuestras prioridades allí en vez de en este mundo complicado. Cuando adquirimos la perspectiva del reino, nos centramos menos en lo que falta. Además, nos centramos más en lo que Dios *está* haciendo y en cómo Él *está* proveyendo para nuestras necesidades. A medida que nuestras perspectivas cambian, podemos ver un propósito más importante en las pruebas: pueden producir la perseverancia que necesitamos cuando los tiempos son difíciles y Dios puede obtener la gloria, porque su poder se perfecciona en nuestra debilidad (2 Corintios 12:9).

3. **Mantente firme.** Amigo, "mantente alerta; permanece firme en la fe; sé valiente y fuerte" (1 Corintios 16:13, NVI). La única manera en que podemos mantenernos firmes en la fe es decidiendo permanecer en Jesús y recibir su fuerza (Juan 15). Podemos orar para pedirle a Dios que cambie nuestras circunstancias, nos dé sabiduría y sea todo lo

que necesitamos en nuestras dificultades. Podemos orar y decir: "Señor, tú eres mi fuerza. Tú eres mi refugio. Tú eres el libertador en quien confiaré" (ver Salmos 18:2). Confiar en Dios y entregarle toda inquietud nos ayuda a mantenernos firmes. Podemos recordar los muchos ejemplos de la fidelidad de Dios, revelados en su Palabra y en nuestras propias vidas (piedras conmemorativas). "Por lo tanto, mis queridos hermanos, manténganse firmes e inconmovibles, progresando siempre en la obra del Señor, conscientes de que su trabajo en el Señor no es en vano" (1 Corintios 15:58, NVI).

4. **Recibe y comparte el consuelo de Dios.** Dios utiliza su Palabra para ministrar a las partes más profundas de nuestras almas. El libro de los Salmos está lleno de ejemplos hermosos de cómo Dios se acerca a los que están heridos y con el corazón roto (Salmos 34:18). También *nos* utiliza para acercarnos mutuamente, para ofrecer un apoyo tangible y práctico a los demás: una visita oportuna, una comida caliente, un abrazo alentador y empático. A medida que recibimos consuelo de Él y de otros creyentes, nos fortalecemos y nos capacitamos para ser una bendición para los demás.

> Él nos consuela en todos nuestros problemas para que podamos consolar a otros. Cuando ellos estén atribulados, podremos darles el mismo consuelo que Dios nos ha dado a nosotros. Pues cuanto más suframos por Cristo, más nos colmará Dios de su consuelo por medio de Cristo (2 Corintios 1:4-5).

Nuestras experiencias dolorosas nos ayudan a empatizar con aquellos que sufren. Cuando necesitemos ayuda, no tengamos miedo de mostrarnos vulnerables ni de *recibirla*. Como hemos ido aprendiendo a lo largo de este viaje, Jesús nos diseñó para ser un solo cuerpo, trabajando juntos y apoyándonos unos a otros (1 Corintios 12:12-27). Cuando consolamos a otros con el consuelo que hemos recibido, nuestro consuelo se multiplica y la gloria es de Dios.

5. **Ama a tus enemigos.** Perdonamos como se nos ha perdonado. Jesús perdonó a sus verdugos incluso mientras colgaba sangrando

en una cruz. Él enseñó: "Ustedes han oído que se dijo: 'Ama a tu prójimo y odia a tu enemigo'. Pero yo les digo: Amen a sus enemigos y oren por quienes los persiguen" (Mateo 5:43-44, NVI). Recuerda que una vez fuimos enemigos de Dios y que aun así Él nos amó (Romanos 5:8). Él desea rescatar a nuestros perseguidores tanto como a nosotros. Todos estamos hechos a su imagen y semejanza. **¿Serás un canal del amor de Dios hacia ellos?**

Justo antes de su muerte, Esteban pidió a Dios que perdonara a sus perseguidores, incluido Saulo, que perseguía a los creyentes y aprobó la ejecución de Esteban (Hechos 7-8). En poco tiempo, Dios respondió a la oración de Esteban rescatando a Saulo, también conocido como Pablo. El amor de Cristo transformó a un hombre que había hecho tanto mal a los creyentes y lo convirtió en apóstol (Hechos 8-9; 13). A Pablo lo persiguieron mucho por su fe, lo cual llevó a uno de *sus* perseguidores (un carcelero) a Cristo (Hechos 16). Amigo, haz a un lado cualquier amargura y deseo de venganza, y ora por aquellos que te persiguen. Dios tiene un plan para ellos y quiere rescatarlos con el mismo brazo largo de amor que usó para rescatarte a ti (Isaías 59:1).

Mientras esperamos nuestro hogar celestial, recuerda que Jesús es digno de todas las pruebas que podamos soportar en la Tierra por seguirlo. Podemos confiar en Él cuando dice: "En este mundo afrontarán aflicciones, pero ¡anímense! Yo he vencido al mundo" (Juan 16:33, NVI).

La vida es corta y el sufrimiento es temporal, pero Jesús está contigo *siempre* (Mateo 28:20). Sigue corriendo la carrera y *persevera* para la gloria de Dios (Hebreos 12:1-3). "Y, después de que ustedes hayan sufrido un poco de tiempo, Dios mismo, el Dios de toda gracia que los llamó a su gloria eterna en Cristo, los restaurará y los hará fuertes, firmes y estables" (1 Pedro 5:10, NVI). El Espíritu Santo te fortalecerá para soportar el sufrimiento en la Tierra hasta que recibas tu recompensa en el Cielo. Mientras tanto, el Espíritu te hace crecer en la semejanza de Cristo, te crea nuevamente y te restaura como portador de la imagen de Dios. Eso *siempre* es algo bueno.

DÍA 48

Permite que la Biblia te hable:
Hebreos 11:1-12:3 (opcional: Hechos 21-24)

Permite que tu mente piense:
1. Lee Hebreos 11:32-40. ¿Qué ayudó a estas fieles personas a perseverar a pesar de las circunstancias? ¿Cómo crees que se fortalecieron?

2. La persecución adopta muchas formas. Puede ser la pérdida de un trabajo, puede ser que los vecinos se alejen de ti a causa de tu fe o, como hemos visto en la Biblia y en sucesos actuales, puede ser un trato duro e incluso la muerte. Describe un momento en el que te hayan perseguido por seguir a Jesús. ¿Cómo respondiste? ¿Qué te mantuvo centrado en Jesús y no en las circunstancias?

3. ¿Cuándo has visto a Dios usar el mal para el bien en tu vida?

Permite que tu alma ore:
Padre, te agradezco que Cristo lleve mis cargas y se compadezca de mi sufrimiento. Fortaléceme para soportar el sufrimiento para tu gloria. Ayúdame a confiar en ti, a recibir y compartir tu consuelo, a amar a mis enemigos y a mantenerme firme. tú eres digno de ello. En el nombre de Jesús, amén.

Permite que tu corazón obedezca:
(¿Qué es lo que Dios te está llevando a conocer, valorar o hacer?)

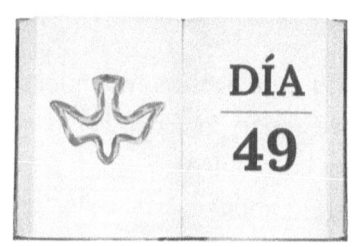

Despiértate, observa, trabaja: Jesucristo viene

> ¡Estén alerta! ¡Vigilen! Porque ustedes no
> saben cuándo llegará ese momento.
> Marcos 13:33 (NVI)

Empecemos hoy con la mejor noticia de todas: **Jesús volverá por nosotros**. Una de las promesas más maravillosas que esperamos como creyentes es su regreso. El sufrimiento y la persecución que podamos experimentar ahora no durarán eternamente. La historia de Dios, incluyendo tu verdadera historia, tiene un final extraordinario. Jesús les dijo a sus discípulos la noche antes de su crucifixión: "Cuando todo esté listo, volveré para llevarlos, para que siempre estén conmigo donde yo estoy" (Juan 14:3). Esta promesa nos da esperanza y nos anima a vivir de tal manera que estemos preparados para encontrarnos con Él.

Según la Palabra de Dios, vivimos en los últimos días. El apóstol Pablo escribió: "Hagan todo esto estando conscientes del tiempo en que vivimos. Ya es hora de que despierten del sueño, pues nuestra salvación está ahora más cerca que cuando inicialmente creímos" (Romanos 13:11, NVI). Nadie sabe el día exacto en que volverá Cristo (Marcos 13:32), pero sí sabemos que nuestro tiempo aquí es limitado. Aunque vivamos cien años, eso es solo un breve instante comparado con la eternidad. ¿Qué debemos hacer con el tiempo que nos queda? "Ya se acerca el fin de todas las cosas. Así que, para orar bien, manténganse sobrios y con la mente despejada" (1 Pedro 4:7, NVI). Mantente alerta reflexionando en la Palabra de Dios y orando.

Si nos mantenemos espiritualmente alerta, reconoceremos las falsas enseñanzas sobre Jesús. Jesús advierte que en los últimos días, veremos un aumento de falsos maestros. Estos dirán que hablan en nombre de Cristo aunque sean sus enemigos. Distorsionarán la Palabra de Dios y engañarán a muchos:

- "Porque llegará el tiempo en que no van a tolerar la sana doctrina, sino que, llevados de sus propios deseos, se rodearán de maestros que les digan las novelerías que quieren oír. Dejarán de escuchar la verdad y se volverán a los mitos" (2 Timoteo 4:3-4, NVI).
- "Cuídense de los falsos profetas. Vienen a ustedes disfrazados de ovejas, pero por dentro son lobos feroces" (Mateo 7:15, NVI).
- "Tales individuos son falsos apóstoles, obreros estafadores, que se disfrazan de apóstoles de Cristo. Y no es de extrañar, ya que Satanás mismo se disfraza de ángel de luz. Por eso no es de sorprenderse que sus servidores se disfracen de servidores de la justicia. Su fin corresponderá con lo que merecen sus acciones" (2 Corintios 11:13-15, NVI).

> **¿Todas las religiones conducen a Dios?**
>
> No. Es cierto que todas las personas estarán frente al Dios verdadero cuando mueran, ya sea que lo adoren o lo nieguen (ver el día 6). Pero no todas las personas irán al Cielo a vivir en una relación perfecta y amorosa con Dios. Cuando nos presentemos ante Dios, solo entrarán los que hayan sido perdonados de sus pecados, los que se mantengan firmes en la fe y los que estén revestidos de la justicia de Jesucristo. Aquellos que confíen en la justicia de sus propias obras y religiones no lo harán.

La única manera de reconocer y rechazar la falsa enseñanza es comparándola con la verdadera. **Podemos protegernos de las falsas enseñanzas estudiando la Palabra de Dios.** Podemos ser como los hermanos de Berea, que contrastaron todas las palabras de Pablo con las Escrituras para confirmar su veracidad (Hechos 17:11). La Biblia revela muchas señales de engaño que veremos en los últimos días. Nos dice, específicamente, lo que debemos rechazar:

1. **Rechazar cualquier enseñanza que menosprecie a Jesús y la cruz.** "Todo profeta que no reconoce a Jesús no es de Dios, sino del anticristo. Ustedes han oído que este viene; en efecto, ya está en el mundo" (1 Juan 4:3). La palabra *anticristo* significa "en contra de Cristo". Las enseñanzas que tienen la influencia del espíritu del anticristo distorsionan la verdad sobre la persona y la obra de Cristo. **Jesucristo es Dios y la única fuente de salvación.** "De hecho, en ningún otro hay salvación, porque no hay bajo el cielo otro nombre dado a los hombres mediante el cual podamos ser salvos" (Hechos 4:12, NVI). **Recuerda que si hubiera otra manera de obtener la salvación, entonces Jesús no habría tenido que morir en la cruz.** Algunas personas enseñan falsamente que debemos añadir nuestras obras a la obra de Jesús en la cruz para ser salvos. Recuerda las últimas palabras de Jesús en la cruz: "Consumado *está*", lo cual significa que tu pecado, tu deuda, ha sido pagada por completo (Juan 19:30, énfasis añadido). Obedecemos a Dios por nuestro amor por Él, no para ganar la salvación. Cualquier enseñanza que *niegue* que Jesús es Dios, que es el único camino o que su obra en la cruz sea suficiente, es falsa. Solo Jesús es soberano:

> Él es la imagen del Dios invisible... todo ha sido creado por medio de Él y para Él. Él es anterior a todas las cosas, que por medio de Él forman un todo coherente. Él es la cabeza del cuerpo, que es la iglesia. Él es el principio, el primogénito de la resurrección, para ser en todo el primero (Colosenses 1:15-18, NVI).

2. **Rechaza cualquier enseñanza que glorifique a personas o a líderes humanos.** Jesús reveló en detalle las señales del fin de los tiempos (Mateo 24). Advirtió que los falsos maestros se glorificarían y harían maravillas para engañar a la gente (Mateo 24:24). *Todos* somos pecadores de nacimiento (Salmos 51:5), totalmente dependientes de Dios (Juan 15:5; Hechos 17:25). Ten cuidado con cualquier enseñanza que convierta a líderes humanos, incluso a los que sean piadosos, en salvadores. Pablo corrigió a los creyentes que se dejaron tentar de esta manera:

> ...pues aún son inmaduros... Cuando uno afirma: "Yo sigo a Pablo", y otro: "Yo sigo a Apolos", ¿no es porque están actuando con criterios

humanos? Después de todo, ¿qué es Apolos? ¿Y qué es Pablo? Nada más que servidores por medio de los cuales ustedes llegaron a creer, según lo que el Señor le asignó a cada uno. Yo sembré, Apolos regó, pero Dios ha dado el crecimiento. Así que no cuenta ni el que siembra ni el que riega, sino solo Dios, quien es el que hace crecer (1 Corintios 3:3-7, NVI).

No solo debes evitar glorificar a los líderes, sino también huir de los líderes que se glorifican a sí mismos. Si no lideran como siervos, según el ejemplo que Jesús dio a todos, entonces no lideran de una manera que agrade a Dios. Y Dios los humillará (Mateo 23:12).

3. Rechaza cualquier enseñanza que prometa comodidad, riquezas y salud mundanas. Existe la falsa enseñanza que lleva a los creyentes a *usar a Dios* en vez de *confiar en Él*. A menudo afirman que a través de un discurso positivo o de donaciones monetarias, los creyentes pueden lograr abundantes bendiciones económicas y un completo bienestar físico aquí y ahora. Esta falsa enseñanza se enfoca en el don en vez de en el dador, en el aquí y ahora en vez de en la eternidad. Esta enseñanza causa una gran confusión.

¿Dios quiere sanarte? Sí, y lo hace tanto espiritual como físicamente. "Él les enjugará toda lágrima de los ojos. Ya no habrá muerte, ni llanto, ni lamento ni dolor" (Apocalipsis 21:4). Puedes pedirle que te sane físicamente y creer que lo hará. Pero *tienes que confiar en su tiempo*, ya sea que la sanación ocurra en esta vida o en la eternidad. A menos que Jesús vuelva, todos los que estamos vivos hoy moriremos por causas físicas. Pero, en última instancia, seremos sanados en el Cielo.

¿Dios quiere satisfacer tus necesidades? Sí, la Biblia ofrece muchos ejemplos de cómo Dios provee para nosotros. Como todo buen padre, Dios quiere que le pidamos que satisfaga nuestras necesidades. "Danos hoy nuestro pan cotidiano" (Mateo 6:11). Dios sabe lo que es mejor para nosotros, pero nuevamente *debemos confiar en su tiempo* y en sus formas de satisfacer nuestras necesidades. Recuerda Salmos 23 (Día 22): "El Señor es mi pastor, nada me falta" (v. 1).

Cuando las oraciones por sanidad o provisión parecen no ser respondidas, los falsos maestros a menudo atribuyen el problema a la falta de fe o de donaciones monetarias del creyente. No mencionan a Jesús y sus enseñanzas como el ejemplo y la dirección a seguir. Jesús dijo que se debe acumular tesoros *celestiales* y advirtió que no se debe enfocar en los placeres terrenales.[1] Si recibimos sanidad y nuestras necesidades son satisfechas, ¡glorificamos a Dios! Si no, debemos confiar en que Dios está obrando para nuestro bien (Día 48). Sigue orando y permaneciendo en Jesús.

4. Rechaza cualquier enseñanza que exija obediencia a reglas estrictas que no se encuentren en la Palabra de Dios. Algunos creyentes necesitan adherirse a tradiciones no bíblicas para demostrar que son salvos. A menudo creen que las tradiciones de la Iglesia son iguales o mayores que la autoridad de la Biblia. Como aprendimos en el día 31, solo la Biblia es la Palabra inspirada de Dios (2 de Timoteo 3:16). Jesús reprendió a las personas por añadir sus propias reglas a los mandamientos de Dios (Mateo 23:4; Marcos 7:1-23). Pablo advirtió sobre el hecho de centrarse en el comportamiento externo en lugar de en el cambio interno del corazón:

> "Si con Cristo ustedes ya han muerto a los principios de este mundo, ¿por qué, como si todavía pertenecieran al mundo, se someten a preceptos tales como: 'No tomes en tus manos, no pruebes, no toques?'. Estos preceptos, basados en reglas y enseñanzas humanas, se refieren a cosas que van a desaparecer con el uso. Tienen sin duda apariencia de sabiduría, con su afectada piedad, falsa humildad y severo trato del cuerpo, pero de nada sirven frente a los apetitos de la naturaleza pecaminosa" (Colosenses 2:20-23).

Seguir reglas adicionales no nos hace más santos; seguir a Jesús sí. "Cristo nos libertó para que vivamos en libertad. Por lo tanto, manténganse firmes y no se sometan nuevamente al yugo de esclavitud" (Gálatas 5:1, NVI). Ya no debemos ser esclavos de la actividad legalista que trae honor a los hombres, y no a Dios. Ahora somos "esclavos de Cristo y hacemos la voluntad de Dios con todo el corazón" (Efesios 6:6, NTV).

---

[1] Mateo 6:19-24; Lucas 12:33-34; 18:24; 1 de Timoteo 6:9; 1 Juan 2:15-17.

5. **Rechaza cualquier enseñanza que excuse el pecado.** Cualquier enseñanza que consienta el pecado intencional y continuo se burla del sacrificio de Jesús por el pecado. Tales falsos maestros "pronuncian discursos arrogantes y sin sentido, seducen con los instintos naturales desenfrenados a quienes apenas comienzan a apartarse de los que viven en el error. Les prometen libertad, cuando ellos mismos son esclavos de la corrupción, ya que cada uno es esclavo de aquello que lo ha dominado" (2 Pedro 2:18-19, NVI). Jesús no nos liberó del pecado para que pudiéramos seguir pecando. "¿Vamos a persistir en el pecado para que la gracia abunde? ¡De ninguna manera! Nosotros, que hemos muerto al pecado, ¿cómo podemos seguir viviendo en él?" (Romanos 6:1-2, NVI). La salvación no es un acontecimiento aislado que nos salva del infierno, sino toda una vida de transformación como nuevas criaturas en Cristo, liberadas de las ataduras del pecado. No vivimos como lo hacíamos antes de que Jesús nos salvara. Hebreos nos advierte que no debemos vivir una vida cristiana descuidada. "¿Qué nos hace pensar que podemos escapar si descuidamos esta salvación tan grande" (Hebreos 2:3, NTV). Jesús nos cambió y ese cambio afecta a todos los aspectos de nuestra vida. "Les hablo así, hermanos, porque ustedes han sido llamados a ser libres; pero no se valgan de esa libertad para dar rienda suelta a sus pasiones. Más bien sírvanse unos a otros con amor" (Gálatas 5:13, NVI).

Amigo, anímate. Dios ha designado líderes humildes en todo el mundo que reconocen a Jesús como Señor, que enseñan conforme a las Escrituras y que fomentan un comportamiento correcto. **El Espíritu Santo (el Espíritu de la Verdad) te guiará y te protegerá de las falsas enseñanzas.** Él te ayudará a compartir la verdad de Dios con otras personas y a hacerlo *con amor*. Cuando sea el momento adecuado, Jesús volverá. Mantente alerta, ten cuidado con las falsas enseñanzas y sirve a Jesús diligentemente hasta que Él regrese o te llame a casa, al Cielo. Tu fidelidad será recompensada cuando escuches las preciosas palabras de nuestro Señor y Rey: "Bien hecho, mi buen siervo fiel" (Mateo 25:23).

DÍA 49

Permite que la Biblia te hable:
Mateo 24; 2 Pedro 2:1-3 (Opcional: Hechos 25-28)

Permite que tu mente piense:
1. Revisa la lista que detalla cómo puedes rechazar a los falsos maestros. ¿Qué es lo que te llama la atención de esta lista? ¿Cómo puedes prepararte para rechazar a los falsos maestros?

2. ¿Por qué crees que algunos falsos maestros son tan populares en las culturas actuales? ¿Por qué crees que es un reto para la gente creer solamente en el mensaje del evangelio y confiar en Jesús?

3. ¿Qué te ayudará a reconocer las verdaderas enseñanzas de la Palabra de Dios en contraposición a las falsas enseñanzas de aquellos que podrían preguntar, tal como la serpiente en Génesis 3:1: "¿De veras Dios te dijo..."?

Permite que tu alma ore:
Padre, despiértame. Afírmame en tu Palabra para que no me engañen las falsas enseñanzas. Ayúdame a guiar a otros hacia la verdad y a hacerlo con amor. Cuando me canse, fortaléceme con tu gracia para tu gloria. Cuando vuelvas, deseo que me encuentres siendo fiel, para que pueda escuchar tus preciosas palabras: "Bien hecho...". En el nombre de Jesús, amén.

Permite que tu corazón obedezca:
(¿Qué es lo que Dios te está llevando a conocer, valorar o hacer?)

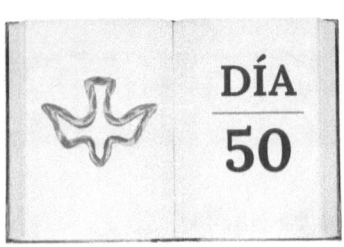

Celebra tu verdadera historia

> Luego celebra el Festival de la Cosecha en honor al Señor tu Dios. Llévale una ofrenda voluntaria en proporción a las bendiciones que hayas recibido de él. Será un tiempo de celebración delante del Señor tu Dios.
> Deuteronomio 16:10-11

Volvamos a los días que siguieron a la resurrección de Jesús. Volvamos a la ciudad donde todo sucedió.

Cincuenta días después del primer fin de semana de la Pascua, las festividades, la comida y los extranjeros abarrotaron Jerusalén. Durante cientos de años, los judíos celebraron la Fiesta de las Semanas (o Fiesta de la Cosecha) cincuenta días después de la Pascua (Levítico 23:9-20). Cada día que se contaba hasta el día 50 aumentaba su expectativa por esta fiesta de la cosecha de acción de gracias. Las flores decoraban las casas. En la mesa de cada familia había panes especiales. La gente llevaba su ofrenda nueva de grano por las calles. Se pastoreaban a los toros, las cabras, los corderos y los carneros entre la multitud. Una procesión de peregrinos judíos procedentes de tierras lejanas subía a Jerusalén. ¿Adónde se dirigía toda esta gente (jóvenes y viejos, ricos y pobres, nativos y extranjeros)? Se dirigían al templo para una asamblea sagrada.

En vez de unirse a la alegre celebración, los seguidores de Jesús (hombres y mujeres) se reunieron en secreto con las manos vacías (Hechos 1:12-14). ¿Qué ofrenda tenían para la sagrada reunión? Unas semanas antes, después de llorar la pérdida de su amigo, líder y rey, sus corazones estallaron de alegría cuando vieron a Jesús vivo una vez más. Comieron, rieron, lloraron y hablaron con Jesús resucitado. Puro gozo. Pero después de cuarenta días, Él se fue de nuevo. Esta vez, Jesús ascendió al Cielo ante sus ojos. Les dijo que debían esperar un regalo poderoso: el Espíritu Santo (Hechos 1:4-8). Pero esperar es difícil. Se miraron, vacíos e inseguros, mientras un desfile de gente pasaba frente a sus puertas. A diferencia del resto de Jerusalén, hoy no tenían ningún regalo que darle a Dios.

Su día 50 era especial en otro sentido. Más de mil quinientos años antes, los israelitas que escapaban llegaron al Monte Sinaí, donde Moisés se encontró con Dios. Cincuenta días después de la primera Pascua en Egipto, Dios le dio a Moisés los diez mandamientos. Estas leyes no eran solo reglas que enseñaban cómo vivir mejor, sino un regalo para todos nosotros porque revelaban nuestro pecado (Romanos 7:7) *y nuestra necesidad de un rescatador.*

El día 50 tenía mucho significado (regalos *de* Dios y regalos *para* Dios), pero las cosas habían cambiado mucho para los discípulos cuando llegó el día 50:

- Los discípulos sabían que el rescatador, el regalo prometido, había llegado. *La ley y los profetas se habían cumplido.*
- Los discípulos fueron testigos de la historia de Dios, pero *no estaban seguros de poder contarla.*
- Los discípulos sabían que debían esperar. *No conocían los tiempos, las fechas ni los detalles.*

Finalmente, la espera culminó y valió la pena con creces. Aquel glorioso domingo, el Espíritu Santo descendió sobre toda la casa en la que se escondían, *tal y como Jesús había prometido.*

> "De repente, vino del cielo un ruido como el de una violenta ráfaga de viento y llenó toda la casa donde estaban reunidos. Se les aparecieron entonces unas lenguas como de fuego que se repartieron y se posaron sobre cada uno de ellos. Todos fueron llenos del Espíritu Santo y comenzaron a hablar en diferentes lenguas, según el Espíritu les concedía expresarse" (Hechos 2:2-4, NVI).

Los discípulos salieron de la habitación. Una multitud de todas partes comenzó a escuchar mientras los discípulos hablaban, y estaba asombrada: "¡Todos por igual los oímos proclamar en nuestra propia lengua las maravillas de Dios!" (Hechos 2:11, NVI). No podían conservar al Espíritu Santo para sí mismos, porque el Espíritu Santo no puede recluirse en cuatro paredes o en una parte de nuestras vidas o en un día de la semana. Él *llenó* a los discípulos y actuó a través de ellos para alcanzar al mundo. Cincuenta días después de la Pascua o Viernes Santo, cuando Jesús se entregó a *sí mismo*, el Espíritu Santo descendió *sobre todos* los hombres (Hechos 2:17). Hombres y mujeres, ancianos y jóvenes, nadie quedó fuera. No hubo tribu, nación o grupo que quedara excluido. Jesús, y ahora el Espíritu Santo, vino para todos. El apóstol Pedro se dirigió con valentía a la multitud y citó al profeta Joel:

> "Sucederá que en los últimos días —dice Dios—, derramaré mi Espíritu sobre todo el género humano. Los hijos y las hijas de ustedes profetizarán, tendrán visiones los jóvenes y sueños los ancianos. En esos días derramaré mi Espíritu aun sobre mis siervos y mis siervas, y profetizarán... Y todo el que invoque el nombre del Señor será salvo" (Hechos 2:17-18, 21).

Conocido para siempre como Pentecostés, este día 50 marcó el nacimiento de la Iglesia. Mientras los discípulos proclamaban el evangelio en diferentes idiomas, los pueblos de las naciones, congregados divinamente, abrieron los oídos: tres mil almas se salvaron en esa fiesta de la cosecha (Hechos 2:41). Esos nuevos creyentes cambiarían el mundo cuando regresaran a sus países de origen y compartieran la verdadera historia de Dios. Y todo porque el Espíritu Santo capacitó a los creyentes para compartir el regalo del nuevo nacimiento en Jesús (Juan 3:3). Sabemos que esto es cierto:

- Todos los creyentes tienen **dones espirituales** para compartir la verdadera historia de Dios.
- Todos los creyentes **trabajan juntos** para hacer que la verdadera historia de Dios progrese.

- Cada creyente de **cada época** tiene un papel importante en la verdadera historia de Dios.
- La verdadera historia de Dios hace que **cambien** los creyentes y, **por tanto**, el mundo.

Se produjo un hermoso intercambio: en vez de la ley de Dios escrita en piedra, la ley estaría escrita en los corazones (Jeremías 31:31-33). En vez de dar una ofrenda de cosecha a Dios, Jesús, el Señor de la cosecha, dio el Espíritu Santo. Pentecostés supuso una nueva celebración para la naciente Iglesia. Así como aquellos discípulos hicieron su parte en la historia de Dios, a ti te toca hacer lo mismo.

¡Hoy es tu día 50!
En el calendario del reino, tu tiempo ha llegado. Dios ha designado este tiempo y lugar para que lo conozcas y sepas cuál es tu parte en su historia (Hechos 17:26-27). Así como Pentecostés supuso una nueva revelación para los apóstoles, este estudio supone una nueva revelación para ti. Conforme el Espíritu Santo te llena para hacerte más y más a la imagen de Dios, puedes liberarte de cualquier cosa que te impida ser todo lo que Él te ha llamado a ser. **Puedes deleitarte en aquel que es bueno, amoroso, sabio, puro, hermoso, heroico y verdadero.**

¡Es tiempo de celebrar! Es tiempo de agradecer a Dios por lo que ha hecho en y a través de ti estas últimas siete semanas. Tómate un momento para recordar todo lo que Él ha hecho por ti a lo largo de cada semana.

Semana uno: La historia de Dios

Eres parte de la historia de Dios. Sabes cómo empezó todo (la creación), cómo se estropeó todo (el pecado), cómo se pudo rescatar todo (Jesús) y cómo terminará todo (la nueva creación).

Semana dos: Tu historia

Eres un hijo de Dios elegido, perdonado, adorador, adoptado, abrazado y santo. Tu nueva vida tiene sentido y propósito. Dios te ama mucho.

Semana tres: Tu propósito divino

Comprendes para qué te creó Dios y qué quiere que hagas con Él. Tu propósito afecta al Cielo y glorifica a Dios en la medida en que Lo amas, amas a otros y haces discípulos.

Semana cuatro: Una amistad permanente

Eres llamado amigo de Dios. Conoces sus planes y permaneces en Jesús. Descansas y recibes todo lo que necesitas de la vid verdadera, la fuente abundante. Sabes cómo resistir la tentación y Dios produce frutos a través de ti.

Semana cinco: Un estudio bíblico que te cambia la vida

Sabes que Dios inspiró la escritura de la Biblia y has recorrido sus páginas. Sabes cómo estudiarla, memorizarla y luchar victoriosamente contra el enemigo con ella.

Semana seis: Una poderosa vida de oración

Sabes que a Dios le encanta hablar contigo y alinear tu corazón con el suyo. Sabes cómo ayunar y orar, apartar los obstáculos, orar por otros y obtener una paz sobrenatural.

Semana siete: Tu consejero espiritual

Aprendiste cómo ser lleno del Espíritu Santo para liberarte de las garras del pecado, crecer en piedad, recibir ayuda para hacer discípulos, protegerte de las falsas enseñanzas y consolarte en el sufrimiento.

¡Lo lograste! No te diste por vencido. Puede que no tengas ganas de celebrar, pero deberías hacerlo. Con Dios, has sorteado arduas y santas sendas en este viaje de fe con el fin de descubrir tu verdadera historia. Al igual que los discípulos en Pentecostés, has cambiado. Ahora estás llamado a llevar el cambio al mundo.

En el día 1 escribiste cuál ha sido tu historia con Dios hasta ahora. Tómate unos minutos para escribir cómo se ha desarrollado esta historia a lo largo de este viaje de fe de 50 días. Haz una comparación. ¿Cómo ha crecido tu relación con Dios?

Examina en retrospectiva tu viaje de fe y reconoce que este camino es el que Dios tuvo en mente todo el tiempo. Dios te ha elegido y te ha colocado precisamente donde estás "para un momento como éste" (Ester 4:14, NTV). Dios está confeccionando tu historia, y es hermosa. Un nuevo capítulo comienza ahora.

Amigo, ahora que este viaje de fe de 50 días ha culminado, quiero agradecerte que hayas respondido al llamado de Dios para descubrir *Tu verdadera historia*. Ha sido un honor caminar contigo. Le pido a Dios que bendiga tu vida para que tu amor crezca con el conocimiento y que camines en la justicia para la gloria de Dios (Filipenses 1:9-11). Un día, cuando estemos todos juntos en el Cielo, te aplaudiré mientras nuestro Rey Jesús te presente irreprochable:

> "¡Al único Dios, nuestro Salvador, que puede guardarlos para que no caigan, y establecerlos sin tacha y con gran alegría ante su gloriosa presencia, sea la gloria, la majestad, el dominio y la autoridad, por medio de Jesucristo nuestro Señor, antes de todos los siglos, ahora y para siempre! Amén" (Judas vv. 24-25, NVI).

DÍA 50

Permite que la Biblia te hable:
Efesios 3:14-21 (Opcional: Rut —que habitualmente se lee durante Shavuot [Pentecostés]–, esta breve historia ofrece esperanza y redención y revela el plan de rescate de Dios con el tema de la cosecha).

Permite que tu mente piense:
1. Mientras piensas en tu vida en Cristo, describe tu celebración personal. ¿Qué es lo que más agradeces del viaje de 50 días?

2. Responde las preguntas de conversación para la semana 7.

Permite que tu alma ore:
Padre, gracias por ti. Gracias por enviar a tu Hijo, Jesús, y por derramar Tu Espíritu en el mundo. Gracias por incluirme en tu verdadera historia. Ayúdame a permanecer en Jesús y a ser lleno del Espíritu para Tu gloria. "Mi futuro está en tus manos" (Salmos 31:15). En nombre de Jesús, amén.

Permite que tu corazón obedezca:
(¿qué es lo que Dios te está llevando a conocer, valorar o hacer?)

Sigamos siendo amigos:
Por favor, entra en www.yourtruestorybook.com para hacernos saber que has completado este estudio bíblico. Queremos celebrarlo y ofrecerte videos, descargas y más. **Recibirás un certificado de finalización y nuestras oraciones**. Gracias.

PREGUNTAS DE CONVERSACIÓN PARA LA SEMANA 7:

Repasa las lecciones de esta semana y responde a las preguntas que aparecen a continuación. Comparte tus respuestas con tus amigos cuando se reúnan esta semana.

1. Jesús dijo a sus discípulos que era bueno que los dejara y regresara al Cielo porque en su ausencia enviaría al Espíritu Santo. ¿Por qué es tan valioso el Espíritu Santo? ¿Cómo ayuda el Espíritu Santo a los creyentes?

2. ¿Cómo puede el Espíritu Santo hacernos crecer a través del servicio? Comparte un ejemplo si tienes uno. ¿Qué actitud debemos tener al servir? ¿Hay alguien a quien te cueste servir? ¿Cómo puedes mostrarle el amor de Dios esta semana?

3. Lee Romanos 8:28-29. ¿Cómo puede Dios sacar algo bueno de nuestras dificultades? ¿Cómo te puede animar este hecho a perseverar cuando sufres?

4. ¿Has detectado alguna vez una falsa enseñanza? ¿Cómo supiste que era falsa? ¿Cómo puedes mantenerte motivado conforme vives tu historia con Dios?

5. **La repetición es la clave del aprendizaje. Pídele a Dios que te ayude a repasar este estudio una vez más.** ¿Hay algún nuevo creyente o alguien que busque a Dios a quien puedas discipular usando esta herramienta?

Agradecimientos

Los libros se escriben en equipo, y *Tu verdadera historia* no es la excepción. Por la gracia de Dios y muchas oraciones, creyentes de diversas tradiciones cristianas contribuyeron en este viaje de fe.

Antes de escribir una palabra, nuestro equipo de oración del ministerio abrió el camino con sus oraciones poderosas. Los amo, Christy Price, Missy Blanton, Hilary Windsor, Linda Reppert, Diane Engelhardt, Paddy Creveling, Cynthia Webb, Jenny Krishnarao, Riann Boyd y Melanie Gauthier.

Estoy inmensamente agradecido con Mary Ann Wilmer por su arduo trabajo y su corazón por ayudarme a lanzar bien este proyecto. Muchas gracias al Dr. Archie England, Danita Brooks, Kim Driggers, Tara Krishnarao y Wayne Hastings & Co., quienes nos ayudaron a terminar bien.

Muchas gracias al equipo de All In Ministries International y a sus colaboradores por examinar los materiales, especialmente la revisión inicial de Glenn Reese, Kelley Hastings, Christy Price, Erin Crider y Amy Tiede. Un agradecimiento especial a la Iglesia Chets Creek por su estímulo y ayuda.

A mi familia, le agradezco su amor y apoyo inquebrantables (Mamá, gracias por todo). Mis hijos, sobrinas y sobrinos fueron mi inspiración. Les paso este viaje de fe, como una estafeta, para que corran su carrera como en Hebreos 12:1-3. Nunca te rindas, Jesús lo merece todo.

A mi mejor amigo, Brett, tu enfoque de "llamados juntos" que tienes de nuestro matrimonio hizo posible este viaje de fe en más de un sentido. Es el honor de mi vida ser tu esposa. Te amo demasiado.

Más que nada, estoy eternamente agradecida con Dios, nuestro Autor, por escribir nuestras verdaderas historias. Que Dios reciba toda la gloria del fruto de esta obra.

> No a nosotros, Señor, no a nosotros, Sino a Tu nombre
> da gloria, Por Tu misericordia, por Tu fidelidad.
> Salmos 115:1 (NBLA)

BOSQUEJO DE REUNIONES SEMANALES

Para desarrollar relaciones auténticas en el contexto de la formación de discípulos, considera usar el siguiente enfoque para tus grupos pequeños semanales. * Divide el tiempo en las tres partes que se mencionan a continuación e invita al Espíritu Santo a tomar el control:

PASADO

Cuidado:

- ¿Por qué estás agradecido esta semana?
- ¿Qué te preocupa?

Oren y adoren:

Que una persona ore e invite a Dios a dirigir este tiempo en el que estarán juntos.

Rendición de cuentas:

Revisen los objetivos establecidos en la semana anterior para rendirse cuentas mutuamente en amor.

Misión:

Revisen la misión y visión del grupo (por ejemplo, "disfrutar de Dios y exaltarlo" o "ser un discípulo que haga discípulos").

PRESENTE

Lección:

Lee un pasaje de las Escrituras dos veces en diferentes traducciones, si están disponibles.

Pregunta:

- ¿Qué aprendemos acerca de Dios?
- ¿Qué aprendes sobre la gente?
- ¿Qué quiere Dios que sepamos, valoremos o hagamos?

(En ocasiones, considera usar este tiempo para aprender una herramienta de entrenamiento para hacer discípulos, como cómo compartir tu testimonio o el evangelio).

FUTURO

Establezcan objetivos:

Invita a todos a orar en silencio, preguntándole a Dios cómo debemos responder.

Respondan:

- ¿Cómo pueden aplicar lo que han aprendido?
- ¿A quién van a enseñarle este pasaje?
- ¿A quién le compartirán el evangelio?

Anoten y compartan objetivos:

Que cada persona anote sus objetivos en su diario o teléfono. Compartan los objetivos con el grupo.

Comisión:

Que una persona termine con una oración.

*Adaptado de "NoPlaceLeft 3/3rds approach".

Apéndice

Herramientas para compartir tu fe

Pasos para compartir la historia de Dios usando "Los 3 círculos"

1. **Dibuja un círculo a la izquierda con un corazón.** Explica el amor y el diseño de Dios para nuestras vidas.
2. **Dibuja el círculo de la derecha y la flecha del pecado.** Explica cómo todos elegimos seguir nuestro propio camino en lugar de confiar en Dios. Eso se llama pecado y crea un quebrantamiento en las relaciones, empezando por nuestra relación con Dios.
3. **Dibuja tres flechas** desde el círculo del quebrantamiento en dirección opuesta y alejada de Dios. Explica que cada flecha representa las formas en que las personas tratan de arreglar su quebrantamiento con logros, posesiones, religión, tratando de ser buenos o las adicciones. Solo una relación con Dios puede restaurarlos.
4. **Dibuja el círculo inferior.** Explica cómo Dios envió a su único Hijo, Jesús (**dibuja la flecha hacia abajo**), para tomar nuestro castigo por el pecado muriendo en una cruz (**dibuja la cruz**). Jesús resucitó de entre los muertos (**dibuja la flecha hacia arriba**), derrotando a la muerte y demostrándole al mundo que Él es Dios, nuestro Salvador.
5. **Dibuja una flecha desde el quebrantamiento hacia Jesús.** Explica que cuando cambiamos de la dirección de nuestros caminos (arrepentimiento) y seguimos a Jesús como nuestro líder (**dibuja una corona sobre el círculo**), nuestra relación con Dios se restaura (**lleva la flecha de regreso a Dios**).

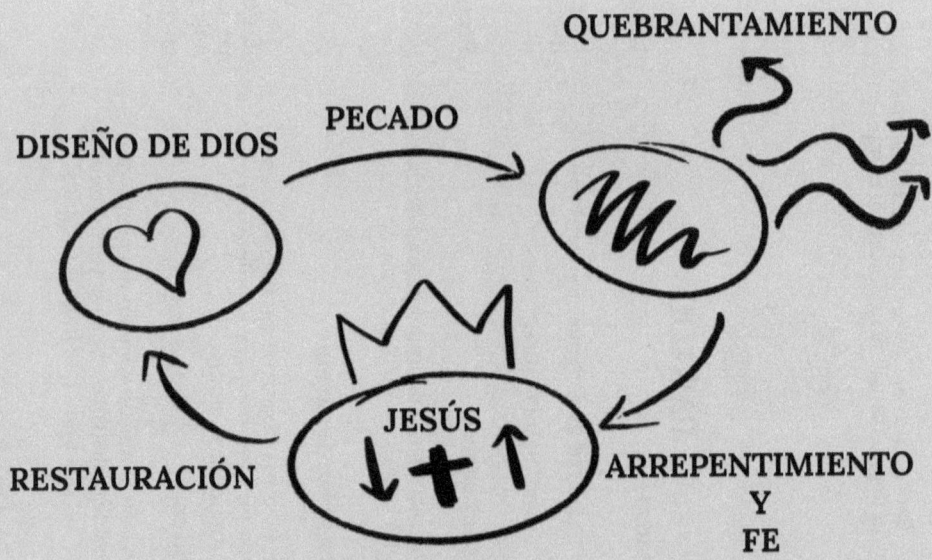

Fuente: © 2020 La Junta de Misiones Norteamericanas de la Convención Bautista del Sur, Inc. Todos los derechos reservados.

Aprende

Conoce su historia y lo que creen. Presta atención para saber si hay una conexión para **compartir tu historia de Dios.**

- ¿Tienes alguna creencia espiritual?
- ¿Crees en Dios?
- ¿Quién crees que es Jesús?
- ¿Alguien ha compartido el evangelio contigo antes?

Crea y practica compartir tu historia de Dios en 15-20 segundos. A continuación se sugiere un enfoque:

"Hubo un momento en mi vida en el que yo estaba...

_____

_____

(Anota dos palabras o frases que describan tu vida antes de Jesús).

"Entonces fui perdonado por Jesús y decidí seguirlo".

"Mi vida cambió. Ahora yo...

_____

_____

(Anota dos palabras o frases que describan tu vida después de Jesús).

Pregunta: "¿Tienes una historia así?".

Crea un mapa de relaciones de la gente que conoces que está lejos de Dios.

1. Ora pidiendo discernimiento del Espíritu Santo y escribe tu nombre en el centro.
2. Completa los círculos de conexión de la gente que conoces que está lejos de Dios. Añade círculos según sea necesario.
3. Agrega círculos a sus círculos de la gente que sabe que también está lejos de Dios (cónyuge, compañero de trabajo).
4. Empieza a orar por aquellos que conoces y por aquellos a quienes puedan alcanzar. En Juan 17:20, Jesús oró por aquellos que creerían a través de otros. Oremos de la misma manera.

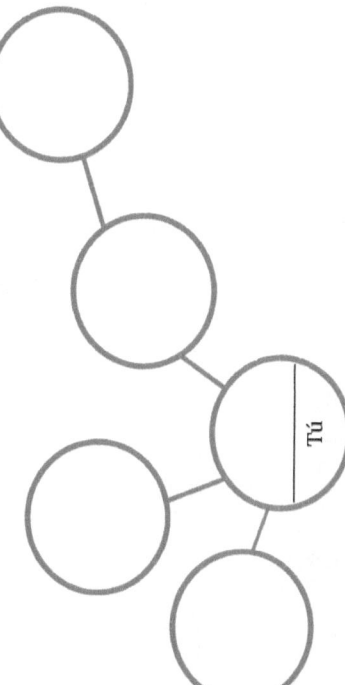

Comparte la historia de Dios e incluye los cuatro ingredientes del pan del evangelio:
Amor, pecado, Jesús, arrepentimiento y fe.

Practica dibujar la historia de Dios de los 3 Círculos:

Pregunta: ¿Hay algo que te impida recibir el perdón de Dios y seguir a Jesús como el líder de tu vida?

Comparte los elementos de la oración: Creer, perdonar, ayudar.

Tu compromiso con Jesús

Como una nueva persona en Cristo, yo _____, soy embajador de Jesús y Él tiene autoridad sobre toda mi vida (2 Corintios 5:17-21).

Permaneciendo en Jesús, obedeceré su mandato de hacer discípulos sabiendo que Él está conmigo siempre y que el Espíritu Santo me ayudará (Juan 15; Mateo 28:18-20; Hechos 1:8).

- Oraré por las personas de mi mapa de relaciones.

_____

(Anota las horas o días en los que orarás; por ejemplo, por las mañanas o los lunes).

- Compartiré la historia de Dios con alguien de mi mapa de relaciones.

_____

(Anota la frecuencia con la que lo compartirás; por ejemplo, una vez a la semana o al mes).

- Discipularé a un creyente para que sea un formador de discípulos.

_____

(Anota la frecuencia y el método de discipulado; por ejemplo, llamadas telefónicas semanales).

_____
(Firma y fecha)

Corta y dobla este papel y guárdalo en tu Biblia. Haz un repaso con regularidad en tus reuniones semanales. Descarga esta herramienta en allihmin.org.

Bibliografía

Alcorn, Randy C. *El cielo: Guía de estudio*. Carol Stream, IL: Tyndale House Publishers, 2006.

Barry, JD y L. Wentz. *Diccionario bíblico Lexham*. Bellingham, WA: Lexham Press, 2016.

Blue, Ron y Karen Guess. "Never Enough? 3 Keys to Financial Contentment" (*Nunca es suficiente? 3 claves para la satisfacción financiera*. Nashville, TN: B & H Publishing Group, 2017.

Briscoe, Jill. "Here Am I, Lord—Send Somebody Else: How God Uses Ordinary People to Do Extraordinary Things" (*Aquí estoy, Señor... manda a alguien más: Cómo Dios usa a personas ordinarias para hacer lo extraordinario*). Nashville: W Pub. Group, 2004.

Chan, Francis y Lisa Chan. *Tú y yo por siempre: El matrimonio a la luz de la eternidad*. Singapur: Edición impresa, 2015.

Danker, Frederick W. "Lexical Evolution & Linguistic Hazard: An Introduction to A Greek-English Lexicon of the New Testament and Other Early Christian Literature" (*Evolución léxica y peligro lingüístico: Una introducción al Léxico griego-inglés del Nuevo Testamento y otra literatura cristiana primitiva*), tercera edición (BDAG), editado por Frederick William Danker, basado en el *Griechish-Deutsches Wörterbuch Zu Den Schriften Des Neuen Testaments Und Der frühchristlichen Literatur* de Walter Bauer, sexta edición, Ed. Kurt Aland y Barbara Aland, con Viktor Reichmann y sobre ediciones anteriores en inglés de W.F. Arndt, F.W. Gingrich y F.W. Danker. Chicago: University of Chicago Press, 2000.

Elwell, Walter A. "Evangelical Dictionary of Biblical Theology" (*Diccionario Evangélico de Teología Bíblica*). Grand Rapids, MI: Baker Books, 2001.

Gangel, Kenneth O. y Max E. Anders. *John*. Nashville, TN: Holman Reference (Referencia Holman), 2000.

Geisler, Norman L. *Systematic Theology: In One Volume* (*Teología sistemática: en un volumen*). Minneapolis: Bethany House Publishers, 2011.

Greear, J. D. *Jesus, Continued . . . : Why the Spirit Inside You Is Better than Jesus Beside You* (*Jesús, continúa... : Por qué el Espíritu dentro de ti es mejor que Jesús a tu lado*). Grand Rapids, MI: Zondervan, 2014.

Grudem, Wayne. *Teología sistemática: una introducción a la doctrina bíblica*. Leicester: Inter-Varsity, 2007.

Habermas, Gary R. *The Historical Jesus:Ancient Evidence for the Life of Christ*. Joplin (*El Jesús histórico: Pruebas antiguas de la vida de Cristo*), MO: College Press, 1996.

Hauer, Cheryl. "God's Invitations. Bridges for Peace" (*Las invitaciones de Dios. Puentes para la Paz*), 21 de noviembre de 2017. https://www.bridgesforpeace.com/letter/gods-invitations/.

Hendricks, Howard G., y William Hendricks. *Living by the Book: The Art and Science of Reading the Bible* (*Cómo vivir de acuerdo con el Libro: El arte y la ciencia de leer la Biblia*). Chicago: Moody Press, 2007.

Holladay, William Lee, y Ludwig Hugo Koehler. "A Concise Hebrew and Aramaic Lexicon of the Old Testament" (*Diccionario conciso de hebreo y arameo del Antiguo Testamento*). Grand Rapids, MI: W.B. Eerdmans Pub. Co., 1993.

Hughes, R. Kent. "John: That You May Believe" (Juan: Para que ustedes crean). Wheaton, IL: Crossway Books, 1999.

Jones, Ian F. "The Counsel of Heaven on Earth: Foundations for Biblical Christian Counseling" (El consejo del cielo en la tierra: fundamentos para la consejería cristiana bíblica). Nashville, TN: Broadman & Holman Publishers, 2006.

Keller, Timothy. *Caminando con Dios a través del dolor y el sufrimiento*. Colombia: Poeima Publicaciones, 2018.

Kitchen, K. A. "On the Reliability of the Old Testament" (Las razones de la credibilidad del Antiguo Testamento). Grand Rapids, MI: William B. Eerdmans, 2006.

Kroll, Woodrow Michael. "*Facing Your Final Job Review: The Judgment Seat of Christ, Salvation, and Eternal Rewards*" (Cómo afrontar el juicio final del trabajo: El tribunal de Cristo, la salvación y las recompensas eternas). Wheaton, IL: Crossway Books, 2008.

MacDonald, James. Walk in the Word Radio, AM 550, Jacksonville, FL, 2009.

Miller, Mike y Michael Sharp. "'Worship Leadership'. Intensive Class Notes: Three Stages of Worship" (Notas de la clase intensiva "Liderazgo de adoración": tres etapas de la adoración, Nueva Orleans: Seminario Teológico Bautista de Nueva Orleans, mayo de 2014.

"Mitzvot". ReligionFacts, 22 de junio de 2017. http://www.religionfacts.com / mitzvot.

Coalición Internacional NoPlaceLeft. https://noplaceleft.net.

Pratt, Zane."Making Disciples in Another Culture" (Haciendo discípulos en otra cultura) Breakout, Conferencia Send, Orlando, FL, 26 de julio de 2017.

Towns, Elmer L. *Abriendo una brecha espiritual por medio del ayuno: una guía de nueve ayunos bíblicos*. Ventura, CA: Editorial Unilit, 1996.

Tripp, Paul. "Why Do I Need the Bible?" (¿Por qué necesito la Biblia?) Paul Tripp Ministries, Inc., 13 de mayo de 2019. https://www.paultripp.com/app-read-bible-study /posts/001-why-do-i-need-the-bible.

Diccionario expositivo de palabras del Antiguo y Nuevo Testamento exhaustivo de Vine . Nashville: Grupo Nelson, 1998.

Wallace, J. Warner. *Cold-Case Christianity: a Homicide Detective Investigates the Claims of the Gospels* (Cristianismo al descubierto: un detective de homicidios investiga las afirmaciones de los evangelios). Colorado Springs, CO: David C Cook, 2013.

Whelchel, Hugh. "The Four-Chapter Gospel: The Grand Metanarrative Told by the Bible" (El Evangelio de cuatro capítulos: La gran metanarrativa contada por la Biblia) Institute for Faith, Work & Economics, 14 de febrero de 2012. https://tifwe.org/the-four-chapter-gospel-the-grand -metanarrative-told-by-the-bible/.

Whitacre, Rodney A. "John" (Juan). Downers Grove, IL: Inter-Varsity Press, nd.

Wilbur, Hervey. "The Assembly's Shorter Catechism, with the Scripture Proofs in Reference: with an Appendix on the Systematick Attention of the Young to Scriptural Knowledge" (Catecismo abreviado de la Asamblea, acompañado de las pruebas bíblicas de referencia: con un apéndice sobre la atención sistemática de los jóvenes en el conocimiento de las Escrituras). Newburyport: impreso por Wm. B. Allen & Co., 1816.

Nuestro regalo para ti

¡Lo lograste! Queremos celebrarlo y ofrecerte videos, descargas y mucho más. Recibirás un certificado de reconocimiento y nuestras oraciones. Por favor, entra en YourTrueStoryBook.com para informarnos que has completado este viaje.

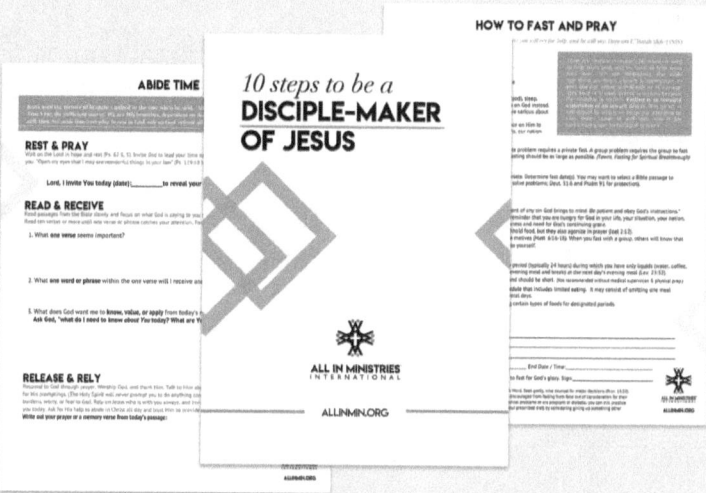

Seamos amigos

Hemos caminado juntos durante 50 días y no queremos decir adiós.

Mantente conectado y comparte tu verdadera historia aquí:

Facebook– www.facebook.com/allinmin
Instagram–@allinministriesinternational
YouTube– All In Ministries International

Recibe herramientas gratuitas e historias motivadoras de todo el mundo al suscribirte a Allinmin.org

Tu *verdadera historia* es para todas las personas en todas partes

All In Ministries International equipa a mujeres para que sean formadoras de discípulos de Jesús.

Comparte tu fe • Llega a las mujeres de escasos recursos • Equipa a los líderes

Hay tres formas en que podemos servir juntos:

Ser formadores de discípulos

Puedes llegar a las mujeres de tu comunidad o de todo el mundo para ser discípulos de Jesús. Nuestros recursos gratuitos en línea te ayudarán.

Ser un entrenador

Utiliza nuestro curso de capacitación para facilitar las reuniones de formación de discípulos a nivel local y global. Forma parte de una red mundial de entrenadores voluntarios.

Ser un socio misionero

Invítanos a trabajar junto a tu ministerio. Mientras tu equipo sirve, nosotros facilitamos el entrenamiento del discipulado de mujeres.

All In Ministries International Incorporated es una organización sin fines de lucro 501c3.

Para obtener más información, visita allinmin.org.
Cambia el mundo, una mujer a la vez.

www.ingramcontent.com/pod-product-compliance
Lightning Source LLC
Chambersburg PA
CBHW030252100526
44590CB00012B/380